rowohlt

«Es war rosig, dieses Venedig, und das Wasser seiner Lagune war himmelblau, mit Schwänen, doppelt so groß wie die Boote, in deren eines winzige violette Männer über eine Planke hinabstiegen ...» – die Miniatur ‹Marco Polo verlässt Venedig› aus einer Handschrift in der Bodleian-Bibliothek

Dieter E. Zimmer

NABOKOV REIST IM TRAUM IN DAS INNERE ASIENS

Mitarbeit Sabine Hartmann

Rowohlt

Die Auszüge aus dem Roman «Die Gabe»,
übersetzt von Annelore Engel-Braunschmidt,
erscheinen hier im Einvernehmen mit
The Estate of Vladimir Nabokov.

1. Auflage März 2006

Lektorat Hans Georg Heepe
Satz aus der Janson PostScript QuarkXPress 4.1
Gesamtherstellung Clausen & Bosse, Leck
Printed in Germany
ISBN 13: 978 3 498 07663 4
ISBN 10: 3 498 07663 9

INHALT

Vorbemerkung (D. E. Z.) **7**
Zu den Namen **8**

TEIL 1
Vladimir Nabokov *Aufbruch ins Reich der unbekannten Schmetterlinge* (1934/38) **13**

TEIL 2
Michajl Grum-Grshimajlo *Die Karawane wird organisiert* (1889) **63**

Nikolaj Prshewalskij *Bezahlen in China* (1870) **68**

Grigorij Grum-Grshimajlo *Überseeische Teufel im Himmelsgebirge* (1889) **70**

Wsewolod Roborowskij *Wüstenbild mit Raureif* (1894) **86**

Grigorij Grum-Grshimajlo *Drei Gehöfte, ein zerstörter Tempel* (1889) **88**

Nikolaj Prshewalskij *Mit Thermometern und Gewehren* (1879) **90**

Thomas Allen und William Sachtleben *Per Fahrrad durch die Gobi* (1892) **101**

Pjotr Koslow *Meer aus Sand* (1888/89) **110**

Nikolaj Prshewalskij *Spiegelungen und Lichter* (1873, 1883) **117**

Régis-Évariste Huc *Nächte auf dem Ofen* (1844) **120**

Sven Hedin *«Tanguten, Räuber, Räuber!»* (1896) **123**

Wilhelm Filchner *Gerstenbrei und Buttertee* (1926) **129**

Nikolaj Prshewalskij *Menschtiere, Bären und Pfeifhasen* **133**

A. E. Pratt *Die Stadt an der Tee-Pferd-Straße* (1889) **139**

William Gill *Wie heißt das da?* (1877) **145**

A. E. Pratt *Verursacher des schlechten Wetters* (1890) **146**

Régis-Évariste Huc *Karawane nach Tibet* (1845/46) **154**

Feng-shen yen-i – Ein Tyrann macht Experimente (1695) **177**

Régis-Évariste Huc *Weiter bis nach Lhasa* (1846) **180**

Hamilton Bower *Bis hierher und nicht weiter* (1891) **199**

Nikolaj Prshewalskij *Sternensteppe* (1884) **209**

Sir John Mandeville *Ein Trommeln* (ca. 1350) **211**

Gabriel Bonvalot *Hinter den Eisspitzen die Geisterstadt* (1890) **213**

Marco Polo *Die Stimmen der Wüste* (ca. 1274) **220**

Nikolaj Prshewalskij, Michajl Pjewzow, Henri d'Orléans *Wo der Sand den Strom verschluckt* (1876–1899) **222**

TEIL 3

Dieter E. Zimmer *«Die erstaunliche Musik der Wahrheit»* **233**

Nabokovs Quellen **244**

Anmerkungen **248**

Die Autoren **301**

Bibliographie **311**

Bildnachweise **319**

VORBEMERKUNG

Dies Buch ist eine Einladung zu zwei Entdeckungsreisen. Beide führen auf der gleichen Route und etwa zur gleichen Zeit, dem ausgehenden 19. Jahrhundert, in die gleiche Terra incognita: in die Dsungarei, nach Ostturkestan, in die Mongolei, nach Westchina und Tibet. Die erste hat in der Phantasie des russisch-amerikanischen Schriftstellers Vladimir Nabokov stattgefunden, als er sich Mitte der dreißiger Jahre in einem Berliner Untermietzimmer weit fort nach Zentralasien träumte. Die andere Reise fand wirklich statt. Sie wurde einige Jahrzehnte früher von einer Hand voll neugieriger und wagemutiger russischer, englischer, französischer und deutscher Entdeckungsreisender unternommen.

Erstaunlicherweise ist die poetische Reisebeschreibung zwar ganz anders, aber nicht unwahrer als die realen. Der Dichter war nicht auf seine Phantasie angewiesen und konnte seine Reise so anschaulich beschreiben, als hätte er alles selber gesehen.

Der Schlussteil des Buches ist das Ergebnis einer langen und weiten literaturwissenschaftlichen Entdeckungsreise eigener Art, die Nabokovs Phantasiereise detektivisch mit ihren realen Quellen verknüpft hat.

Ein Wort zu den Namen. Die Fixpunkte aller Reisebeschreibungen sind Namen: von Orten, Seen, Flüssen, Bergen, Volksgruppen. In alten Reiseberichten aus Zentralasien stellen sie den Leser vor große Probleme. Selten nur lässt sich ohne weiteres erkennen, welcher Name welchen Ort, See usw. gemeint ist.

Ein noch harmloses Beispiel ist die kleine Stadt zwischen Xining und dem Kokonor, damals an der Grenze zwischen der chinesischen Provinz Gansu und tibetisch-mongolischem Gebiet, von der die jährlichen Gesandtschaftskarawanen nach Lhasa ausgingen. Huc nennt sie *Tang-Keou-Eul*, sein deutscher Übersetzer *Tang keu eül*, Potanin *Дангар*, Prshewalskij *Донкыр*, Grum *Донгар-чэн*, Koslow *Донгэр*, Rockhill, Filchner und Susie Rhinehart *Tankar*, Futterer *Tan-ka'r thing*, Hedin *Ten-kar, mongolisch Donchur*. Auf aktuellen tibetischen Karten heißt sie *Thonkor*, auf chinesischen ganz anders, *Huangyuan*. In einem Internet-Ortsverzeichnis, das fünf weitere Schreibungen des chinesischen Namens aufzählt, ist die nichtchinesische Hauptform *Tangar*.

Solche Wirrnis hat mehrere Gründe. Es könnte sein, dass es den betreffenden Ort gar nicht mehr gibt und man ihn auf einer heutigen Karte vergeblich suchen würde – Städte sind verschwunden, Klöster geschlossen, Seen ausgetrocknet, Flüsse haben ihren Lauf geändert. Er könnte seitdem auch einen anderen Namen erhalten haben, oder mehrere. Der Hauptgrund für die Unklarheit ist jedoch, dass in der gesamten Gegend die Orte oft gar keine feststehenden Namen trugen. Der eine nannte sie so, der andere so, und zwar oft in den lokalen Dialekten mehrerer vermischter Sprachen (Chinesisch, Mongolisch, Tibetisch, Turk); mancher Name mag auch nur dem nachbohrenden Reisenden zuliebe improvisiert worden sein. Zudem erreichten diesen die Auskünfte nur durch seine Dolmetscher, die bei den Russen fast immer Mongolen waren. Zu Hause malte er dann nach wechselnden Methoden mit lateinischen oder kyrillischen Zeichen nach, was er von seinen Dolmetschern gehört zu haben meinte und sich abends beim Licht der einen

Kerze der Expedition aus dem Gedächtnis notiert hatte. Kein Wunder, dass auf die so erkundeten Namen wenig Verlass ist.

In diesem Buch wurden alle entscheidenden Toponyme identifiziert, sodass der Leser die Reisen auf modernen Karten verfolgen kann. Wo hinter obsoleten Toponymen oder ihren obsoleten Schreibungen die heutigen chinesischen, mongolischen, tibetischen oder Turk-Namen erkennbar waren, wurden umstandslos diese eingesetzt. Wo beide stark voneinander abweichen, wird daneben auch der von dem betreffenden Reisenden verwendete Name genannt. Alteingeführte eingedeutschte Ortsnamen wurden nicht verändert (*Dsungarei*, *Peking*).

Die modernen chinesischen Namen erscheinen in der offiziellen lateinischen Umschrift des Mandarin-Chinesisch, Hanyu Pinyin, die anderen in der international meistgebrauchten Umschrift. Alle diese Umschriften legen den englischen Lautwert der lateinischen Buchstaben zugrunde (sh = deutsch sch, ch = tsch, kh = ch wie in ‹ach›, j = dsh wie in ‹joggen›, y = j). Ausnahmen im Pinyin-Chinesisch: c = ss, q = tsch, x = Zischlaut zwischen s und sch, z = ds. Das Trema über einem Vokal bedeutet keinen Umlaut, sondern Dehnung (Ürümqi = Uuruumtschi). Der Apostroph (vor a, e, o und nach n und g) signalisiert getrennt gesprochene Silben (Ya'an = Ja-An).

TEIL 1

Vladimir Nabokov

Aufbruch ins Reich der unbekannten Schmetterlinge

Der angehende russische Schriftsteller Fjodor Godunow-Tscherdynzew ist nach der Revolution nach Berlin geflüchtet, seine Mutter nach Paris. Als sie ihn um 1924 einmal besucht, sprechen sie vorsichtig über seinen Vater, den sie beide, jeder auf seine Art, über alles geliebt haben: den Entomologen und Forschungsreisenden Konstantin Godunow-Tscherdynzew, der auf einer seiner Expeditionen 1917 in Innerasien verschollen ist. Bei einem dieser Gespräche fasst Fjodor, der bisher nur Gedichte geschrieben hat, den Entschluss, ein Buch über ihn und seine Forschungsreisen zu schreiben.

Mein Vater wurde 1860 geboren. Die Liebe zu den Schmetterlingen flößte ihm sein deutscher Erzieher ein (was wohl ist übrigens aus jenen Originalen geworden, die russischen Kindern damals Naturkunde beibrachten: grünes Netz, Blechbüchse am Schulterriemen, der Hut mit Schmetterlingen besteckt, lange gelehrte Nase, ehrliche Augen hinter Brillengläsern; wo sind sie alle, wo ihre zerbrechlichen Skelette? Oder war das ein besonderer, eigens für den Export nach Russland gezüchteter Schlag von Deutschen, oder sehe ich nicht genau genug hin?). Nach einem zeitigen Schulabschluss (1876) in St. Petersburg erhielt er seine Universitätsbildung in England, in Cambridge, wo er bei Professor Bright Biologie studierte. Seine erste Reise, rund um die Welt, machte er noch zu Lebzeiten meines Großvaters, und von da an bis 1918 bestand sein ganzes Leben aus Reisen und dem Abfassen wissenschaftlicher Werke. Die wichtigsten davon sind: *Lepidoptera Asiatica* (8 Bände, in einzelnen Lieferungen 1890 bis 1917 veröffentlicht), *Die Tag- und Nachtfalter des Russischen Reiches* (die ersten vier von sechs geplanten Bänden erschienen 1912 bis 1916) und, der breiten Öffentlichkeit am bekanntesten, die *Reisen eines Naturforschers* (7 Bände,

1892 bis 1912). Diese Werke wurden einhellig als Klassiker angesehen, und bereits in jungen Jahren stand sein Name unter den ersten bei der Erforschung der russisch-asiatischen Fauna, Seite an Seite mit den Namen ihrer Pioniere, Fischer von Waldheim, Ménétriès, Eversmann[1]...

Zwischen 1885 und 1918 bereiste er ein unglaublich weites Gebiet, zeichnete die sich über viele Tausende von Kilometern erstreckende Route im «Fünfwerst»-Maßstab[2] 1 zu 232000 auf und brachte eine erstaunliche Kollektion zusammen. In jenen Jahren unternahm er acht große Expeditionen, die insgesamt achtzehn Jahre dauerten; aber dazwischen fanden noch eine Vielzahl kleinerer Reisen statt, «Eskapaden», wie er sie nannte, und zu diesen Kleinigkeiten zählte er nicht nur die Reisen in die weniger erforschten europäischen Länder, sondern auch die Weltreise, die er in seiner Jugend gemacht hatte. Entschlossen, Asien ernsthaft zu erschließen, erforschte er Ostsibirien, den Altai, Fergana, den Pamir, Westchina, «die Inseln des Gobi-Meeres[3] und seine Küsten», die Mongolei, den «nicht zu meisternden Kontinent» Tibet und beschrieb seine Wanderungen mit genauen, gewichtigen Worten.

Das ist das allgemeine Schema vom Leben meines Vaters, aus einer Enzyklopädie abgeschrieben. Es singt noch nicht, aber eine lebendige Stimme kann ich darin schon vernehmen.

Im Jahre 1912 begannen die vier Bände seines Werks *Die Tag- und Nachtfalter des Russischen Reiches* zu erscheinen ... Die Kostbarkeit des dunkelblauen, so ungestüm wie behutsam seiner Kassette entnommenen druckfrischen ersten Bandes bestand für mich in der Offenbarung der Schönheit und der Poesie der Wahrnehmung, die er vorausahnen ließ, denn nun endlich war ich drauf und dran, in meinen Besitz zu bringen, wozu mir weder Spuler (oder Rebel), die aufs Geratewohl Hofmann retuschiert hatten, noch selbst die ersten (noch erträglichen) Lieferungen von Seitz' Palearctica verhelfen konnten.[4] Jetzt nun wurde mir die lepidopterologische Fauna meiner riesigen Heimat mit klassischer Endgültigkeit in toto dargeboten. Selbst gewöhnliche europäische Schmetterlinge wie der Admiral oder der Trauermantel gewannen einen besonderen Zauber, wenn ihre Porträts nach russischen Exemplaren gemalt waren …

Da, da ist sie, diese Bildergalerie des Genius der russischen Natur, der herrliche blaue Anflug des schwarzen «Ritterfalters»[1] mit einem Tiger im Hintergrund, um der fernöstlichen Fauna eine tropische Anmutung zu verleihen; die orangefarbenen, fast modischen Flügelspitzen der afrikanischen Pieriden[2], die adrette und anmutige *pyrothoe*[3], die Schöne der Frühlingssteppen; die feurige Seide von Romanoffs *olga*[4], so schnellflügelig, dass kein Dshigit[5] mit ihr Schritt halten kann; das düstere Mosaik der Brenthis vom Golf von Chajpudirsk[6]; die himmlisch unschuldigen Bläulinge von der Wolga. Die aufgeschlagene Abbildung war dem in Sammelkästen weggeschlossenen Original dermaßen nahe, dass sogar zufällige Fehler im Aussehen oder beim Spannen mitreproduziert waren, und ich, der sich von Seitz' künstlichem Lumpenpack so abgestoßen fühlte, bin besonders fasziniert von einem genauen Porträt des unschätzbaren, total verschlissenen und verblassten einzigen Exemplars von «Godunows Erebia», das sich auf der ganzen Welt je fand, «in dichtem Laubwald, 8. Juli 1903», Vater zitiert aus einem an ihn gerichteten Brief von Moltrecht[7], «in sengender Hitze bei Werst 20 der alten Straße nach Aim» …

Wenn ich heute jene vier dicken Bände wieder lese, finde ich in ihnen nicht nur meine liebsten Erinnerungen, schwelge ich nicht nur in Informationen, die mir in jenen Tagen nicht so verständlich waren, sondern der Körper selbst, der Fluss, die Struktur des ganzen Werks berührt mich in einem professionellen Sinn wie ein überliefertes Handwerk. Plötzlich erkenne ich in den Worten meines Vaters den Urquell meiner eigenen Prosa: den Widerwillen gegen alles Verfälschen und Verschmieren, das reziproke Verschwalben von Gedanke und Wort, die spannerraupenhafte Fortbewe-

«Dann sehe ich die Karawane …» – Bonvalots Expedition in der Dsungarei, nach einem Foto von Henri d'Orléans

gung jedes Satzes – und sogar die Embryos meiner eigenen Klammersätze. Zu diesen Merkmalen gehört auch die Vorliebe meines Vaters für das Semikolon (oft vor einer Konjunktion – so wie man es zuweilen in der Sprache seiner Hochschullehrer antrifft: «that scholarly pause», ein Echo bedachtsamer englischer Logik – aber gleichzeitig mit Montaigne verwandt, den er so hoch schätzte); und ich bezweifle, dass die Entwicklung dieser Merkmale unter meiner oft eigensinnigen Feder ein bewusster Akt war.

Ich schreibe die folgenden vollblütigen, fließenden Sätze ab (aus seiner Einleitung zur Gattung *Lycaena*): «Während der Mittagshitze zwischen zwei üppigen Gewittern dient der Matsch der russischen Straßen männlichen Bläulingen als Trinkstätte, doch eignet sich nicht jeder feuchte Fleck; die Intensität der Inanspruchnahme hängt von einer gewissen durchschnittlichen Sättigung des Bodens und von der größeren Ebenheit seiner Oberfläche ab. An einem attraktiven Fleck wie diesem, einem mit einem runden, zerlaufenden Rand und einem verhältnismäßig begrenzten Durchmesser (selten mehr als sechzig Zentimeter), lässt sich eine dicht zusammengedrängte Gruppe von Schmetterlingen nieder; wenn man die Versammlung aufstört, fliegen sie en masse auf, verweilen in einem «sichtenden» Schwebezustand über der betreffenden Stelle der Straße und lassen sich dann mit mathematischer Genauigkeit von neuem darauf nieder … Nur wenn die Luft gegen Abend abkühlt oder Wolken aufziehen, nimmt das Bankett ein Ende. Ich hatte Gelegenheit, die Anwesenheit ein und desselben Exemplars des Meleager-Bläulings [1] von elf Uhr vormittags bis Viertel vor sechs am Abend zu beobachten, als der lange Schatten einer nahen Eiche genau den Fleck erreichte, wo außer meinem Freund und ein paar anderen versunkenen Bläulingen sowie einer Hand voll goldener Adonisfalter [2] (seit drei Uhr nachmittags) nur ein kleiner Haufen von *bojarischniza* [3] übrig geblieben war, deren Gesamtaussehen entweder an kleine Papierhähne oder eine Regatta von hier- oder dorthin krängenden Segelbooten erinnerte. In all diesen Stunden wechselte die Zusammensetzung und Größe der Versammlung, und mehr als einmal verscheuchte ich meinen Meleager ungewollt, während ich eine benötigte Kleinigkeit aus dem allgemeinen Haufen herausfischte. Jetzt, da der Schatten fiel, schwang er sich mit elastischer Anmut auf, und nachdem er einen Zweig ausgeguckt hatte, auf dem sich sitzen ließ – eine Wahl, die für eine Lycaena im Normalzustand ganz und gar nicht typisch war, aber als abwartendes Manöver recht charakteristisch für einen Schmetterling, der gerade eine ‹Trinkstätte› verlassen hat –, nahm er auf einem Rubus-Blatt [16] Platz, so als hoffe er, dass das Dämmern und die Kühle nur der vorübergehende Einfluss einer Wolke wären und man gleich zurückkehren könne. Nach ein paar Minuten bemerkte ich, dass er eingedöst war; womit die Beobachtung endete …»

Unser gesamtes tägliches Leben war von Geschichten über Vater, von Sorgen um ihn, der Erwartung seiner Rückkehr, dem verborgenen Schmerz des Abschieds und der wilden Freude des Wiedersehens durchdrungen. In jedem von uns spiegelte sich seine Leidenschaft, unterschiedlich getönt, unterschiedlich aufgenommen, aber beständig und gewohnt. Sein häusliches Museum, wo Reihen schmaler Eichenschränke mit verglasten Schubladen voller gekreuzigter Schmetterlinge standen (den Rest – die Pflanzen, Käfer, Vögel, Nagetiere und Reptilien – gab er seinen Kollegen zur Untersuchung), wo es roch, wie es wahrscheinlich im Paradies riecht, und wo die Laboratoriumsgehilfen an Tischen entlang der ununterteilten Fenster arbeiteten, war so etwas wie ein geheimnisvoller zentraler Herd, der unser ganzes Petersburger Haus von innen her erleuchtete, und nur der Mittagsdonner der Kanone von der Peter-Pauls-Festung vermochte in seine Stille einzudringen …

Als ich dann selber dem Zauber der Schmetterlinge erlag, entfaltete sich etwas in meiner Seele, und ich erlebte alle Reisen meines Vaters, als hätte ich sie selber gemacht: Im Traum sah ich die gewundene Straße, die Karawane, die farbenreichen Berge und beneidete meinen Vater wahnsinnig, schmerzhaft, bis zu Tränen – heißen und heftigen Tränen, die plötzlich bei Tisch aus mir hervorbrachen, wenn wir seine Briefe von unterwegs besprachen, oder bei der bloßen Erwähnung eines weit entfernten Ortes. Jedes Jahr, wenn der Frühling nahte und ehe wir aufs Land übersiedelten, spürte ich einen kläglichen Bruchteil dessen, was ich vor einem Aufbruch nach Tibet empfunden hätte …

Zur selben Zeit wie der Engländer Tutt[1], der in den Schweizer Alpen dasselbe beobachtet hatte wie er im Pamir, entdeckte mein Vater die wahre Natur der Hornhautstruktur, die bei den befruchteten Weibchen der Apollofalter unter dem Hinterleib erscheint, und erklärte, wie ihr Männchen sich zweier spatenförmiger Anhängsel bedient und einen selbstverfertigten Keuschheitsgürtel auf dem Weibchen ablegt, der bei jeder Art dieser Gattung anders geformt ist: Manchmal ist es ein kleines Boot, manchmal ein Schneckenhaus, manchmal – wie bei dem außergewöhnlich seltenen, dunkel aschgrauen *orpheus* Godunow – die Nachbildung einer winzigen Lyra. Und ich glaube, auf dem Frontispiz des vorliegenden Werks möchte ich ebendiesen Schmetterling abbilden – denn ich kann ihn darüber sprechen hören, kann sehen, wie er die sechs Exemplare, die er heimgebracht hat, aus den sechs dicken dreieckigen Tüten nimmt, wie er die Augen mit der Feldlupe dicht über den Hinterleib des einzigen Weibchens neigt – und wie sein Laborant ehrfurchtsvoll in einem feuchten Glas die trockenen, glänzenden, fest zusammengelegten Flügel lockert, um später eine Nadel sauber durch den Thorax des Insekts zu bohren, es in der Korkrille des Spannbretts aufzuspießen und seine offene, wehrlose, anmutig ausgebreitete Schönheit mittels breiter Streifen halbdurchsichtigen Papiers platt auf das Brett zu heften, um dann ein Stückchen Watte unter den Hinterleib zu schieben und die schwarzen Fühler geradezubiegen – auf dass er so für immer trockne. Für immer? Im Berliner Museum [1] befinden sich viele Exemplare aus den Fängen meines Vaters, und diese sind heute noch ebenso frisch wie in den achtziger und neunziger Jahren. Schmetterlinge aus der Linnéschen Sammlung, jetzt in London, haben sich seit dem achtzehnten Jahrhundert gehalten. Im Prager Museum kann man dasselbe Exemplar des prächtigen Atlasspinners sehen, das Katharina die Große bewundert hat. Warum bin ich dann so traurig?

Seine Jagdbeute, seine Beobachtungen, den Klang seiner Stimme bei wissenschaftlichen Begriffen – all das, glaube ich, werde ich bewahren. Aber das ist noch so wenig. Mit der gleichen relativen Dauerhaftigkeit möchte ich im Gedächtnis behalten, was ich an ihm vielleicht am meisten geliebt habe: seine kraftvolle Männlichkeit, seine Unbeugsamkeit und Unabhängigkeit, die Kälte und die Wärme seiner Persönlichkeit, seine Gewalt über alles, was er unternahm. Als spiele er ein Spiel, als wünsche er, beiläufig allem den Stempel seiner Kraft aufzudrücken, wählte er hier und da etwas, was außerhalb des Bereichs der Entomologie lag, und somit hinterließ er sein Zeichen auf fast allen Gebieten der Naturwissenschaft: Es gibt nur eine von ihm beschriebene Pflanze unter all denen, die er gesammelt hat, aber diese eine ist eine spektakuläre Birkenart; einen Vogel – einen absolut sagenhaften Fasan; eine Fledermaus – aber die größte der Welt. Und überall in der Natur hallt unser Name unzählige Male wider, denn andere Naturforscher benannten entweder eine Spinne oder einen Rhododendron oder einen Gebirgskamm nach ihm – das Letzte ärgerte ihn übrigens: «Den alten einheimischen Namen eines Gebirgspasses zu entdecken und zu bewahren», schrieb er, «ist stets nicht nur wissenschaftlicher, sondern auch nobler, als ihm den Namen eines guten Bekannten aufzudrücken.»[1]

Mir gefiel – und erst jetzt weiß ich, wie sehr sie mir gefiel – jene besondere mühelose Geschicklichkeit, die er im Umgang mit einem Pferd, einem Hund, einem Gewehr, einem Vogel oder einem Bauernjungen mit einem zwei Zoll langen Splitter im Rücken bewies – man brachte ständig Verwundete, Verstümmelte, sogar Gebrechliche zu ihm, ja selbst schwangere Frauen, die sein geheimnisvolles Tun wahrscheinlich für Hexerei hielten.[2] Mir gefiel es, dass er, im Unterschied zu den meisten nichtrussischen Forschungsreisenden – Sven Hedin zum Beispiel –, auf seinen Wanderungen niemals seine Kleidung gegen chinesische eintauschte[3]; im allgemeinen hielt er sich fern, war bis zum Äußersten streng und entschieden in seinen Beziehungen zu den Einheimischen und zeigte auch Mandarinen und Lamas gegenüber kein Entgegenkommen; und im Lager übte er sich im Schießen, eine ausgezeichnete Vorsichtsmaßnahme gegen jegliche Belästigung.[4] Völkerkunde interessierte ihn überhaupt nicht, was einige Geographen aus irgendeinem Grunde fuchste, und sein guter Freund, der Orientalist Kriwzow, weinte beinahe, als er ihm vorwarf: «Hätten Sie doch wenigstens ein Hochzeitslied mitgebracht, Konstantin Kirillowitsch, oder ein einziges einheimisches Kleidungsstück beschrieben!» Es gab einen Professor in Kasan, der ihn besonders scharf angriff; ausgehend von irgendwelchen humanitär-liberalen Voraussetzungen, beschuldigte er ihn des wissenschaftlichen Aristokratismus, der hochmüti-

«Nach einem Requiem am Seeufer bei dem mit einem Bronzeadler gekrönten Grabfelsen des Entdeckungsreisenden Prshewalskij, um den herum die furchtlosen Fasane der Gegend ihre Schlafplätze hatten, machte die Karawane sich auf den Weg» – Prshewalskijs Grabmal in Karakol, Kirgisistan

gen Geringschätzung des Menschen, der Gleichgültigkeit gegenüber den Interessen des Lesers, der bedenklichen Wunderlichkeit und vieler anderer Dinge mehr. Und einmal, bei einem internationalen Bankett in London (diese Episode gefällt mir am besten von allen), fragte Sven Hedin meinen Vater, der neben ihm saß, wie es möglich gewesen sei, dass er, der mit nie dagewesener Bewegungsfreiheit durch die verbotenen Gegenden Tibets in der unmittelbaren Umgebung von Lhasa[1] gereist war, sich dieses nicht angesehen habe, worauf mein Vater erwiderte, er sei nicht bereit gewesen, auch nur eine Stunde des Sammelns zu opfern, um «noch eine dreckige kleine Stadt mehr»[2] zu besichtigen – und ich sehe deutlich vor mir, wie er beim Sprechen die Augen zusammengekniffen haben muss.

Er war mit Gleichmut, Selbstbeherrschung, starker Willenskraft und einem lebhaften Sinn für Humor ausgestattet; wenn er aber wütend wurde, war sein Zorn wie ein plötzlicher Frosteinfall (Großmutter sagte hinter seinem Rücken: «Alle Uhren im Hause blieben stehen»), und ich erinnere mich genau an jene plötzliche

Stille bei Tisch und den irgendwie geistesabwesenden Ausdruck, der sogleich auf Mutters Gesicht erschien (Übelwollende in unserer weiblichen Verwandtschaft behaupteten, dass sie «vor Kostja zitterte»), und dass eine der Gouvernanten am unteren Ende des Tisches hastig die Handfläche über ein Glas legte, das kurz vor dem Klirren war. Der Anlass zu seinem Zorn konnte der Schnitzer von irgendjemandem sein, eine Fehlkalkulation des Verwalters (Vater war in Wirtschaftsangelegenheiten gut bewandert), eine respektlose Bemerkung über einen engen Freund von ihm, eine politische Banalität, die von Seifenkistenpatriotismus zeugte, von einem unseligen Gast vorgebracht, oder schließlich auch irgendein Vergehen meinerseits. Er, der in seinem Leben eine Menge Vögel vernichtet hatte, er, der einmal dem jungverheirateten Botaniker Berg die komplette Pflanzendecke einer bunten kleinen Bergwiese in einem Stück von der Größe eines Zimmers mitgebracht hatte (ich stellte sie mir wie einen Perserteppich aufgerollt in einer Kiste vor)[1], die er irgendwo in schauriger Höhe zwischen kahlen Felsen und Schnee gefunden hatte – er konnte mir einen leichtfertig mit einem Montecristo-Gewehr in Leschino geschossenen Spatzen oder die junge Zitterpappel am Teich, die ich mit einem Schwert gefällt hatte, nicht verzeihen. Er konnte Hinauszögern, Zaudern, das blinzelnde Auge einer Lüge nicht ausstehen, auch Scheinheiligkeit und Schöntun nicht – und ich bin sicher, hätte er mich bei körperlicher Feigheit ertappt, er hätte mich verflucht.

Ich habe noch nicht alles gesagt; ich komme jetzt zum vielleicht Allerwichtigsten. In meinem Vater und um ihn herum, um diese klare und unmittelbare Kraft herum lag etwas, was sich in Worten schwer wiedergeben lässt, ein Schleier, ein Geheimnis, eine rätselhafte Zurückhaltung, die sich manchmal mehr, manchmal weniger bemerkbar machte. Es war, als ob diesen wahrhaftigen, sehr wahrhaftigen Menschen eine Aura von etwas noch Unbekanntem umgebe, das vielleicht das Allerwahrhaftigste an ihm war. Es stand nicht in direktem Zusammenhang mit uns oder mit meiner Mutter oder mit den Äußerlichkeiten des Lebens, ja nicht einmal mit Schmetterlingen (die ihm, das darf man wohl sagen, näher als alles andere waren); es war weder Nachdenklichkeit noch Melancholie – und ich finde kein Mittel, den Eindruck zu erklären, den sein Gesicht auf mich machte, als ich von außen durch das Fenster seines Arbeitszimmers blickte und sah, wie er, seine Arbeit plötzlich vergessend (ich konnte in meinem Innern spüren, wie er sie vergaß – als ob etwas durchgefallen oder verebbt sei), seinen großen klugen Kopf ein wenig vom Schreibtisch abwandte und auf die Faust stützte, sodass sich eine breite Falte von der Wange zur Schläfe erhob, und so eine Minute lang regungslos dasaß. Heute kommt es mir manchmal vor, als sei er – wer weiß – vielleicht nicht so sehr darum auf seine Reisen gegangen, weil er etwas suchte, sondern vielmehr, um etwas zu fliehen, und bei seiner Rückkehr habe er dann erkannt, dass es noch immer bei ihm war, in ihm, nicht abzuschütteln, unerschöpflich. Ich kann keinen Namen für sein Geheimnis finden, ich weiß nur, dass dies die Ursache war für jene eigentümliche, weder freudige noch verdrießliche, tatsächlich in keinerlei Zusammenhang mit der äußeren Erscheinung menschlicher Gemütsbewegungen stehende Einsamkeit, zu der weder meine Mutter noch alle Entomologen der Welt Zugang hatten …

Im Arbeitszimmer meines Vaters hing eine Kopie des Bildes *Marco Polo verlässt Venedig*. Es war rosig, dieses Venedig, und das Wasser seiner Lagune war himmelblau, mit Schwänen, doppelt so groß wie die Boote, in deren eines winzige violette Männer über eine Planke hinabstiegen, um an Bord eines Schiffes zu gehen, das in einiger Entfernung mit zusammengerollten Segeln wartete – und ich kann mich nicht losreißen von dieser geheimnisvollen Schönheit, von diesen alten Farben, die vor den Augen schwimmen, als suchten sie neue Formen, wenn ich mir jetzt vorstelle, wie die väterliche Karawane ausgerüstet wird, in Prshewalsk[1], wohin er gewöhnlich von Taschkent aus mit Postpferden ritt[2], nachdem er den Tross mit Vorräten für drei Jahre vorausgesandt hatte. Seine

Kosaken durchstreiften die benachbarten Dörfer und kauften Pferde, Maulesel und Kamele[1]; sie bereiteten die Transportkisten und Taschen vor (was gab es nicht alles in diesen über Jahrhunderte erprobten sartischen[2] Yakhdans[3] und Ledertaschen – von Cognac[4] bis zu Erbsenmehl, von Silberbarren bis zu Hufeisennägeln); und nach einem Requiem am Seeufer bei dem mit einem Bronzeadler gekrönten Grabfelsen des Entdeckungsreisenden Prshewalskij[5], um den herum die furchtlosen Fasane der Gegend ihre Schlafplätze hatten, machte die Karawane sich auf den Weg.

Dann sehe ich den Zug, wie er sich, ehe er von den Bergen aufgesogen wird, zwischen Hügeln von paradiesischem Grün[6] hindurchschlängelt, das sowohl von ihrem Graskleid als auch von dem apfelhellen epidothaltigen Gestein bestimmt wird, aus dem sie bestehen. Die gedrungenen, kräftigen Kalmückenponys gehen staffelweise im Gänsemarsch: Ihre paarigen gleichgewichtigen Traglasten sind zwiefach mit Seilen festgezurrt, sodass nichts sich verschieben kann, und jeder Echelon wird von einem Kosaken am Zügel geführt. An der Spitze der Karawane, ein Berdan-Gewehr[7] über der Schulter und ein Schmetterlingsnetz in Bereitschaft, reitet mein Vater, mit Brille und Nankingbluse, auf seinem weißen Traber und in Begleitung eines eingeborenen Reiters. Am Ende des Trupps (so jedenfalls sehe ich es) kommt der Feldmesser Kunizyn, ein würdevoller alter Mann, der ein halbes Menschenleben auf unerschütterlicher Wanderschaft verbracht hat, mit seinen Instrumenten in Futteralen – Chronometer, Vermessungszirkel, ein künstlicher Horizont –, und wenn er anhält, um sich zu orientieren oder Azimute aufzuzeichnen, wird sein Pferd von einem Gehilfen, einem kleinen anämischen Deutschen namens Iwan Iwanowitsch Wiskott[8], gehalten, ehemals Apotheker in Gattschina, dem mein Vater einmal beigebracht hatte, wie man Vogelbälge präpariert, und der seitdem an allen Expeditionen teilnahm, bis er im Sommer 1903 in Dengkou[9] an einem Gangrän starb.

Weiter sehe ich die Berge: die Kette des Tianshan. Auf der Suche

«Weiter sehe ich die Berge: die Kette des Tianshan» – nach einem Foto von Henri d'Orléans

nach Pässen (nach mündlichen Angaben auf der Landkarte eingezeichnet, erstmals jedoch von meinem Vater erforscht) stieg die Karawane über steile Hänge und schmale Gesimse[1] hinan, glitt in nördlicher Richtung hinab, zur Steppe, in der es von Saigas[2] wimmelte, stieg dann wieder gen Süden empor, durchwatete hier einen Wildbach, versuchte dort ein offenes Gewässer zu überqueren, und immer höher hinauf, auf fast unpassierbaren Pfaden.[3] Wie das Sonnenlicht spielte! Die Trockenheit der Luft schuf einen erstaunlichen Kontrast zwischen Licht und Schatten: im Licht ein solches Aufblitzen, ein solcher Überfluss an Glanz, dass es zuzeiten unmöglich war, auf einen Felsen, einen Wasserlauf zu blicken;[4] und im Schatten eine Finsternis, die alles Detail verschlang, sodass jede Farbe ein magisch vervielfachtes Leben führte und das Fell der Pferde sich veränderte, wenn sie in die Kühle der Pappeln traten.

Allein das Brausen des Wassers in der Felsschlucht hätte einen Menschen betäuben können; Kopf und Brust füllten sich mit zitternder Erregung; das Wasser schoss mit furchtbarer Gewalt – so glatt jedoch wie geschmolzenes Blei – daher, schwoll dann plötzlich ungeheuerlich an, sobald es die Stromschnellen erreichte, und seine vielfarbigen Wellen türmten sich auf und fielen mit wildem Tosen über die glänzenden Felsnasen; und dann, aus sechs Metern Höhe, aus einem Regenbogen hervor in die Dunkelheit stürzend, eilte es weiter, jetzt schon anders: Brodelnd, rauchblau und schneegleich vom Schaum, schlug es mit solcher Wucht zuerst gegen die eine und dann gegen die andere Seite des Canyons aus Trümmergestein, dass es schien, das widerhallende Bergmassiv würde niemals standhalten [1]; an seinen Rändern blühten unterdessen in seliger Ruhe die Schwertlilien [2] – und plötzlich stürmte eine Herde Marale [3] aus dem Schwarz der Tannen auf die blendende Alpenwiese hinaus und hielt zitternd an. Nein, nur die Luft zitterte … sie waren schon verschwunden.

Mit besonderer Klarheit kann ich – in dieser durchsichtigen und veränderlichen Landschaft – die hauptsächliche und konstante Beschäftigung meines Vaters heraufbeschwören, eine Beschäftigung, um derentwillen allein er diese kolossalen Reisen unternahm. Ich

«Für die Nomadenvölker ist dies eins der wertvollsten Gewächse, denn es liefert ihnen vorzügliches Brennmaterial und dient als Futter für die Kamele» – der Salzbaum Saxaul, abgebildet von Nikolaj Prshewalskij

sehe ihn, wie er sich inmitten des Gepolters abrutschender Steine von seinem Sattel hinunterbeugt und in dem an einem langen Stock befestigten Netz mit einer weiten Ausholbewegung einen königlichen Verwandten unserer Apollofalter[1] einfängt (eine jähe Drehung der Hand lässt das Ende des von Rascheln und Klopfen erfüllten Musselinbeutels über den Bügel schnellen und verhütet ein Entkommen), der dicht über den gefährlichen Geröllhalden patrouilliert hatte; und nicht nur er, sondern auch die anderen Reiter (der Kosakenkorporal Semjon Sharkoj zum Beispiel oder der Burjate Bujantujew[2] oder aber jener Repräsentant meiner selbst, den ich meine ganze Knabenzeit hindurch unmittelbar hinter meinem Vater herziehen ließ) bahnen sich in Verfolgung des weißen Schmetterlings mit den üppigen Augenflecken furchtlos den Weg über die Felsen, und schließlich fangen sie ihn; und da ist er, zwischen den Fingern meines Vaters, tot, sein gelblich behaarter und nach innen gekrümmter Körper gleicht einem Weidenkätzchen, und auf der glasigen Unterseite seiner gefalteten straffen Flügel zeigt sich an deren Ansatz die blutrote Fleckung.

Er vermied es, seine Zeit in chinesischen Gasthäusern[3] zu vertun, besonders zur Nacht, denn er mochte sie nicht wegen ihrer «seelenlosen Geschäftigkeit», die lediglich in Geschrei bestand, ohne die leiseste Andeutung von Lachen; aber seltsam, der Geruch dieser Herbergen, jene besondere Luft, die jedem Ort eignet, an dem Chinesen sich niedergelassen haben – eine ranzige Mischung von Küchendünsten, dem Qualm brennenden Viehmists[4], Opium und Pferdestall –, sagte ihm später in seiner Erinnerung mehr über seine geliebten Jagdzüge als der ins Gedächtnis zurückgerufene süße Duft der Bergwiesen.

Während ich mit der Karawane über den Tianshan ziehe, sehe ich jetzt den Abend näher kommen und einen Schatten über die Berghänge legen. Eine schwierige Überquerung auf den nächsten Morgen verschiebend (über den ungestümen Fluss hat man eine wackelige Brücke geschlagen, bestehend aus Steinplatten auf Reisig, aber der Anstieg auf der anderen Seite ist ziemlich steil und überdies glatt wie Glas)[1], lässt sich die Karawane für die Nacht nieder. Während die Farben des Sonnenuntergangs noch in den Luftschichten des Himmels verweilen und das Abendessen bereitet wird, waschen die Kosaken, die zunächst den Tieren die Schweißtücher und die untergebreiteten Filzdecken abgenommen haben, die von den Traglasten herrührenden Wunden. In der dunkelnden Luft übertönt der reine Klang des Beschlagens das breite Getöse des Wassers.[2] Es ist ganz dunkel geworden. Vater hat einen Felsen erklommen und sucht nach einem Platz für seine Karbidlampe, um Nachtfalter zu fangen.[3] Von dort kann man aus chinesischer Perspektive (von oben) in einer tiefen Schlucht die in der Finsternis durchsichtige Röte des Lagerfeuers sehen; durch die Ränder seiner atmenden Flamme scheinen mit ständig wechselnden Umrissen die breitschultrigen Schatten von Männern zu schweben, und ein roter Widerschein zittert, ohne sich vom Fleck zu rühren, auf dem brodelnden Wasser des Flusses. Oben aber ist alles still und dunkel, nur vereinzelt ertönt der Klang einer Glocke: Die Pferde, die schon eine Zeitlang gestanden und ihre Portion Trockenfutter erhalten haben, streifen jetzt zwischen den Granittrümmern umher. Droben, erschreckend und bezaubernd nah, sind die Sterne aufgegangen, jeder für sich deutlich sichtbar, jeder ein brennender kleiner Himmelskörper, der klar seine kugelförmige Beschaffenheit offenbart. Nach und nach lockt die Lampe Nachtfalter an: Sie beschreiben rasende Kreise um sie herum und stoßen mit einem Klingen gegen den Reflektor; sie fallen, kriechen über das ausgebreitete Leintuch in den Lichtkreis, grau, mit Augen wie brennende Kohlen, zitternd, auffliegend und abermals herabfallend – und eine große, hell angestrahlte, bedächtig geschickte Hand mit mandelförmigen Fingernägeln schiebt Eulenfalter um Eulenfalter in das todbringende Glas.

Manchmal war Vater ganz allein; er hatte nicht einmal die Nähe schlafender Männer in den Zelten des Lagers, auf Filzmatten rings um das Kamel herum, das man auf die Asche des Lagerfeuers gebettet hatte.[1] Längere Aufenthalte an Stellen mit reichlich Futter für die Karawanentiere nutzte Vater, um sich für einige Tage auf Erkundungstour zu begeben, und von irgendeinem neuen Weißling verleitet, ignorierte er dabei mehr als einmal die Regel der Gebirgsjagd, niemals einem Pfad zu folgen, auf dem es kein Zurück gibt. Und jetzt frage ich mich immerfort, woran er in den einsamen Nächten gedacht haben mag: Inbrünstig suche ich in der Dunkelheit den Lauf seiner Gedanken zu erahnen, aber das gelingt mir viel weniger als im Geist der Besuch von Orten, die ich nie gesehen habe. Woran nur dachte er? An einen vor kurzem gemachten Fang? An meine Mutter, an uns? An die angeborene Sonderbarkeit des menschlichen Lebens, deren Empfindung er insgeheim auf mich übertrug? Vielleicht irre ich mich auch, wenn ich ihm rückblickend das Geheimnis aufzwinge, das er jetzt mit sich herumträgt, da er, nunmehr düster und besorgt und den Schmerz einer unbekannten Wunde verbergend, den Tod verbergend als etwas Beschämendes, in meinen Träumen erscheint, das Geheimnis, das er aber damals noch gar nicht hatte – vielleicht war er einfach glücklich in jener unvollkommen benannten Welt, in der er auf Schritt und Tritt dem Namenlosen einen Namen gab.

Nachdem wir den ganzen Sommer in den Bergen verbracht hatten (nicht einen Sommer, sondern mehrere, in verschiedenen Jahren, die sich in durchscheinenden Schichten übereinander legen), wandte sich die Karawane ostwärts durch eine Kluft in eine Steinwüste.[2] Allmählich entschwand sowohl das Flussbett, das sich jetzt teilte und fächerförmig ausbreitete, als auch jene Flora, die dem Reisenden bis zuletzt treu bleibt: verkümmerte Ammodendren, Lasiagrostis und Ephedra.[3] Nachdem wir die Kamele mit Wasser beladen hatten[4], tauchten wir in einer gespenstischen Wildnis unter, in der der weiche rötlichbraune Lehm der Wüste stellenweise vollkommen mit grobem Kies bedeckt[5] und mit Krusten aus schmutzigem Schnee und Salzablagerungen getüpfelt war, die wir aus der Ferne für die Mauern der gesuchten Stadt hielten.[1] Infolge schrecklicher Stürme[2], die um Mittag alles in einen salzigen braunen Nebel hüllten, war der Weg gefährlich; der Wind heulte, Kieselkörnchen peitschten ins Gesicht, die Kamele legten sich nieder, und unser Persenningzelt riss in Stücke. Durch diese Stürme hat sich die Oberfläche des Geländes unglaublich verändert und bietet dem Auge die bizarren Umrisse von Schlössern, Kolonnaden und Treppenfluchten[3]; oder aber der Orkan hat Gruben leer gefegt[4] – als ob hier, in dieser Wüste, die Elementarkräfte, die die Welt geformt haben, noch immer wütend am Werk wären. Aber es gab auch Tage von wundervoller Stille, an denen Ohrenlerchen (Vater nannte sie treffend «Kicherer») ihre mimetischen Triller aussandten und Schwärme gewöhnlicher Spatzen unsere ausgemergelten Tiere begleiteten.[5] Gelegentlich verbrachten wir einen Tag in abgeschiedenen Siedlungen[6], bestehend aus zwei oder drei Gehöften und einem zerstörten Tempel. Ein andermal wurden wir von Tanguten in Schafspelzen und rot-blauen Wollstiefeln angegriffen: eine kleine farbenfrohe Episode auf unserem Weg.[7] Und dann gab es da noch die Mirages – Mirages, in denen die Natur, diese vortreffliche Betrügerin, absolute Wunder vollbrachte: Die Visionen von Wasser waren so klar, dass sie die nahe gelegenen wirklichen Felsen widerspiegelten![8]

Dann kamen die stillen Sandflächen der Gobi; Düne auf Düne zog vorüber, wie Wellen, und gab nur kurze ockerfarbene Horizonte frei, und der einzige Laut in der samtweichen Luft war das schwere, beschleunigte Atmen der Kamele und das Scharren ihrer breiten Füße.[9] Bald auf den Kamm einer Düne hinaufsteigend, bald ins Tal eintauchend, schritt die Karawane voran, und bis zum Abend hatte ihr Schatten riesenhafte Formen angenommen. Der fünfkarätige Diamant der Venus versank im Westen, zusammen mit dem Leuchten des Sonnenuntergangs, der mit seinem weißlichen, orangefarbenen und violetten Licht alles verzerrte.[10] Und Vater erinnerte sich gern, wie er einmal bei solch einem Sonnenuntergang, im Jahre 1893, im toten Herzen der Wüste Gobi zwei Radfahrern mit chinesischen Sandalen und runden Filzhüten begegnet war, die er zunächst für von den prismatischen Strahlen projizierte Trugbilder gehalten hatte; sie entpuppten sich jedoch als die Amerikaner Sachtleben und Allen, die zum Vergnügen durch ganz Asien nach Peking radelten.[1]

Der Frühling erwartete uns in den Bergen des Nanshan.[2] Alles kündigte ihn im voraus an: das Geplätscher des Wassers in den Bächen, das ferne Getöse der Flüsse, das Pfeifen der Pfeifhasen[3], die in Erdhöhlen an den schlüpfrigen, feuchten Abhängen hausten, der herrliche Gesang der heimischen Lerchen und «eine dichte Menge von Geräuschen, deren Ursprung schwer zu erklären ist» (Worte aus den Aufzeichnungen von Grigorij Efimowitsch Grum-Grshimajlo, einem Freund meines Vaters, die sich mir für immer eingeprägt haben und voll der erstaunlichen Musik der Wahrheit sind, weil sie nicht von einem unwissenden Dichter, sondern von einem genialen Naturforscher geschrieben wurden). An den südlichen Hängen waren wir bereits auf unseren ersten interessanten

«Strauchs Fasan lockte die Jäger» – der von Prshewalskij 1873 entdeckte ‹Phasianus colchicus strauchi›

Schmetterling gestoßen – die Potanin'sche Unterart von Butlers Weißling[1] –, und in dem Tal, zu dem wir durch das Bett des Wildbachs hinabstiegen, fanden wir schon wirklichen Sommer. Alle Hänge waren mit Anemonen und Primeln übersät.[2] Prshewalskijs Gazelle[3] und Strauchs Fasan[4] führten die Jäger in Versuchung. Und was für Sonnenaufgänge[5] es dort gab! Nur in China ist der Frühnebel so bezaubernd, lässt alles vibrieren, die phantastischen Umrisse der Bauernhütten, die lichter werdenden Felsklippen. Wie in einen Abgrund enteilt der Fluss in die Düsternis der vormorgendlichen Dämmerung, die noch in den Schluchten hängt, während weiter oben, entlang der fließenden Gewässer, alles flimmert und funkelt und in den Weiden bei der Mühle schon eine ganze Kompanie von Blauelstern[6] erwacht ist.

Eskortiert von fünfzehn chinesischen Infanteristen, die mit Hellebarden bewaffnet waren und riesige, absurd grelle Banner trugen, überschritten wir mehrere Bergpässe.[7] Obwohl Hochsommer war, gab es dort so starke Nachtfröste, dass die Blumen morgens mit Raureif überzogen und so brüchig geworden waren, dass sie mit einem überraschenden zarten Klingen unter den Füßen brachen[8]; zwei Stunden später jedoch, sobald die Sonne warm zu werden begann, erstrahlte die wunderbare Gebirgsflora abermals, erfüllte die Luft abermals mit einem Aroma von Harz und Honig. An steile Böschungen geklammert, bahnten wir uns unter dem heißen blauen Himmel unseren Weg; Grashüpfer schossen uns unter den Füßen hervor, die Hunde liefen mit heraushängender Zunge einher und suchten vor der Hitze Schutz in dem kurzen Schatten, den die Pferde warfen.[9] Das Wasser in den Brunnen roch nach Schießpulver.[10] Die Bäume schienen wie der Fiebertraum eines Botanikers: eine weiße Eberesche mit alabasterfarbenen Beeren oder eine Birke mit roter Rinde![11]

Den Fuß auf einen Felsbrocken gestützt und leicht auf den Stock seines Netzes gelehnt, blickt mein Vater von einem hohen Ausläufer, von den Moränen von Tanegma hinab auf den Kokonor, eine riesige Fläche dunkelblauen Wassers.[1] Dort unten, in den goldenen Steppen, stürmt eine Herde Kiangs vorüber, und über die Klippen schießt der Schatten eines Adlers; da oben herrscht vollkommener Friede, Stille, Durchsichtigkeit ... Und wiederum frage ich mich, woran mein Vater denkt, wenn er nicht mit Sammeln beschäftigt ist und einfach so dasteht, ganz ruhig ... wenn er sozusagen auf dem Gipfel meiner Erinnerung erscheint, mich foltert, mich entzückt – bis zum Schmerz, bis zur Raserei vor Zärtlichkeit, Neid und Liebe, und meine Seele mit seiner unergründlichen Einsamkeit quält.

Es kam vor, dass wir, er und ich, an einem strahlenden Septembermorgen, als wir den Gelben Fluss und seine Nebenflüsse hinaufzogen, in den Liliendickichten und Mulden des Ufers den Elwes-Schwalbenschwanz[2] fingen – ein schwarzes Wunder mit Schwänzen in Form von Hufen. An rauen Abenden las er vor dem Einschlafen Horaz, Montaigne und Puschkin, die drei Bücher, die er mitgenommen hatte.[3] Einmal im Winter, als wir über das Eis eines Flusses gingen, bemerkte ich in der Ferne etwas Dunkles, das sich in einer Kette quer über den Strom zog: die großen Hörner von zwanzig wilden Yaks, die beim Durchqueren vom plötzlich entstehenden Eis überrascht worden waren. Durch das dicke Kristall hindurch waren die in Schwimmhaltung erstarrten Körper deutlich zu erkennen; die schönen, über das Eis erhobenen Köpfe wären lebendig erschienen, hätten die Vögel nicht bereits die Augen ausgepickt[4]; und aus irgendeinem Grunde erinnerte ich mich des Tyrannen Schiusin, der aus Neugier schwangere Frauen aufschnitt und einmal, als er an einem kalten Morgen Lastträger einen Strom durchwaten sah, befahl, sie am Schienbein zu amputieren, weil er den Zustand ihres Knochenmarks untersuchen wollte.[5]

Während eines Brandes in Chang (Holz, das für den Bau einer katholischen Missionsstation zurechtgelegt worden war, hatte Feuer gefangen) sah ich einen älteren Chinesen, der aus sicherer Entfernung vom Feuer emsig, entschlossen und unermüdlich Was-

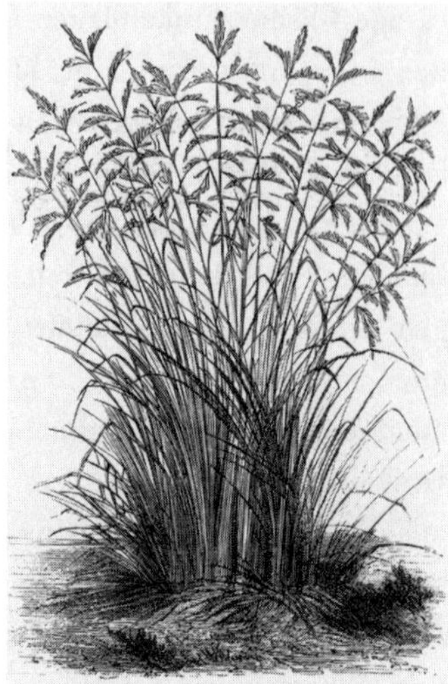

«Wenn ein ausgewachsener Mann in eine mit Riesenfedergras bewachsene Fläche gerät, kann er nicht darüber hinaussehen und verirrt sich leicht» – das Federgras Deresun, abgebildet von Nikolaj Prshewalskij

ser über den Widerschein der Flammen an den Wänden seiner Behausung goss; als wir uns von der Unmöglichkeit überzeugt hatten, ihm zu beweisen, dass sein Haus nicht brannte, überließen wir ihn seiner fruchtlosen Beschäftigung.[1]

Oft mussten wir uns unseren Weg bahnen, ohne die Einschüchterungen und Verbote der Chinesen beachten zu können: Treffsicherheit im Schießen ist der beste Ausweis.[2] In Tatsienlu streiften Lamas mit kahl geschorenen Köpfen in den winkligen engen Gassen umher[3] und verbreiteten das Gerücht, ich finge Kinder, um aus ihren Augen einen Trank für die Eingeweide meiner Kodak[4] zu brauen. Dort, an den Hängen einer schneebedeckten Gebirgskette, die in dem üppigen rosigen Schaum großer Rhododendren[5] ertranken (nachts nutzten wir ihre Zweige für unser Lagerfeuer), suchte ich im Mai nach der schiefergrauen, orange gefleckten Raupe des Imperator-Apollos und seiner Puppe, die mit einem Seidenfaden an der Unterseite eines Steins festgemacht war.[6] Am selben Tage, erinnere ich mich, sahen wir flüchtig einen weißen Tibetbären[7] und entdeckten eine neue Schlange: Sie nährte sich von

Mäusen, und die Maus, die ich ihr aus dem Magen zog, erwies sich als eine ebenfalls noch nicht beschriebene Art.[1] Die Rhododendren und die mit spitzenartigen Flechten behangenen Kiefern[2] strömten einen betäubenden Harzgeruch aus. Nicht weit von mir sammelten einige Medizinmänner[3] mit der wachsamen und verschlagenen Miene von Konkurrenten für ihre eigennützigen Bedürfnisse chinesischen Rhabarber, dessen Wurzel eine außerordentliche Ähnlichkeit mit einer Raupe hat, einschließlich der Stummelfüße und Trachealöffnungen, während ich derweil unter einem Stein die Raupe eines unbekannten Nachtfalters fand, die nicht etwa nur im allgemeinen, sondern vollkommen konkret eine Nachahmung jener Wurzel darstellte[4], sodass nicht ganz klar war, wer hier wen nachmachte und warum.

Alle lügen sie in Tibet[5]: Es war verteufelt schwer, die richtigen Ortsnamen zu erfahren oder den rechten Weg gewiesen zu bekommen; ohne es zu wollen, täuschte ich sie ebenfalls. Da sie nicht imstande waren, einen blonden Europäer von einem weißhaarigen zu unterscheiden, hielten sie mich, einen jungen Burschen mit sonnengebleichtem Haar, für einen uralten Mann.[6] Überall auf den Granitfelswänden[7] konnte man die «mystische Formel» lesen, ein schamanenhaftes Gebrabbel, das gewisse poetisch gesinnte Reisende sehr hübsch mit «O Juwel im Lotos, oh!» «übersetzen».[8] Irgendwelche Staatsbeamte wurden zu mir entsandt, beschworen mich, dies zu unterlassen, drohten, mir jenes anzutun – ich schenkte ihnen kaum Beachtung. Ich entsinne mich jedoch eines besonders lästigen Kretins in gelber Seide unter einem roten Schirm[9]; er saß rittlings auf einem Maulesel, dessen angeborene Trübseligkeit verdoppelt wurde durch das Vorhandensein dicker Eiszapfen unter seinen Augen, gebildet aus gefrorenen Tränen.[10]

Aus großer Höhe sah ich ein dunkles sumpfiges Becken, über und über zitternd im Spiel unzähliger Quellen, was an den sternenübersäten Nachthimmel erinnerte, und so hieß sie auch: Sternensteppe.[11] Die Pässe waren höher als die Wolken[12], die Märsche anstrengend. Mit einer Mischung aus Jodoform und Vaseline rieben wir die Wunden der Lasttiere ein.[1] Manchmal, wenn wir an einer völlig verlassenen Stätte unser Lager aufgeschlagen hatten, sah ich am Morgen plötzlich, dass im weiten Kreis um uns herum über Nacht – gleich schwarzen Pilzen – Räuberzelte emporgeschossen waren, die jedoch schnell wieder verschwanden.[2]

Nach der Erforschung des tibetischen Hochplateaus bewegte ich mich auf den Lop Nor[3] zu, um von dort aus nach Russland zurückzukehren. Der Tarim, von der Wüste überwältigt, erschöpft, bildet mit seinem letzten Wasser einen ausgedehnten, schilfreichen Sumpf, den heutigen Kara-koschun-kul, Prshewalskijs Lop Nor – und Lop Nor zur Zeit der Khane, was immer Richthofen sagen mag.[4] Er ist von Salzsümpfen gesäumt, aber das Wasser ist nur am Rande salzig[5] – an einem Salzsee würde dieses Schilf auch nicht wachsen. Ich bin einmal im Frühling in fünf Tagen um ihn herum gegangen.[6] Dort, im sechs Meter hohen Röhricht[7], hatte ich das Glück, einen ungewöhnlichen, halb aquatisch lebenden Nachtfalter mit einem rudimentären Adernsystem zu entdecken. Der höckerige Salzsumpf war übersät mit Schalen von Weichtieren.[8] Des Abends klang das harmonische, melodische Geräusch des Schwanenflugs durch die Stille; vor dem Gelb der Binsen hob sich das matte Weiß der Vögel besonders deutlich ab.[9] In dieser Gegend lebten im Jahre 1862 sechzig russische Altgläubige[10] mit ihren Frauen und Kindern ein halbes Jahr lang; dann gingen sie nach Turfan, und wohin von dort aus, weiß niemand.

Danach kommt die Wüste Lop: eine Kieselebene, Reihen von lehmigen Abgründen, glasige Salzlachen[11]; der helle Fleck in der grauen Luft ist ein einsamer Roborowskij-Weißling[12], den der Wind davonträgt. In dieser Wüste haben sich Spuren einer uralten Straße erhalten, über die sechs Jahrhunderte zuvor Marco Polo zog: Steinhaufen dienen als Markierung.[13] Ebenso, wie ich in einer tibetischen Bergschlucht das interessante trommelgleiche Dröhnen vernahm, das unsere ersten Wanderer erschreckt hatte[14],

«Gelegentlich verbrachten wir einen Tag in abgeschiedenen Siedlungen, bestehend aus zwei oder drei Gehöften und einem zerstörten Tempel» – der Flecken Kufi zwischen Hami und Anxi, fotografiert von Grum-Grshimajlo

hörte und sah ich auch während der Sandstürme in der Wüste das Gleiche wie Marco Polo: «das Flüstern von Geistern, die dich beiseite rufen», und das eigenartige Flackern der Luft, eine endlose Folge entgegenkommender Wirbelwinde, Karawanen und Schattenheere, Tausende gespensterhafter Gesichter, die sich in ihrer Unkörperlichkeit an einen heran-, durch einen hindurchdrängen und sich plötzlich zerstreuen. In den zwanziger Jahren des vierzehnten Jahrhunderts, als der große Entdecker im Sterben lag, versammelten sich die Freunde an seinem Bett und beschworen ihn, er möge verwerfen, was ihnen in seinem Buch unglaubhaft erschienen war, möge dessen übernatürliche Ereignisse mittels vernünftiger Streichungen abschwächen; er aber erwiderte, er habe noch nicht einmal die Hälfte von dem berichtet, was er tatsächlich gesehen.[2]

All das lebte betörend fort, voller Farbe und Luft, mit lebendiger Bewegung in der Nähe und überzeugender Ferne; dann verschob es sich wie Rauch vor einer Brise und verflog – und wieder sah Fjodor die toten und unmöglichen Tulpen seiner Tapete, das bröckelige Häufchen Zigarettenstummel im Aschenbecher, das Spiegelbild der Lampe im schwarzen Fensterglas. Er riss das Fenster auf. Die voll geschriebenen Blätter auf dem Schreibtisch gerieten in Bewegung; eines schlug um, ein anderes glitt zu Boden. Das Zimmer wurde sofort feucht und kalt … Doch kaum hatte er das Fenster wieder geschlossen, spürte er schon die Leere zwischen seinen gekrümmten Fingern und wandte sich der geduldig wartenden Lampe, den verstreuten Entwürfen, der noch warmen Feder zu, die jetzt wieder unauffällig zwischen seine Finger glitt (die Leere erklärend und ausfüllend), und sofort kehrte er wieder ein in jene Welt, die für ihn so natürlich war wie Schnee für den Schneehasen oder Wasser für Ophelia.

Mit unglaublicher Lebhaftigkeit – als habe er jenen sonnigen Tag in einem Samtetui aufbewahrt – erinnerte er sich an die letzte Rückkehr seines Vaters im Jahre 1912. Jelisaweta Pawlowna war schon zu dem zehn Kilometer entfernten Bahnhof gefahren, um ihren Mann abzuholen: Sie holte ihn stets allein ab, und stets ergab es sich, dass niemand mit Sicherheit zu sagen wusste, von welcher Seite sie zurückkommen würden, rechts oder links vom Haus, denn es gab zwei Wege, einen, der länger und ebener war – die Chaussee entlang und durch das Dorf; und den anderen, kürzeren und holprigeren – über Peschtschanka. Fjodor zog auf alle Fälle seine Reithosen an und ließ das Pferd satteln, konnte sich aber trotzdem nicht entschließen, dem Vater entgegenzureiten, weil er fürchtete, ihn zu verfehlen. Vergeblich versuchte er, mit der aufgeblähten, überdehnten Zeit fertig zu werden. Ein seltener Schmetterling, den er vor ein oder zwei Tagen zwischen den Blaubeeren des Torfmoors gefangen hatte, war auf dem Spannbrett noch nicht getrocknet: Er berührte seinen Hinterleib ein ums andere Mal mit der Spitze einer Stecknadel – aber leider war er immer noch weich, und das hieß, man konnte die Papierstreifen noch nicht abnehmen, unter denen die Flügel versteckt waren, die er seinem Vater so gern in ihrer vollen Schönheit zeigen wollte. Er lungerte im Herrenhaus herum, spürte das Gewicht und den Schmerz seines inneren Aufruhrs und beneidete die anderen um die Art, wie sie diese großen leeren Minuten verbrachten. Vom Fluss drang das verzweifelt-verzückte Kreischen der badenden Dorfjungen herüber, und dieser ständig in der Tiefe des Sommertages spielende Lärm klang jetzt wie ferne Ovationen … Unsere französische Gouvernante unter ihrem Moiré-Schirm teilte Mr. Browning, den sie hasste, mit einer seltenen Höflichkeit ihre Befürchtungen mit («der Zug hat zwei Stunden Verspätung oder kommt überhaupt nicht an»), während dieser dastand und mit einer Reitgerte gegen seine Gamaschen schlug – er war nicht polyglott. Iwonna Iwanowna ging von einer Veranda zur anderen und trug auf ihrem kleinen Gesicht jenen Ausdruck der Unzufriedenheit zur Schau, mit dem sie allen freudigen Ereignissen begegnete. Bei den Wirtschaftsgebäuden herrschte ein besonderes Treiben: Dienstboten pumpten Wasser, hackten Brennholz, und der Gärtner brachte zwei längliche, rotfleckige Körbe mit Erdbeeren. Shaksybaj, ein bejahrter Kirgise, untersetzt, fett im Gesicht und mit verzweigten Falten um die Augen, der im Jahre 92 Konstantin Kirillowitsch das Leben gerettet hatte (er erschoß die Bärin, die ihn zerfleischen wollte) und der jetzt in ihrem Hause in Leschino ein friedliches Leben führte und seine Hernie pflegte, hatte seinen blauen *beschmet* mit den Halbmondtaschen angelegt, blank geputzte Stiefel, das rote Käppchen mit Strass und Seide, hatte sich mit einer quastengezierten Schärpe gegürtet und sich auf einer Bank unweit der Küchentreppe niedergelassen, wo er nun schon eine ganze Weile saß und sich sonnte, eine funkelnde silberne Uhrkette über der Brust, in stiller, festlicher Erwartung.

Mit schweren Schritten, wild funkelnden Augen und einem Mund, der schon zum Ruf geformt, wenn auch noch schweigsam war, kam plötzlich aus dem tiefen Schatten des gewundenen Pfads, der zum Fluss hinunterführte, der alte graue, backenbärtige Diener Kasimir herauf: Er lief, um die Nachricht zu überbringen, dass hinter der nächsten Biegung das Geräusch von Hufen auf der Brücke zu hören gewesen war (ein rasches hölzernes Trommeln, das abrupt abbrach) – eine Gewähr dafür, dass die Kutsche sogleich auf der ungepflasterten Straße parallel zum Park daherkommen würde. Fjodor stürzte darauf zu – zwischen Baumstämmen hindurch, über

Moos und Heidelbeeren –, und dort, jenseits des Grenzwegs, konnte man den Kopf und die kornblumenblauen Ärmel des Kutschers über die Spitzen der jungen Tannen hinweggleiten und mit dem Ungestüm eines Traumbildes vorüberjagen sehen. Er stürmte zurück – die verlassene Schaukel zitterte noch im Garten, und vor dem Portal stand der leere Wagen mit der zusammengedrückten Reisedecke, stieg seine Mutter, einen rauchfarbenen Schal hinter sich her schleifend, die Stufen hinauf – und Tanja hing am Halse des Vaters, der mit der freien Hand eine Uhr aus der Tasche gezogen hatte und auf sie sah, denn er wollte immer wissen, wie schnell er vom Bahnhof nach Hause gekommen war.

Im folgenden Jahr war er mit wissenschaftlichen Arbeiten beschäftigt und reiste nirgendwohin, aber schon im Frühling 1914 begann er, sich auf eine neue Expedition nach Tibet vorzubereiten, die er zusammen mit dem Ornithologen Petrow und dem englischen Botaniker Ross unternehmen wollte. Der Krieg mit Deutschland machte alldem ein jähes Ende. Er betrachtete den Krieg als ein lästiges Hindernis, das im Laufe der Zeit immer lästiger wurde. Seine Verwandten waren aus irgendeinem Grunde überzeugt, dass Konstantin Kirillowitsch sich freiwillig melden und sofort an der Spitze eines Kommandos auf den Weg machen werde: Sie betrachteten ihn als einen Sonderling, aber als einen mannhaften Sonderling. Doch Konstantin Kirillowitsch, der jetzt über fünfzig war und unangezapfte Reserven an Gesundheit, Beweglichkeit, Frische und Kraft bewahrt hatte – und vielleicht mehr denn je dazu bereit war, Berge, Tanguten, schlechtes Wetter und tausend andere, von Stubenhockern niemals erträumte Gefahren zu bestehen –, blieb jetzt tatsächlich nicht nur zu Hause, sondern versuchte sogar, vom Krieg keinerlei Notiz zu nehmen, und wenn er jemals darüber sprach, so tat er es nur mit zorniger Verachtung. «Mein Vater», schrieb Fjodor in Erinnerung an jene Zeit, «hat mich nicht nur vieles gelehrt, sondern er schulte selbst meine Gedanken nach seiner Methode, wie man eine Stimme oder eine Hand schult. Daher stand

«Mein Vater blickt hinab auf den Kokonor, eine riesige Fläche dunkelblauen Wassers» – Prshewalskijs Expeditionslager am Ufer des Kokonor, skizziert von Wsewolod Roborowskij

ich der Grausamkeit des Krieges ziemlich gleichgültig gegenüber; ich gab sogar zu, dass man an der Treffsicherheit eines Schusses, an der Gefahr einer Erkundung oder an der Taktik eines Manövers ein gewisses Entzücken haben kann; aber diese kleinen Freuden (die überdies in anderen Spezialgebieten des Sports, wie Tigerjagden, Käsekästchen, Berufsboxen, klarer zutage treten) konnten jenen Anflug von bedrückender Idiotie nicht kompensieren, der in jedem Kriege liegt.»

Unterdessen, trotz «Kostjas unpatriotischer Haltung», wie Tante Xenia sich ausdrückte (die selbst gründlich und geschickt ihre «Beziehungen nach oben» ausgenutzt hatte, um ihren Offiziersehemann in den Schatten der Etappe zu verstecken), durchdrang die Unruhe des Krieges das Haus. Jelisaweta Pawlowna ließ sich in die Arbeit beim Roten Kreuz hineinziehen, was die Leute zu der Bemerkung veranlasste, ihre Energie «mache die Untätigkeit ihres Mannes wett», denn er «interessiere sich ja mehr für asiatische Insekten als für den Ruhm der russischen Waffen», wie es übrigens in einer flotten Zeitung tatsächlich hieß …

Im Frühjahr 1915, statt Anstalten für die Übersiedlung von St. Petersburg nach Leschino zu machen, die immer so selbstverständlich und unumstößlich erschienen war wie die Abfolge der Monate im Kalender, fuhren wir für den Sommer auf unser Gut auf der Krim – an der Küste zwischen Jalta und Alupka. Auf den schräg abfallenden Rasenflächen des paradiesisch-grünen Gartens fing Fjodor, das Gesicht angstvoll verzerrt, die Hände zitternd vor Glück, südliche Schmetterlinge; aber nicht hier, zwischen den Mispeln, Myrten und Magnolien kamen die wahren Raritäten der Krim vor, sondern viel weiter oben, in den Bergen, zwischen den Felsen von Aj-Petri und auf der grasreichen Hochebene von Jajla; mehr als einmal stieg sein Vater in jenem Sommer mit ihm einen Pfad durchs Nadelholz hinauf, um ihm, mit einem Lächeln der Herablassung für diese europäische Lappalie, die kürzlich von Kusnezow beschriebene Satyride[1] zu zeigen, die gerade dort, wo irgendein vulgärer Teufelskerl seinen Namen in die steile Felswand geritzt hatte, von einem Stein zum andern flatterte. Diese Spaziergänge waren Konstantin Kirillowitschs einzige Zerstreuung. Nicht, dass er trübsinnig oder reizbar gewesen wäre (diese beschränkten Attribute entsprachen nicht seiner geistigen Haltung), sondern er quälte sich, schlicht gesagt – und Jelisaweta Pawlowna und die Kinder wussten nur zu gut, wonach er sich sehnte. Plötzlich, im August, fuhr er für kurze Zeit fort; niemand außer den Allernächsten wusste, wohin; dabei ging er so konspirativ vor, dass es den Neid jedes reisenden Terroristen hätte erregen können; es war komisch und schrecklich sich vorzustellen, wie die russische öffentliche Meinung ihre kleinen Hände gerungen hätte, hätte sie erfahren, dass Godunow-Tscherdynzew auf dem Höhepunkt des Krieges nach Genf gereist war, zu einem Treffen mit einem dicken, kahlköpfigen, außerordentlich jovialen deutschen Professor (ebenfalls anwesend war ein dritter Verschwörer[2], ein alter Engländer mit einer schmalrandigen Brille und einem weiten grauen Anzug), dass sie sich dort in einem kleinen Zimmer eines bescheidenen Hotels zu einer wissenschaftlichen Beratung zusammengefunden hatten, und dass sie, nachdem alles Notwendige besprochen war (es handelte sich um ein vielbändiges Werk[3], das unter langjähriger Mitwirkung ausländischer Spezialisten für einzelne Schmetter-

«Eskortiert wurden wir von fünfzehn chinesischen Infanteristen, die mit Hellebarden bewaffnet waren und riesige, absurd grelle Banner trugen» – Begleitschutz für Grum-Grshimajlo im Nanshan

lingsgruppen weiterhin hartnäckig in Stuttgart erschien), friedlich auseinander gingen – jeder in seine Richtung. Aber diese Reise heiterte ihn nicht auf, im Gegenteil, der ständige Traum, der auf ihm lastete, verstärkte seinen geheimen Druck nur noch. Im Herbst kehrten sie nach St. Petersburg zurück; er arbeitete angestrengt am fünften Band der *Tag- und Nachtfalter des Russischen Reiches*, ging selten nach draußen und spielte mit dem kürzlich verwitweten Botaniker Berg Schach – über die Fehler des Gegners ärgerte er sich dabei mehr als über seine eigenen. Mit einem ironischen Lächeln sah er die Tageszeitungen durch; manchmal nahm er Tanja auf die Knie, verfiel dann in Nachdenken, und auch seine Hand auf Tanjas runder Schulter wurde nachdenklich …

Wieder fuhr er irgendwohin, Kisten kamen an und wurden fortgeschafft, und im Haus machte sich um all diese geheimnisvolle Fröhlichkeit des Hausherrn herum ein wachsendes Gefühl unbestimmter, erwartungsvoller Verwirrung bemerkbar – und einmal,

«Weiter oben flimmert und funkelt alles entlang der Bäche, und in den Weiden bei der Mühle ist schon eine ganze Kompanie blauer Elstern erwacht» – Wassermühle im Nanshan, fotografiert von Grum-Grshimajlo

als Fjodor zufällig durch die goldene, von der Frühlingssonne überflutete Empfangshalle ging, sah er plötzlich, dass der Messinggriff der weißen Tür, die in Vaters Arbeitszimmer führte, erbebte, jedoch nicht nachgab, als ob jemand kraftlos daran zerre, ohne zu öffnen; aber da öffnete sie sich leise, und Mutter kam heraus, ein vages, sanftmütiges Lächeln auf dem tränenfeuchten Gesicht, und als sie an Fjodor vorbeiging, machte sie eine seltsame Gebärde der Hilflosigkeit. Er klopfte an die Tür seines Vaters und betrat das Arbeitszimmer. «Was willst du?», fragte Konstantin Kirillowitsch, ohne aufzublicken oder im Schreiben innezuhalten. «Nimm mich mit», sagte Fjodor.

Dass Konstantin Kirillowitsch in besorgniserregender Zeit, als Russlands Grenzen zerbröckelten und sein inneres Fleisch weggefressen wurde, plötzlich den Plan fasste, seine Familie um einer wissenschaftlichen Expedition in ein fremdes Land willen auf zwei

Jahre zu verlassen, berührte die meisten als eine wilde Laune, eine ungeheuerliche Leichtfertigkeit. Man sprach sogar davon, dass die Regierung «Proviantkäufe nicht gestatten», dass «der Wahnsinnige» weder Reisegefährten noch Lasttiere finden werde. Aber schon in Turkestan war der eigenartige Geruch der Epoche kaum noch zu spüren; nahezu das Einzige, was daran erinnerte, war der Empfang, den einige Bezirksverwalter veranstaltet hatten und zu dem die Gäste Geschenke zugunsten des Krieges mitbrachten (wenig später brach anlässlich des Aufrufs zur Kriegsarbeit ein Aufstand unter den Kirgisen und Kosaken aus). Kurz vor der Abreise im Juni 1916 kam Godunow-Tscherdynzew aus der Stadt nach Leschino, um sich von seiner Familie zu verabschieden. Bis zum letzten Augenblick träumte Fjodor, sein Vater werde ihn mitnehmen – einmal hatte er gesagt, er werde es tun, sobald sein Sohn fünfzehn sei. «Zu jeder anderen Zeit würde ich dich mitnehmen», sagte er jetzt, als habe er vergessen, dass für ihn die Zeit immer eine andere war.

An sich unterschied sich dieser letzte Abschied durch nichts von den vorhergegangenen. Nach einer geordneten, durch Familienbrauch entstandenen Reihe von Umarmungen setzten beide Eltern identische bernsteingelbe Schutzbrillen mit wildledernen Scheuklappen auf und nahmen in einem roten Tourenwagen Platz; ringsum standen die Dienstboten; der alte Wächter, auf seinen Stock gestützt, hielt sich ein wenig abseits, bei der vom Blitz gespaltenen Pappel; der Fahrer, ein kleiner, dicker, rundlicher Mann in Manchesterlivree und orangefarbenen Wadengamaschen, mit rötlichem Nacken und einem Topas an der plumpen Hand, strengte sich entsetzlich an, riss die Kurbel herum, noch einmal und noch einmal, brachte den Motor in Gang (Mutter und Vater begannen auf ihren Sitzen zu vibrieren), setzte sich rasch hinter das Lenkrad, legte einen Hebel daran um, zog sich die Stulpenhandschuhe über und warf einen Blick nach hinten. Konstantin Kirillowitsch nickte ihm nachdenklich zu, und das Auto fuhr los; der Foxterrier erstickte beinahe vor Bellen, wand sich wild in Tanjas Armen, wälzte sich auf den Rücken und drehte den Kopf über ihre Schulter; die rote Rückseite des Autos verschwand in der Kurve, und schon ertönte, hinter den Tannen hervor, über ein sich steigerndes Gewinsel hinweg, der scharfe Wechsel der Gänge und dann ein wohltuend abschwellendes Gemurmel; alles verstummte, aber wenige Augenblicke später kam vom Dorf jenseits des Flusses wieder das triumphierende Dröhnen des Motors, das nach und nach schwand – für immer. Iwonna Iwanowna ging schluchzend, um Milch für die Katze zu holen. Tanja, die so tat, als sänge sie, kehrte in das kühle, hallend leere Haus zurück. Der Schatten des im Vorjahr verstorbenen Shaksybaj glitt von der Bank auf der Veranda herunter und zurück in sein ruhiges, schönes Paradies, reich an Rosen und Schafen.

Fjodor schritt durch den Park, öffnete das singende Pförtchen und überquerte die Straße, der die dicken Reifen soeben ihre Spuren aufgedrückt hatten. Eine wohlvertraute schwarz-weiße Schönheit stieg leicht vom Boden empor und beschrieb, ebenfalls am Geleit teilnehmend, einen weiten Kreis. Sie bog in den Wald ein und gelangte über einen schattigen Weg, über dem goldene Fliegen bebend in schrägen Sonnenstrahlen hingen, zu seiner Lieblingslichtung, die jetzt – sumpfig und blühend – feucht in der heißen Sonne schimmerte. Der göttliche Sinn dieser Waldwiese offenbarte sich in ihren Schmetterlingen. Jeder hätte hier etwas gefunden. Der Ausflügler hätte sich auf einem Baumstamm ausruhen, der Künstler die Augen verdrehen können. Aber noch tiefer in ihre Wahrheit eingedrungen wäre eine durch Wissen vermehrte Liebe: durch ihre «weit geöffneten Augen» – um Puschkin zu paraphrasieren.

Eben geschlüpfte und wegen ihrer frischen, fast orangenen Färbung fröhlich aussehende Braunscheckige Perlmutterfalter schwebten mit bezaubernder Ruhe auf ausgebreiteten Flügeln, die nur ganz selten einmal aufblitzten, wie die Flossen eines Goldfisches. Ein schon etwas zerzauster, aber immer noch kräftiger

Schwalbenschwanz mit nur einem Sporn ließ sich, mit seiner ganzen prächtigen Ausstattung schlagend, auf einer Kamille nieder, flog auf, als wiche er zurück, und die Blume, die er verließ, richtete sich auf und begann sich zu wiegen. Träge flogen Baumweißlinge umher; einige waren mit blutähnlichen Puppenabsonderungen bespritzt (deren Flecken auf den weißen Mauern der Städte unseren Vorfahren den Fall von Troja, die Pest oder ein Erdbeben voraussagten). Die ersten schokoladebraunen Schornsteinfeger flatterten schon mit hüpfendem, unsicherem Flug über das Gras, und bleiche Kleinschmetterlinge stiegen daraus auf und fielen sogleich wieder herab. Auf einer Skabiose hatte sich in Gesellschaft einer kleinen Mücke ein blau-rotes Widderchen mit blauen Fühlern niedergelassen, das einem kostümierten Käfer glich. Hastig die Wiese verlassend und auf einem Erlenblatt landend, gab ein Kohlweißlingweibchen durch eine seltsame Aufwärtsbewegung seines Hinterleibs und das flache Ausbreiten seiner Flügel (was ein bisschen an angelegte Ohren erinnerte) seinem schwer abgekämpften Verfolger zu verstehen, dass es bereits geschwängert war. Zwei violett getönte Feuerfalter (ihre Weibchen waren noch nicht geschlüpft) gerieten in blitzschnellem Flug mitten in der Luft aneinander, wanden sich, einer um den andern wirbelnd, aufwärts, rauften sich wütend, stiegen immer höher hinauf – und schossen plötzlich auseinander, zurück zu den Blumen. Ein Prächtiger Bläuling belästigte im Vorbeiziehen eine Biene. Unter den Selenes tauchte kurz ein dunkler Freija-Perlmutterfalter auf. Ein kleiner Schwärmer mit dem Körper einer Hummel und glasähnlichen, unsichtbar schlagenden Flügeln kostete mit seinem langen Rüssel aus der Luft eine Blume, warf sich auf eine zweite und dann auf eine dritte. Dieses ganze bestrickende Leben, an dessen momentaner Zusammensetzung man unfehlbar das Alter des Sommers (fast auf den Tag genau), die geographische Lage der Gegend und auch den Pflanzenbestand der Lichtung ablesen konnte – all das Lebendige, Echte, ihm unendlich Liebe nahm Fjodor in einem Augenblick, mit einem einzigen tiefen und erfahrenen Blick wahr. Plötzlich legte er die Faust an einen Birkenstamm, lehnte sich daran und brach in Tränen aus.

Obgleich sein Vater für Folklore nichts übrig hatte, erzählte er gern ein bemerkenswertes kirgisisches Märchen.[1] Der einzige Sohn eines großen Khan hatte sich auf der Jagd verirrt (so beginnen die besten Märchen, und so enden die besten Menschenleben) und erblickte plötzlich etwas Glitzerndes zwischen den Bäumen. Als er näher kam, sah er, dass es ein Mädchen in einem Kleid aus Fischschuppen war, das Reisig sammelte, aber er konnte nicht feststellen, was eigentlich so funkelte, das Gesicht des Mädchens oder das Kleid. Da ging der junge Prinz mit ihr zu ihrer alten Mutter und erbot sich, ihr als Brautgeld einen Goldklumpen von der Größe eines Pferdekopfes zu geben. «Nein», sagte das Mädchen, «aber nimm hier diesen kleinen Beutel – er ist, wie du siehst, kaum größer als ein Fingerhut – und fülle ihn.» Der Prinz lachte («Nicht einmal eine wird hineingehen», sagte er), warf eine Münze hinein, warf eine zweite hinein, eine dritte und dann alles, was er bei sich hatte. Gänzlich verwirrt ging er fort, seinen Vater um Rat zu fragen.

Seine Schätze insgemein
und das Staatsgeld obendrein
wirft ins Säckchen jetzt der Khan,
rüttelt, lauscht, hebt wieder an,
wirft ein Doppeltes hinein:
in ein Meer den Kieselstein.

Die Alte wurde gerufen. «Das», sagte sie, «ist das menschliche Auge – es will alles auf der Welt aufnehmen»; dann nahm sie ein Quentchen Erde und füllte den Beutel damit im Handumdrehen.

Die letzte zuverlässige Nachricht über meinen Vater (von seinen eigenen Briefen abgesehen) fand ich in Aufzeichnungen des französischen Missionars (und gelehrten Botanikers) Barraud, der ihn im

Sommer 1917 zufällig in den Bergen von Tibet, unweit des Fleckens Chetu[1] traf. «Ich war erstaunt», schreibt Barraud (*Exploration catholique* für 1923), «ein gesatteltes weißes Pferd auf einer Bergwiese grasen zu sehen. Gleich darauf kam von den Felsen herab ein Mann in europäischer Kleidung; er begrüßte mich auf Französisch und erwies sich als der berühmte russische Forschungsreisende Godunow. Ich hatte seit mehr als acht Jahren keinen Europäer gesehen. Wir verbrachten ein paar reizende Minuten auf dem Gras im Schatten eines Felsens, besprachen eine nomenklatorische Feinheit im Zusammenhang mit der wissenschaftlichen Bezeichnung einer winzigen hellblauen Iris[2], die in der Nähe wuchs, und schieden dann mit einem freundschaftlichen Lebewohl; er ging zu seinen Begleitern, die ihn aus einer Bergschlucht riefen, und ich zu Pater Martin, der in einer abgelegenen Herberge im Sterben lag.»

Jenseits hiervon liegt Nebel. Nach dem letzten Brief meines Vaters zu schließen, der wie gewöhnlich kurz, aber ungewöhnlich beunruhigt war und der uns wie durch ein Wunder Anfang 1918 zugestellt wurde, bereitete er sich kurz nach seiner Begegnung mit Barraud auf die Rückreise vor. Da er von der Revolution gehört hatte, bat er uns, nach Finnland zu gehen, wo unsere Tante ein Landhaus hatte, und er schrieb, dass er seiner Rechnung nach «mit größter Eile» bis zum Sommer zu Hause sein würde. Wir warteten zwei Sommer auf ihn, bis zum Winter 1919. Einen Teil der Zeit verbrachten wir in Finnland, den anderen in St. Petersburg. Unser Haus war schon lange zuvor geplündert worden, aber das väterliche Museum war vollständig erhalten geblieben, als hätte es die Unverwundbarkeit bewahrt, die heiligen Dingen eigen ist (später ging es in die Zuständigkeit der Akademie der Wissenschaften über), und diese Freude bot vollen Ersatz für das Hinscheiden von Tischen und Stühlen, die uns von Kindheit an vertraut gewesen waren. Wir bewohnten in St. Petersburg zwei Zimmer in Großmutters Wohnung. Aus irgendwelchen Gründen wurde sie zweimal zu Vernehmungen abgeholt. Sie erkältete sich und starb. Einige Tage nach ihrem Tode, an einem jener schrecklichen, hungrigen und hoffnungslosen Winterabende, die eine so unheilvoll bedrückende Rolle in den Bürgerwirren spielten, besuchte mich ein unbekannter junger Mann mit Pincenez, unsympathisch und wortkarg, und bat mich, umgehend seinen Onkel, den Geographen Beresowskij, aufzusuchen. Er wusste nicht oder wollte nicht sagen, weshalb, aber plötzlich stürzte in meinem Innern alles in sich zusammen, und ich fing an, rein mechanisch zu leben. Jetzt, einige Jahre später, treffe ich diesen Mischa manchmal in der russischen Buchhandlung in Berlin, wo er arbeitet – und jedes Mal, wenn ich ihn sehe, fühle ich, wie mir ein heißer Schauder die Wirbelsäule hinunterläuft, obwohl wir wenig miteinander reden, und mein ganzes Wesen durchlebt noch einmal unseren kurzen gemeinsamen Weg. Meine Mutter war nicht da, als dieser Mischa kam (auch seinen Namen werde ich niemals vergessen), aber wir begegneten ihr, als wir die Treppe hinunterstiegen; da sie meinen Begleiter nicht kannte, fragte sie besorgt, wohin ich ginge. Ich erwiderte, ich wolle einen Haarschneider kaufen, über den wir zufällig ein paar Tage davor gesprochen hatten. Später träumte ich oft von ihm, jenem nichtexistenten Apparat, der die unverhofftesten Formen annahm – Berge, Landungsbrücken, Särge, Drehorgeln –, aber mit dem Instinkt des Träumenden wusste ich immer, dass es ein Haarschneider war. «Warte», rief Mutter, aber wir waren schon unten. Wir gingen rasch und schweigsam die Straße entlang, er ein Stückchen vor mir. Ich blickte auf die Maskarone der Häuser, auf die Hügel der Schneewehen, und ich versuchte, das Schicksal zu überlisten, indem ich mir den noch nicht begriffenen schwarzen, frischen Schmerz vorstellte, den ich nach Hause zurücktragen würde (somit im voraus seine Möglichkeit zunichte machend). Wir betraten ein Zimmer, das ich als vollkommen gelb in Erinnerung habe, und dort erklärte mir ein alter Mann mit Spitzbart, Windjacke und Wasserstiefeln ohne Umschweife, dass laut bisher nicht bestätigten Informationen mein

Vater nicht mehr am Leben sei. Mutter wartete unten auf der Straße auf mich.

Während des nächsten halben Jahres … versuchten wir herauszufinden, wie und wo er umgekommen war – und ob er überhaupt umgekommen war. Abgesehen davon, dass es in Sibirien geschehen war (Sibirien ist groß!), auf dem Rückweg von Innerasien, konnten wir nichts in Erfahrung bringen. Vielleicht verheimlichte man uns den Ort und die Umstände seines mysteriösen Todes und verheimlicht sie bis heute? (Seine Biographie in der Sowjet-Enzyklopädie schließt einfach mit den Worten: «Er starb 1919.») Oder ließ die Widersprüchlichkeit der vagen Nachrichten tatsächlich keine klaren Antworten zu? Sobald wir in Berlin waren, erfuhren wir zusätzlich das eine oder andere aus verschiedenen Quellen und von verschiedenen Leuten; aber diese Ergänzungen stellten nur eine weitere Schicht von Ungewissheiten dar, statt Licht in sie zu bringen. Zwei unsichere Versionen, beide mehr oder minder deduktiver Natur (die uns außerdem nichts über die Hauptsache sagten: wie ist er eigentlich gestorben – wenn er gestorben ist), waren ineinander verheddert und schlossen sich gegenseitig aus. Nach der einen hatte ein Kirgise die Nachricht von seinem Tod nach Semipalatinsk gebracht, nach der anderen ein Kosake nach Ak-Bulat. Welche Route hatte mein Vater genommen? War er vom Semiretschije nach Omsk gegangen (durch die Federgrassteppe, der Führer auf einem Scheckenpony) oder vom Pamir nach Orenburg, durch das Gebiet von Turgaj (durch die Sandsteppe, der Führer auf einem Kamel, er selber auf einem Pferd, mit Steigbügeln aus Birkenrinde, von Brunnen zu Brunnen, Dörfern und Eisenbahnlinien ausweichend)? Wie gelangte er durch den Sturm des Bauernkriegs, wie steuerte er an den Roten vorbei? Ich kann nichts erkennen. Und was für eine *schapka-newidimka*, Tarnkappe, könnte ihm denn schon gepasst haben, ihm, der selbst so eine noch verwegen schief getragen hätte? Hatte er sich (wie Krüger annimmt) bei der letzten Station «Aralskoje Morje» in Fischerhütten unter den phlegmatischen

Altgläubigen des Ural versteckt? Und wenn er gestorben war, wie war er gestorben? «Was ist dein Beruf?», fragte Pugatschow den Astronomen Lowitz. «Sterne zählen.» Woraufhin sie ihn hängten, auf dass er den Sternen näher sei. Ach, wie war er gestorben? An einer Krankheit? Vor Kälte, Durst, durch Menschenhand? Und wenn durch die Hand eines Menschen – ist es möglich, dass diese Hand noch lebt, nach dem Brot greift, das Glas hochhebt, Fliegen jagt, sich rührt, zeigt, winkt, regungslos daliegt, andere Hände schüttelt? Hat er ihr Gewehrfeuer lange erwidert? Hat er die letzte Kugel für sich aufgespart? Wurde er lebendig gefangen genommen? Haben sie ihn zum Salonwagen im Eisenbahnhauptquartier irgendeines Strafkommandos gebracht (ich sehe die scheußliche Lokomotive vor mir, beheizt mit getrocknetem Fisch), weil sie ihn für einen weißen Spion hielten (und nicht ohne Grund: Er hatte den weißen General Lawr Kornilow gut gekannt, war in seiner Jugend einmal mit ihm über die Steppe der Verzweiflung geritten und hatte ihn später in China getroffen)? Haben sie ihn auf der Damentoilette irgendeines gottverlassenen Bahnhofs erschossen (zerbrochener Spiegel, zerfetzter Plüsch) oder ihn in einer dunklen Nacht in irgendeinen Küchengarten geführt und gewartet, bis der Mond hervorguckte? Wie hat er mit ihnen in der Dunkelheit gewartet? Mit einem Lächeln der Verachtung? Und wäre ein weißlicher Nachtfalter zwischen den schattenhaften Kletten umhergeflattert, so wäre er ihm, das weiß ich, selbst in jenem Moment mit dem gleichen ermutigenden Blick gefolgt, mit dem er gelegentlich, wenn er nach dem Abendtee im Garten von Leschino seine Pfeife rauchte, die rosa Schwärmer grüßte, die unseren Flieder probierten.

Aber manchmal habe ich den Eindruck, dass all dies ein unsinniges Gerücht, eine ausgediente Legende ist, dass es aus den gleichen verdächtigen Körnchen ungefährer Kenntnis geschaffen wurde, die ich selber verwende, wenn meine Träume sich durch Regionen wursteln, welche mir nur vom Hörensagen oder aus Büchern bekannt sind, sodass der erste wohlunterrichtete Mensch, der die betreffenden Orte zu jener Zeit wirklich gesehen hat, sich weigern wird, sie wiederzuerkennen, sich über die Exotik meiner Gedanken, die Hügel meines Leids, die Abgründe meiner Vorstellungskraft lustig machen und in meinen Mutmaßungen ebenso viele topographische Irrtümer wie Anachronismen finden wird. Umso besser. Wenn sich das Gerücht vom Tod meines Vaters erst einmal als Fiktion herausstellt, muss man dann nicht zugeben, dass auch seine Rückreise aus Asien lediglich wie ein Schwanz an diese Fiktion angehängt ist (wie jener Drachen, den in Puschkins Erzählung der junge Grinjow aus einer Landkarte fertigte), und dass mein Vater, wenn er wirklich zu dieser Rückreise aufgebrochen ist (und nicht in einem Abgrund zerschmettert, nicht von buddhistischen Mönchen gefangen gehalten wurde), vielleicht einen völlig anderen Weg gewählt hat? Ich hatte sogar Gelegenheit, Vermutungen zu hören (die wie verspätete Ratschläge klangen), dass er ja auch westwärts nach Ladakh hätte gehen können, um sich südlich nach Indien durchzuschlagen, oder warum konnte er nicht nach China vorgedrungen sein und von dort aus mit jedem beliebigen Schiff zu jedem beliebigen Hafen der Welt?

«Mag es so gewesen sein oder so, Mutter, ich habe jetzt alles Material zusammengetragen, das mit seinem Leben in Verbindung steht. Aus Bergen von Entwürfen, langen handschriftlichen Exzerpten aus Büchern, nicht zu entziffernden Notizen auf diversen Blättern, Bleistiftbemerkungen, verstreut über die Ränder meiner anderen Texte, aus halb ausgestrichenen Sätzen, unvollendeten Wörtern und achtlos abgekürzten, schon jetzt vergessenen Namen, die sich zwischen meinen Papieren dem vollen Blick entziehen, aus der fragilen Statik unwiederbringlicher Auskünfte, teilweise bereits durch einen vorschnellen Gedankengang zerstört, der sich seinerseits in nichts aufgelöst hat, aus alledem soll ich nun ein klares, wohlgeordnetes Buch machen. Manchmal habe ich das Gefühl, dass es irgendwo schon von mir geschrieben wurde, dass es hier, in diesem Tintendschungel, versteckt ist, dass ich es nur Stück für Stück aus der Dunkelheit zu befreien brauchte und dass die Stücke sich dann von allein zusammenfügen würden … Aber was nützt mir das, wenn mir diese Mühe der Befreiung jetzt so schwer und kompliziert erscheint und wenn ich solche Angst habe, ich könnte sie mit einem grellen Wort beschmutzen oder bei der Übertragung auf Papier auslöschen, dass ich bereits zweifle, ob das Buch überhaupt geschrieben werden wird. Du selber schriebst mir von den Forderungen, die an eine solche Aufgabe gestellt werden sollten. Aber jetzt bin ich der Meinung, dass ich sie schlecht erfüllen würde. Schilt mich nicht der Schwäche oder Feigheit. Irgendwann einmal werde ich Dir aufs Geratewohl unzusammenhängende und unvollständige Auszüge aus dem vorlesen, was ich geschrieben habe: Wie wenig gleicht es meinem statuarischen Traum! Alle diese Monate, während ich forschte, Notizen machte, mich erinnerte und nach-

«Überall auf den Granitfelswänden konnte man die ‹mystische Formel› lesen, die poetisch gesinnte Reisende sehr hübsch mit ‹O Juwel im Lotos, oh!› übersetzen» – Felswand mit Mani an einer Straße nach Lhasa, gezeichnet von A. H. Savage Landor

dachte, war ich selig vor Glück: Ich war fest überzeugt, dass etwas beispiellos Schönes entstehe, dass meine Notizen lediglich kleine Requisiten für das Werk seien, Wegweiser, Gerüste, und dass das Wichtige sich von selber entwickeln und entstehen würde; doch jetzt sehe ich, als wachte ich auf dem Fußboden auf, dass nichts da ist außer diesen kläglichen Notizen. Was soll ich tun? Weißt Du, wenn ich seine oder Grums Bücher lese und ihren mitreißenden Rhythmus vernehme, wenn ich die Verteilung der Wörter studiere, die weder ersetzt noch neu geordnet werden können, so erscheint es mir frevelhaft, mir all das vorzunehmen und mit meiner Person zu verwässern. Wenn Du willst, gebe ich es zu: Ich selber suche nur nach Wortabenteuern, und verzeih mir, wenn ich mich weigere, meine Träume auf dem persönlichen Sammelgebiet meines Vaters zu erjagen. Siehst Du, ich habe erkannt, dass es unmöglich ist, die Bilder seiner Reisen zum Keimen zu bringen, ohne sie mit einer sekundären Poetisierung anzustecken, die mehr und mehr von jener wirklichen Poesie abweicht, mit der die lebendige Erfahrung aufnahmefähiger, kenntnisreicher und keuscher Naturforscher die eigenen Untersuchungen ausgestattet hat.»

«Natürlich verstehe ich es und kann es Dir nachfühlen», antwortete seine Mutter. «Es ist schade, dass es Dir nicht gelingt, aber natürlich sollst Du nichts forcieren. Andererseits bin ich überzeugt, dass Du ein bisschen übertreibst. Ich bin überzeugt, dass Du, wenn Du weniger über den Stil, die Schwierigkeiten, über das Klischee des Poetasters nachdächtest, dass ‹mit einem Kuss der Tod der Romanze beginnt› und so weiter, Du etwas sehr Gutes, sehr Wahres und sehr Interessantes hervorbringen könntest. Nur wenn Du Dir vorstellst, dass er Dein Buch liest, und Du dabei das Gefühl hast, es sei ihm unangenehm und Dir peinlich, dann natürlich solltest Du es unbedingt aufgeben. Aber ich weiß, das kann nicht sein, ich weiß, er würde zu Dir sagen: Bravo! Und sogar noch mehr: Ich bin überzeugt, dass Du dieses Buch eines Tages doch noch schreiben wirst.»

Fjodor ging zu Bett und schlief unter dem Flüstern des Regens ein. Wie immer brach an der Grenze zwischen Bewusstsein und Schlaf allerlei Wortausschuss herein, glitzernd und klingelnd: «Kristallhelles Knirschen der christlichen Nacht unter dem Chrysolithenstern» ... Und sein Denken lauschte einen Augenblick, bestrebt, ihn zu sammeln und zu verwenden, und fügte von sich aus hinzu: «Erloschen Jasnaja Poljanas Licht, und Puschkin tot und Russland fern» ... Doch da das nichts taugte, eilte das Geriffel der Reime weiter: «Eine Sternschnuppe, ein krummbahniger Chrysolith, des Aviators Avatar ...» Sein Gesicht sank tiefer und tiefer in eine Hölle von Alligator-Alliterationen, in infernalische Genossenschaften von Wörtern. Durch ihre sinnlose Akkumulation hindurch stach ihm ein runder Knopf am Kissenbezug in die Wange; er legte sich auf die andere Seite, und gegen einen dunklen Hintergrund rannten Nackte in den Grunewaldsee, und ein Monogramm aus Licht, einem Wimperntierchen ähnlich, glitt schräg zur obersten Ecke seines subpalpebralen Blickfeldes. Hinter einer gewissen verschlossenen Tür in seinem Gehirn, die Klinke festhaltend, aber abgewandt, begann sein Geist mit jemandem eine Diskussion über ein kompliziertes und wichtiges Geheimnis, doch als die Tür für einen Augenblick aufging, stellte sich heraus, dass über Stühle, Tische, Fische gesprochen wurde. Plötzlich erklang in dem sich verdichtenden Nebel, an der letzten Schranke der Vernunft, das silberne Vibrieren einer Telefonklingel, und Fjodor wälzte sich auf den Bauch, fiel ... In seinen Fingern hielt das Vibrieren an, als hätte ihn eine Nessel gebrannt. Auf dem Flur stand Sina und hatte den Hörer schon wieder in den schwarzen Kasten eingehängt – sie schien erschrocken. «Das war für dich», sagte sie leise. «Deine frühere Wirtin, Frau Stoboi. Sie möchte, dass du sofort kommst. Bei ihr wartet jemand auf dich. Mach schnell.» Er zog eine Flanellhose an und ging atemlos die Straße entlang. Um diese Jahreszeit gleicht etwas in Berlin den weißen Nächten von St. Petersburg: Die Luft war durchscheinend grau, und die Häuser schwammen vorüber wie eine seifenartige Fata Morgana. Einige Nachtarbeiter hatten das Pflaster an der Ecke aufgerissen, und man musste durch einen engen hölzernen Korridor kriechen, wobei jedem am Eingang ein Lämpchen ausgehändigt wurde, das er am Ausgang an einem in den Pfosten geschraubten Haken oder aber einfach auf dem Bürgersteig neben ein paar leeren Milchflaschen zurücklassen musste. Fjodor ließ seine Flasche ebenfalls dort stehen und rannte weiter durch die glanzlosen Straßen, und ein Vorgefühl von etwas Unglaublichem, von irgendeiner unmöglichen, übermenschlichen Überraschung überschüttete sein Herz mit einer schneeigen Mischung aus Glück und Schrecken. In der grauen Finsternis traten blinde Kinder mit dunklen Brillen paarweise aus einem Schulgebäude und gingen an ihm vorüber; sie lernten bei Nacht (in sparsam dunklen Schulen, die am Tage sehende Kinder beherbergten), und der Geistliche, der sie begleitete, glich dem Dorflehrer Bytschkow aus Leschino. Gegen einen Laternenpfahl gelehnt und den zerzausten Kopf gesenkt, seine scherenartigen Beine in den gestreiften Hosen gespreizt und die Hände in den Taschen, stand ein hagerer Trunkenbold, als sei er gerade den Seiten einer alten russischen Satirezeitschrift entsprungen. In der russischen Buchhandlung brannte noch Licht – sie versorgten die nächtlichen Taxifahrer mit Büchern –, und durch das matte gelbe Glas sah er die Silhouette von Mischa Beresowskij, der jemandem Petris schwarzen Atlas aushändigte. Muss schwer sein, nachts zu arbeiten! Erregung peitschte ihn erneut, als er sein früheres Viertel erreichte. Er war außer Atem vom Laufen, und die zusammengerollte Reisedecke wog schwer auf seinem Arm – er musste sich beeilen, aber er konnte sich nicht an die Anordnung der Straßen erinnern, und die aschgraue Nacht verwirrte alles, veränderte wie auf einem Negativ die Beziehung zwischen hellen und dunklen Bereichen, und niemand war da, den man hätte fragen können, alle schliefen. Plötzlich ragte vor ihm eine Pappel auf und hinter ihr eine große Kirche mit einem violett-roten Fenster, das in Harlekinrhomben von buntem Licht unterteilt war: Drinnen fand ein nächtlicher Gottesdienst statt, und eine alte Dame in Trauer, mit Watte unter dem Brillensteg, eilte die Stufen hinauf. Er fand seine Straße[1], aber an ihrem Ende zeigte eine mit einem Panzerhandschuh angetane Hand auf einem Pfahl, dass man vom anderen Ende her, wo das Postamt war, hereinkommen musste, da an diesem Ende ein Haufen Fahnen für die morgigen Festlichkeiten zurechtgelegt war. Aber er hatte Angst, sie bei einem Umweg zu verlieren und das Postamt obendrein – das kommt später –, falls nicht schon ein Telegramm an Mutter abgeschickt worden war. Er kletterte über Bretter, Kästen und einen Spielzeuggrenadier mit Locken und erblickte das vertraute Haus, und dort hatten die Arbeiter von der Tür bis zum Bordstein bereits einen roten Läufer quer über den Gehsteig gelegt, so wie es in Ballnächten immer vor ihrem Haus am Newa-Kai gemacht worden war. Er rannte die Treppe hinauf, und Frau Stoboi ließ ihn sofort ein. Ihre Wangen glühten, und sie trug einen weißen Krankenhauskittel – sie hatte früher Medizin praktiziert. «Regen Sie sich nur nicht zu sehr auf», sagte sie. «Gehen Sie in Ihr Zimmer und warten Sie dort. Sie müssen auf alles vorbereitet sein», setzte sie mit vibrierendem Ton in der Stimme hinzu und schob ihn in das Zimmer, von dem er geglaubt hatte, dass er es nie im Leben wieder betreten würde.

Er verlor die Selbstbeherrschung und packte sie beim Arm, aber sie schüttelte ihn ab. «Es ist jemand für Sie gekommen», sagte Stoboi, «er ruht sich aus … Warten Sie ein paar Minuten.» Die Tür schlug zu. Im Zimmer sah es genauso aus, als ob er noch darin wohnte: dieselben Schwäne und Lilien auf der Tapete, dieselbe gemalte Decke, wundervoll ausgeschmückt mit tibetischen Schmetterlingen (dort zum Beispiel *Thecla bieti*[2]). Erwartung, Angst, der Frost des Glücks, das Andringen des Schluchzens, alles verschmolz zu einer einzigen, grellen Erregung, als er mitten im Zimmer stand, unfähig sich zu rühren, horchte und auf die Tür blickte. Er wusste, wer im nächsten Augenblick eintreten würde, und war jetzt erstaunt, dass er an dieser Rückkehr gezweifelt hatte: Zweifel schien ihm jetzt die stumpfsinnige Halsstarrigkeit eines Dummkopfs zu sein, das Misstrauen eines Barbaren, die Selbstzufriedenheit eines Ignoranten. Sein Herz war dem Bersten nahe, wie das eines Menschen vor der Hinrichtung, aber gleichzeitig war diese Hinrichtung solch eine Freude, dass das Leben vor ihr verblasste, und er vermochte den Widerwillen nicht zu verstehen, den er früher ständig empfand, wenn er in hastig konstruierten Träumen heraufbeschworen hatte, was sich jetzt in Wirklichkeit ereignete. Plötzlich erbebte die Tür (irgendwo jenseits war eine andere, ferne geöffnet worden), und er hörte ein vertrautes Auftreten, einen häuslichen saffiangepolsterten Schritt. Lautlos, aber mit schrecklicher Kraft flog die Tür auf, und auf der Schwelle stand sein Vater. Er trug ein goldbesticktes Käppchen und eine schwarze Cheviotjacke mit Brusttaschen für Zigarettenetui und Vergrößerungsglas; seine braunen Wangen mit den zwei scharfen Furchen, die von beiden Seiten der Nase hinunterliefen, waren ausnehmend glatt rasiert; weiße Haare glänzten wie Salz in seinem dunklen Bart; warm und ruppig lachten seine Augen aus einem Netz von Runzeln. Doch Fjodor stand da und konnte nicht einen Schritt tun. Sein Vater sagte etwas, aber so leise, dass man es unmöglich verstehen konnte, obgleich man irgendwie wusste, dass es mit seiner Rückkehr, heil, unversehrt, menschlich und leibhaftig, zu tun hatte. Und trotzdem war es schrecklich, näher heranzugehen – so schrecklich, dass Fjodor das Gefühl hatte, er würde sterben, wenn der, der eingetreten war, auf ihn zukäme. Irgendwo in den Hinterzimmern ertönte das warnend verzückte Lachen seiner Mutter, und Vater brachte, fast ohne die Lippen zu öffnen, leise, glucksende Laute hervor, wie früher, wenn er einen Entschluss fasste oder etwas auf der Seite eines Buches suchte … Dann sprach er wieder – und dieses Wieder bedeutete, dass alles gut und einfach war, dass dies die wahre Auferstehung war, dass es nicht anders sein konnte, und auch: dass er zufrieden war – zufrieden mit seinen Fängen, seiner Rückkehr, dem Buch seines Sohnes über ihn – und dann wurde schließlich alles ganz leicht, ein Licht brach hervor, und Vater breitete mit zuversichtlicher Freude die Arme aus. Aufstöhnend, schluchzend schritt Fjodor auf ihn zu, und in der gesammelten Empfindung von wollener Jacke, großen Händen und dem zarten Prickeln des gestutzten Schnurrbarts wallte eine ekstatisch glückliche, lebendige, gewaltige, paradiesische Wärme auf, in der sein eisiges Herz schmolz und sich auflöste.

«Ich sehe, wie er sich inmitten des Gepolters abrutschender Steine von seinem Sattel hinunterbeugt und in dem an einem langen Stock befestigten Netz mit einer weiten Ausholbewegung einen königlichen Verwandten unserer Apollofalter fängt» – der Imperator-Apollo

TEIL 2

Die Karawane wird organisiert

Michajl Grum-Grshimajlo vor dem Aufbruch aus Gulja zum Kokonor und in den Nanshan, 1889

Eine Karawane muss richtig organisiert sein. Die Verteilung des Gepäcks auf die Tragetaschen der Lasttiere, das Anpassen der Sättel an die Pferde und des Gepäcks an die Sättel, die Gewöhnung der Pferde an die Lasten und die Unterweisung der Expeditionsteilnehmer im Umgang mit dem Gepäck – all dies ist von entscheidender Bedeutung für die erfolgreiche Bewältigung des gewählten Weges in der vorgegebenen Zeit.

Auf unseren Reisen wählten wir vorzugsweise Pferde als Lasttiere, aber unter bestimmten Bedingungen nahmen wir auch Kamele und Maultiere. Das Pferd passt sich leichter als andere Tiere an die unterschiedlichsten Verhältnisse und Futterangebote an; und nur in seltenen Fällen, in ausgedehnten Sandwüsten oder im Hochland, muss es als Lasttier dem Kamel oder dem Yak den ersten Platz überlassen. Außerdem ist es leichter zu pflegen.

Die Pferde kauften wir nach und nach, zunächst in der Stadt Wernyj[1], wo wir zudem alles Notwendige für die Ausrüstung der Karawane beschafften. Dinge wie Satteltaschen, Arbeitsinstrumente, Leder, Riemen, Geschirr sowie einige Konserven hatten wir allerdings schon in Petersburg und in den großen Zentren Turkestans besorgt, in Samarkand und Taschkent.

In Wernyj, das von kirgisischen Nomadenlagern umgeben ist, gab es natürlich Pferde zuhauf, aber solche, die für das Tragen von Lasten geeignet waren, fanden sich wider Erwarten wenig. Dort erstanden wir einige russische Pferde, die wir später zu hervorragenden Lasttieren ausbildeten. Wir kauften auch einige Kalmücken- und Dunganen-Pferde.[2] Letztere sind wahrscheinlich eine Mischung kirgisischer und russischer Arten, waren aber sehr gut erzogen. Kalmückenpferde zeichnen sich durch einen etwas schweren, aber hübschen Kopf mit eindrucksvollen Augen aus, einen breiten und kurzen Hals, einen niedrigen Widerrist und kurze Beine, jedoch mit normalen Fesseln. Insgesamt ist das Kalmückenpferd ein kräftiges und stämmiges Tier, hat aber kein breites Hinterteil. Kamele und Maultiere wurden vor der Reise durch die Wüste Gobi gekauft.

Um die Traglasten zu befestigen, wählten wir für fast alle Pferde hölzerne sartische[3] Sattelbögen. Großen Wert legten wir auf die Sauberkeit der Schweißdecken, insbesondere die darunter liegenden Decken wuschen wir häufig aus und reinigten sie von Schmutz und Schweiß. Die Lasten verteilten wir immer paarweise, was das Aufladen entschieden erleichterte. Ein Gleichgewicht der beiden Lasthälften ließ sich entweder durch Umpacken herstellen oder indem man außen auf einer Seite zusätzlich irgendwelche Gegenstände anhängte. Die Lastkoffer sollten nicht größer als 70×45×35 Zentimeter sein. Von der Konstruktion her sind die sartischen Yakhdans[4] die besten. Reine Holzkisten vermieden wir, weil sie nicht so elastisch sind und daher den Rücken der Lasttiere leicht verletzen können. Mit Eisen beschlagene Kisten benutzten wir gar nicht.

Leichtere Gegenstände packten wir in Säcke aus Zeltstoff mit den Maßen 70×17×35 Zentimeter oder in Umhängetaschen. Patronen, Schrot, Silberbarren, Hufeisen, Nägel usw. verwahrten wir in speziellen Ledertaschen, ebenfalls paarweise. Flüssigkeiten ließen sich am besten in guten Glasgefäßen mitnehmen, die man in die Yakhdans packte. Verbot sich Glas, so nahm man Gefäße aus Kupfer, die gut gelötet oder ganz ohne Naht waren; diese Behältnisse mussten natürlich in Leinen- oder Filzfutter eingeschlagen werden.

Nachdem das Gepäck verteilt war und die Pferde gelernt hatten, sich damit zu bewegen, brachten wir ihnen bei, im Gänsemarsch zu

«Was gab es nicht alles in diesen über Jahrhunderte erprobten sartischen Yakhdans und Ledertaschen – von Cognac bis zu Erbsenmehl, von Silberbarren bis zu Hufeisennägeln» – Kamel mit Yakhdan

gehen, wobei die Zügel jeweils an die Schlinge des Bauchriemens des vorhergehenden Pferdes geknüpft wurden. Solch ein Echelon von zehn bis zwölf Pferden wurde von einem Kosaken geleitet, der die Zügel des ersten Pferdes führte. Wenn wir uns in Bewegung setzten, ging vorneweg mein Bruder mit einem Dshigit[5], am Schluss ich mit dem Präparator, der mein Pferd hielt, während ich den Standort bestimmte und die gemessenen Azimute ins Reisetagebuch eintrug. Einige Leute ritten an den Seiten und beobachteten, ob die Lasten richtig verteilt waren. Für eine Korrektur hielten wir nicht die ganze Karawane an, sondern nur den Echelon, bei dem die Unregelmäßigkeit aufgetreten war.

Die Durchschnittsgeschwindigkeit der Karawane betrug 4,8 Kilometer pro Stunde; in den Bergen verlangsamte sich die Geschwindigkeit entsprechend der Steigung und dem Zustand des Weges. Großen Einfluss auf die Geschwindigkeit hatte auch das Gewicht des transportierten Gepäcks. Nach Möglichkeit vermieden wir schwere Lasten. Das Höchstgewicht betrug nicht mehr als 82 Kilogramm, in den Bergen noch weniger.

In den Sommermonaten bestand die Versorgung der Pferde aus Grünfutter, im Herbst und Winter kauften wir in den Dörfern entlang des Weges Heu und Getreide. Gewöhnlich gab es das eine wie das andere im Überfluss, Ausnahmen waren die Wüste zwischen dem Tianshan und dem Nanshan sowie einige Gebirgsregionen. Für solche Fälle nahmen wir Futter mit, wofür extra Lasttiere angeschafft wurden. Das Futter bestand manchmal aus Gerste oder Dshugara (Mohrenhirse), meist aber aus zerkleinerten Erbsen, die sehr nahrhaft und wichtig sind, weil sie von den Tieren länger verdaut werden. Heu nahmen wir fast nie mit, weil man an jeder Station etwas bekommen konnte. Waren die Weiden schlecht, gaben wir eine Extraportion zerkleinerter Erbsen und machten Rast, sobald wir wieder bessere Futterstellen erreicht hatten.

Ohne besonderen Anlass hielt die Karawane auf ihrem Weg nie an, denn Ruhepausen nützen den Lasttieren gar nichts, wenn man sie nicht von ihrer Last befreit. Selbst zwölfstündige Märsche bewältigten wir ohne Halt.

Wir verloren während der gesamten Reise verhältnismäßig wenige Tiere. Die meisten starben an der Rotzkrankheit, des weiteren gab es drei Fälle von Beinbruch und Hufverletzungen, zwei Fälle von nicht heilenden Entzündungen (aufgeriebene Stellen am Körper des Pferdes), zwei, drei Fälle von Blasenentzündungen und zwei Fälle völliger Entkräftung als Folge eines längeren Aufenthalts im Bitterwasser. Die geringe Todesrate der Karawanentiere erklärt sich auch durch die Maßnahmen, mit denen wir unterwegs Erkältungen abwehrten. Dazu gehörte insbesondere das zweistündige Ausruhen der Pferde nach dem Eintreffen am Biwak mit gelockerten Bauchriemen und der Abnahme der unter der Schweißdecke befindlichen Filztücher; an das Wasser wurden sie erst später gelassen, etwa drei Stunden nach der Ankunft. Ebenso unterließen wir Flussdurchquerungen unmittelbar vor der nächtlichen Rast. Nachts, besonders im Winter, legten wir den Pferden Decken über.

Während der Reise putzten wir die Pferde nie, aber wir rieben ihnen so oft wie möglich den Rücken ab, um die Haut zu kräftigen, die von dem ständigen Tragen des Sattels sehr empfindlich geworden war. Eine Veränderung erleidet nicht nur die Haut des Tieres, sondern auch sein Fell. Durch den Druck der Last wird es durchgescheuert, das Unterfell verfilzt, und durch das Schwitzen kann sich Fäulnis bilden.

Die Pflege von Kamelen ist komplizierter als die von Pferden, besonders im Gebirge und bei Kälte. Das Hauptproblem besteht darin, dass das Kamel in den Bergen seine gewohnte natürliche Nahrung vermisst, dadurch beträchtlich geschwächt und weniger widerstandsfähig ist und spezielle Sorgfalt benötigt, insbesondere was Kälte und Feuchtigkeit angeht. Für Kamele ist eine Filzdecke unerlässlich, die den ganzen Rücken bedeckt. Vor dem Beladen werden die Höcker des Kamels mit Filz umwickelt, und das Bepacken erfolgt dann auf die gleiche Weise wie bei den Pferden. Bei langen Reisen sollte das Gewicht des Gepäcks nicht mehr als 160 Kilogramm betragen, in den Bergen verringert man es auf 80 bis 100 Kilogramm.

Wenn es kalt ist, in feuchten und sandigen Gegenden oder bei Schneefall wird das Kamel ganz in Filz gewickelt. Falls nicht ausreichend Grünfutter vorhanden ist, muss man Getreide zufüttern, etwa die Hälfte von dem, was Pferde bekommen, mit etwas Salz versetzt. Wenn wir lange Strecken zurücklegten und die Zeit es nicht erlaubte, die Kamele weiden zu lassen, fütterten wir sie mit gesäuertem Brot, das man in Form eines Fladens backte, den sie schlucken konnten, ohne zu kauen.

Insgesamt bin ich während meiner Reisen zu der Überzeugung gekommen, dass sich ein Mindestmaß an Aufmerksamkeit den Pferden gegenüber immer lohnt. Wir brachten fast 80 Prozent der dort gekauften Pferde nach Semiretschje zurück, und zwar in einem Zustand, in dem sie noch für fähig befunden wurden, als Postpferde Dienst zu tun. Und gibt es Reisen, die unter strapaziöseren Bedingungen verlaufen als unsere?

Bezahlen in China

Nikolaj Prshewalskij bei seiner ersten Einreise von Kjachta in die Mongolei und weiter nach Peking, 1870

Die kleine Menge von Vorräten, die wir für den eigenen Bedarf mitnahmen, war eine Folge der spärlichen Geldmittel, die der Expedition zur Verfügung standen. Für das erste Jahr unserer Reise erhielt ich vom Kriegsministerium, der Geographischen Gesellschaft und dem Botanischen Garten im ganzen 2500 Rubel. Zwei unserer Silberrubel werden in Peking durchschnittlich gegen einen Lan chinesischen Silbers umgewechselt.

Hier muss nun aber bemerkt werden, dass in China kein bestimmtes Geld existiert, ausgenommen eine Münze, die Tschoch heißt und aus einer Mischung aus Kupfer und Zink besteht. Silber wird überall nach Gewicht und Reinheit angenommen. Gewichtseinheit ist das Lan, etwa eine Unze.[1] Der zehnte Teil eines Lan heißt Qian, und der zehnte Teil eines Qian heißt Fen. Sechzehn Lan ergeben ein Jin zu 605 Gramm.[2] Das Lan hat jedoch dreierlei Gewicht: ein offizielles, ein Handels- und ein kleines Gewicht. Zum besseren Silber wird das «Jambsilber» gerechnet, aus dem Barren gegossen werden. Sie werden mit dem Stempel des Staates oder der Handelsfirma versehen, die sie gegossen hat. In den Barren kann man hin und wieder kleine Stücke Blei oder Eisen finden.

Um kleinere Beträge zu zahlen, werden die Barren nach Bedarf in größere oder kleinere Stücke zerhackt. Das Silber wird im Großhandel mit einer Waage gewogen, die zwei Schalen und einen Balken hat. Im Kleinhandel benutzt man eine besondere Waage, den «Besmer». Das ist ein Balken mit einer Kugel an einem Ende und einem Haken am andern, an den die Last gehängt wird; dann wird er an einer Schnur so lange hin und her gerückt, bis Kugel und Wiegegut im Gleichgewicht sind. Beim Wiegen wird man leicht übers Ohr gehauen, denn der Händler gibt dem Balken eine be-

Nikolaj Prshewalskij

stimmte Lage, die davon abhängt, ob er Silber geben oder entgegennehmen will.

Nur kleine Beträge werden in Münzen gezahlt. Diese heißen Tschoch[3] und sind so schwer, dass auf einen Silberrubel durchschnittlich acht Pfund gehen. Um das Rechnen zu erleichtern, werden jeweils 500 Tschoch auf eine Schnur oder einen Riemen gereiht. Zu diesem Zweck hat jede Münze ein quadratisches Loch. Man wird leicht verstehen, dass es ausgeschlossen ist, sich mit einem ausreichenden Vorrat dieser Münzen zu versehen. Für 100 Rubel erhält man über sieben Zentner Tschoch, eine Last für drei Kamele, welche selbst 240 Rubel kosten, Kameltreiber nicht eingerechnet.

Die Sache wird aber noch dadurch kompliziert, dass nicht nur in jeder größeren Stadt, sondern häufig auch in jeder Kleinstadt eine andere Geldrechnung existiert. So gibt es zum Beispiel Orte, wo 30, 50, 78, 80, 92 oder 98 Tschoch als 100 gezählt werden. Man muss sich mit einem Worte lange damit herumquälen, einen solchen Galimathias zu durchschauen. Diese Berechnung schließt im übrigen die regelmäßige nicht aus, bei der ein Tschoch ein Tschoch ist. Diese Art der Berechnung heißt bei den Mongolen ‹Manschan›; die andere, die mit den Abschlägen, heißt ‹Dselen›. Wenn man etwas kauft, muss man sich immer vorher vergewissern, ob Bezahlung nach dem Mantschan oder dem Dselen erwartet wird, denn die Preisdifferenz ist groß. Außerdem existiert an den verschiedenen Orten Chinas auch ein verschiedenes Maß und Gewicht.

Um den Unannehmlichkeiten beim Auswiegen des Silbers zu entgehen, kaufte ich eine mittlere Marktwaage, die jedoch beim Zahlen immer zu wenig, beim Einkaufen immer zu viel anzeigte. Das Umwechseln von Silber in Tschoch war ebenfalls immer mit Verlusten verbunden, denn häufig war der wahre Kurs des Silbers, der sich fast alle zehn Kilometer änderte, nicht zu erfahren. Kurz, von jedem während der Expedition ausgegebenen Rubel mussten wir der Schlauheit der Einheimischen einen erheblichen Prozentsatz als Tribut entrichten.

Überseeische Teufel im Himmelsgebirge

Grigorij Grum-Grshimajlo im nordöstlichen Tianshan, beim Versuch, von der Nordflanke der Borohoro-Kette auf die Südseite hinüberzugelangen, Anfang Juli 1889

Der Alte und die Torguten[1], die ihn begleiteten und uns zu diesen höher gelegenen Feldern geführt hatten, hielten plötzlich ihre Pferde an und erklärten: «Hier ist unser Gebiet zu Ende. Nun müsst ihr selbst sehen, wie ihr weiterkommt!» – «Aber ihr hattet doch versprochen, uns bis zu dem Pass über den Borohoro zu führen?» – «Wir sind nicht von hier, und von diesem Pass haben wir noch nie gehört! Wir hatten nur zugesagt, euch bis in den chinesischen Machtbereich zu führen, und unser Versprechen haben wir gehalten, wie ihr seht!» Das war eine freche Lüge, und sie wurde von diesem Kerl mit einer solchen Dreistigkeit vorgebracht, dass die einzige Erwiderung die Peitsche sein konnte.

Grigorij Grum-Grshimajlo

Nachdem wir den Führer davongejagt hatten, standen wir allein inmitten von Mohn-, Weizen- und Gerstenfeldern. Etwas weiter entfernt waren Zäune aus Lehm und einige halbverfallene Gebäude zu sehen und schließlich die ganze Siedlung Bo'erdonggu [Bor Tungge]. Da es kein fließendes Wasser gab, weil dieses ausschließlich zur Bewässerung der Felder verwandt wurde, wussten wir zunächst nicht, wo wir unser Lager aufschlagen sollten, und sei es nur bis zum nächsten Tag. Sofort kamen Chinesen herbeigelaufen und boten uns Radieschen von unglaublicher Größe sowie Eier und Brot an, reagierten aber nicht auf unsere Frage nach Wasser.

Endlich fand sich doch jemand, der sich erbot, uns einen Platz zu zeigen, wo wir das Benötigte im Überfluss finden würden. Wir folgten ihm, verließen außerhalb des Dorfes den Weg und gingen durch ein Binsendickicht. Schließlich erblickten wir einen winzigen Teich mit stehendem blühendem Wasser, das auch noch von einer Herde chinesischer Schweine verschmutzt wurde, die sich am Ufer suhlten. Es war mehr eine trübe Pfütze als ein Teich.

«Hör mal, mein Guter, kann man dieses Wasser wirklich trinken?» Die Frage erübrigte sich, weil einer der chinesischen Jungen, die in einer Schar hinter uns herliefen, die Art und Weise demonstrierte, wie die hiesige Bevölkerung ihren Durst stillte. Er zog das Hemd aus, sprang ins Wasser und fing an, wie unser Hund zu trinken, der übrigens auch schon selbstgefällig in dieser Pfütze umherwatete.

«Habt ihr wirklich kein anderes Wasser als das hier?» – «Es gibt auch einen Fluss, aber keine Angst, dies ist mehr als genug für euch.» Wir versuchten den Chinesen zu erklären, dass es nicht um die Menge, sondern um die Qualität des Wassers ging. Die meisten belustigte das jedoch nur, und in den Gesichtern der anderen sahen wir deutliche Missbilligung. Einer fand sich, der erklärte, warum wir das Wasser so ekelhaft fanden: «Der Grund sind unsere Schweine … die überseeischen Teufel mögen diese Tiere nicht besonders.» (Die Chinesen stellen sich den Teufel mit roten Haaren vor. Wahrscheinlich deshalb nannten sie die ersten Europäer, die über das Meer nach China gekommen waren, «überseeische Teufel», *yangguizi*.[2] Seitdem hängt ihnen dieser Name an und wurde zum Schimpfwort.) Als wir unseren Weg schon fortsetzen wollten, stieß ein besonders gut gekleideter Chinese zu uns und erklärte, dass sich das Problem leicht beheben lasse – wir könnten in einen der Bewässerungskanäle unverzüglich fließendes Wasser leiten. «Und Sie können das veranlassen?» – «Ich habe bereits Anweisungen gegeben.» Von Seiten der Chinesen war das außerordentlich liebenswürdig, und wir brachten lebhaft unsere Dankbarkeit zum Ausdruck. Dennoch, es vergingen zwei Stunden, ehe uns das Wasser erreichte, und nicht die Chinesen leiteten es ein, sondern unsere Kosaken.

Abends sprachen wir mit den Einheimischen. «Wisst ihr nicht, verehrte Leute, welcher Weg zum Pass führt, über die Berge, die wir so schneebedeckt vor uns sehen?» – «Von uns Chinesen ist keiner je über den Pass gegangen. Was sollten wir da auch? Aber bestimmt wissen es die Kalmücken. Warum fragt ihr nicht die?» – «Wir haben sie schon gefragt, aber sie haben uns getäuscht.» – «Ach, diese Schildkröten! (‹Schildkröte› ist bei den Chinesen ein

«Manchmal war Vater ganz allein; längere Aufenthalte an Stellen mit reichlich Nahrung für die Karawanentiere nutzte er, um sich für einige Tage auf Erkundungstour zu begeben» – Grigorij Grum-Grshimajlo mit seinem Hund im Gebirge Bogdo-ola

Schimpfwort.) Diese Betrüger! Beschwert euch nur über sie in Ürümqi! Dann werden sie schon ihre Strafe bekommen!»

Machten sie sich über uns lustig, oder waren sie aufrichtig empört? Ich glaube, weder das eine noch das andere … Aber wie auch immer, nach diesem Gespräch kamen uns Zweifel. In welche Richtung sollten wir morgen aufbrechen? Wir beschlossen, bis zum nächstbesten Fluss zu gehen und ihm so weit wie möglich aufwärts zu folgen. Aber was dann? Unterwegs, so dachten wir, würden wir sicher jemandem begegnen, der für gutes Geld bereit wäre, uns als Führer zu dienen. Mit diesen Gedanken schliefen wir ein. Als wir Bor Tungge am nächsten Tag verließen, kamen unsere neuen Freunde in Scharen herbeigelaufen, um uns gute Reise zu wünschen, aber kaum hatten wir uns etwas entfernt, konnte sich einer von ihnen nicht beherrschen und schrie uns sein «überseeische Teufel» nach.

Es war neun Uhr morgens. Am Himmel keine Wolken, Windstille, nur drückende Schwüle. Wir befanden uns in einer leicht hügeligen Steppe, deren dichte Grasdecke bereits vertrocknet war: blasse Farben, öde Gegend. In der Ferne waren dagegen schneegekrönte violette Bergmassive zu sehen. In unserer Phantasie schienen uns angesichts der Hitze und des Staubes diese wilden Felsen mit ihren von Bächen durchzogenen kühlen, schattigen Fichtenwäldern weitaus verlockender, als sie wahrscheinlich in Wirklichkeit waren.

Der vorderste Echelon unserer Lasttiere stieg plötzlich rasch abwärts, aber von meinem Standort aus war noch nicht zu sehen, wohin sie gingen.

«Der Khorgos!» Endlich. Ich setzte mein Pferd in Trab, um die Lasttiere einzuholen, die unerbittlich Staub aufwirbelten. Wie die meisten Flüsse in der südlichen Dsungarei hatte sich der Khorgos eine tiefe und breite Schlucht in das Konglomerat des Spättertiär gegraben. Von oben sah man die miteinander verschlungenen Flussarme in ihrem steinigen Bett dahineilen und dann nach unten in einen tosenden Abgrund stürzen. Eine Vielzahl von Wasserströmen, die eine Menge trübes Wasser mit sich führten ... Flösse der Strom hier nur in einem einzigen Bett, so könnte man ihn kaum überqueren. Auf dem gegenüberliegenden steilen Ufer stand einsam ein chinesisches Bauernhaus. Die eigentliche Siedlung war noch von einer Reihe sandig-lehmiger Hügel verdeckt. Dort befand sich auch ein Laden, in dem ein unternehmungsfreudiger Chinese mit allerlei Waren handelte. Als er uns entdeckte, kam er herausgelaufen und lud uns auf eine Tasse heißen Tee ein. Der Vorschlag war verlockend, und wir willigten ein. Obwohl er uns dann statt heißem Tee eine bittere, modrige Scheußlichkeit einschenkte, tranken wir sie mit Vergnügen.

Auf unsere Frage nach einem Pass über die Berge erklärte er, jedes Jahr kämen zu Beginn des Frühlings von dorther ein paar Kalmücken den Ulan-ussu entlang. Wir beschlossen, diesem Hinweis zu folgen.

Der Weg ging zunächst durch eine breite Schlucht, lief dann um etliche Hügel aus Lößlehm und verlor sich schließlich in einer Mohnplantage. (Mohnplantagen sind der große Reichtum der südlichen Dsungarei, weil aus dem hiesigen Mohn ein hochwertiges Opium gewonnen wird.) Irgendwie gerieten wir auf die Hinterhöfe eines Ortes namens Nju-tsejuan-tsej. Unser Erscheinen rief allgemeine Unruhe hervor: Hunde bellten, Türen wurden zugeknallt, und alles Lebendige im Ort schien sich innerhalb von Sekunden irgendwo versteckt zu haben.

Wir suchten einen Lagerplatz und kamen in eine Schlucht, wo wir am Rande eines Fichtenwaldes übernachteten. Von diesem Platz aus wand sich der Weg immer höher und höher einen Berghang entlang. Schließlich waren wir auf dem Grat eines Gebirgsausläufers angelangt. Vor uns riesige nackte Felsen, links und rechts tiefe bewaldete Schluchten. Der Weg endete hier, seine letzten Spuren verloren sich im hüfthohen Gras. Wohin jetzt? Sollten wir wirklich nach Nju-tsejuan-tsej zurückkehren? Nein, es schien uns besser, dieser Schlucht zu folgen. Irgendwo würden wir schon wieder herauskommen.

Wir folgten ihr abwärts. Die Lastpferde musste man mit der Hand am Zügel führen, die Reiter stiegen ab und trieben ihre Tiere vorwärts. Die Seitenwände der Schlucht bestanden ganz aus steilen, in der Sonne gebackenen sandig-lehmigen Böschungen, auf denen unsere Pferde buchstäblich hinunterrutschten und dabei jeden Moment einen Sturz riskierten. Unten erwarteten uns neue, andere Schwierigkeiten, denn es ist kein Vergnügen, mit Lasten bepackt einen Fichtenwald mit dichtem Unterholz zu durchqueren. Aber wir schafften es und kamen auf eine Wiese, die auf ganzer Länge von einem breiten Fahrweg durchkreuzt wurde. Und da waren auch Kalmücken!

Die Lasten wurden abgeworfen, und jeder, der frei war, sprengte sogleich zum Aul.[3] Allerdings trafen wir dort niemanden an, außer zwei, drei Jugendlichen, die uns unbekannte Fremde ängstlich betrachteten. Sie waren erstaunt über unser Erscheinen und wussten im ersten Moment offenkundig nicht, was tun. Dann beschlossen sie, sich zu erschrecken, stürzten in die Jurten und versteckten sich dort zwischen den Filzmatten. Wir wollten uns schon anschicken, nach den Erwachsenen zu suchen, als diese plötzlich wie aus dem Nichts vor uns auftauchten.

«Wir haben euch kommen sehen», sagten sie, «und sind sofort herbeigeeilt. Obwohl wir arme Leute sind, möchten wir euch in unsere Behausung einladen, um eure Kräfte zu stärken.» – «Danke, doch wir sind in Eile.» – «Woher seid ihr gekommen, und wo habt ihr eure ehrenwerten Familien gelassen?» – «Wie ihr seht, sind wir Russen. Euer Land ist uns unbekannt, und wir haben uns verirrt. Könnt ihr uns nicht sagen, wie wir einen Pass durch dieses Gebirge finden?» – «Einen Pass? Im Augenblick kommt ihr über gar keinen Pass. Dies hier sind wilde Berge, die Wege sind schlecht, der Schnee oben ist überall tief und zu dieser Jahreszeit schon aufgeweicht.» – «Aber warum haben die Chinesen uns erzählt, dass es am Oberlauf des Ulan eine gute Furt gibt?» – «Ach, was wissen schon die Chinesen! Es gibt dort tatsächlich einen Übergang, aber wie wollt ihr da jetzt hinkommen? Im Sommer ist die Überquerung des Ulan ein Ding der Unmöglichkeit.» – «Trotzdem wollen wir es versuchen. Es sollte uns nur jemand von euch begleiten.»

Diesen Vorschlag lehnten sie ab. Wie konnte das sein? Waren sie wirklich freie Menschen? Es waren Waldarbeiter, von den Chinesen unterjocht und gezwungen, innerhalb einer bestimmten Frist vorgeschriebene Mengen Holz nach Manas zu liefern. Aber sie konnten doch nicht ablehnen, uns den Weg ins Tal des Ulan-ussu zu zeigen. Sie verrieten ihn dann tatsächlich, und zwei von ihnen begleiteten uns sogar über einen Kilometer weit.

«Und wohin führt dieser breite Fahrweg?» – «Nirgendwohin. Er endet nach einem halben Kilometer. Das ist ein Waldweg. Auf ihm transportieren wir das Holz nach Manas.»

Wir verabschiedeten uns von den Kalmücken, wandten uns in

«In ganz Innerasien findet sich kein Ort, der malerischer, geheimnisvoller und erhabener wäre. Dieser gigantische Berg, der einer chinesischen Redewendung nach ‹die Wolken stützt und den Mond und die Sonne verdeckt›, ist von fünf Städten aus zu sehen, am besten aber von der Zentraldsungarei aus, von wo er wirklich wie ein ‹Thron› aussieht …» – der Bogdo-ola von der Dsungarei aus, gezeichnet von Pawel Piassetsky

die angegebene Richtung und wanderten mehr als acht Kilometer durch hohe Lehm- und Sandhügel, die an manchen Stellen noch mit grünem Gras und an den Hängen dicht mit Spier- und Erbsensträuchern bewachsen waren. Schließlich gelangten wir ohne besondere Schwierigkeiten zum Ulan-ussu, dem «Roten Fluss». Im Widerspruch zu dem ihm von den Mongolen gegebenen Namen führte er allerdings kristallklares Wasser.

Ohne Mühe durchquerten wir ihn und lachten über die Torguten, die uns mit diesem seichten Flüsschen Angst hatten machen wollen. Wir schlugen unser Lager auf einer prachtvollen Lichtung auf, umgeben von Felsen, Wald und der scharfen Biegung des Ulan-ussu. Um ohne Führer weiterzukommen, war es jedoch notwendig, sich mit dem allgemeinen Charakter der Umgebung vertraut zu machen, und wir beschlossen, die Schlucht noch am selben Tag zu erkunden …

Mit diesem Auftrag wurden die Kosaken Komarow und Glagolew den Fluss entlanggeschickt. Sie waren sechs Stunden unterwegs und kehrten erst zurück, als es schon finstere Nacht war. Kaum hatten wir den abendlichen Tee bereitet, kamen aus dem Wald einige Reiter auf uns zugestürmt. «Ah, Torguten! Kommt näher! Wohin des Wegs?» – «Zu euch.» – «Wieder zu uns? Was wollt ihr denn von uns?» Die Torguten blieben unentschlossen stehen, wandten sie sich dann an Nikolaj und fingen an, nachdrücklich und mit Eifer auf ihn einzureden. Anscheinend waren die hier in den Bergen lebenden Torguten erschrocken, als sie von der Absicht der Russen erfuhren, den Ulan hinaufzuwandern. Damit würden wir die ganze Gruppe ins Verderben führen! Und wer wäre dann schuld? Niemand außer ihnen, den Torguten. Man solle sich auf diesen Fluss besser nicht verlassen. Schon jetzt wäre er weiter oben nicht passierbar, und was würde erst in einigen Tagen sein, wenn das Wasser merkbar stiege? Und das sei noch nicht alles. Jenseits des Passes sei ein weiterer Fluss, dessen Unterlauf Manas und dessen Oberlauf Khusta heißt: ein mächtiger Strom, den man nur gelegentlich überqueren könne, und dann auch nur im Frühjahr nahe den Quellen, wenn noch eine Eisschicht auf dem Wasser liegt. «Was ist», entsetzte sich ein Torgut, «wenn ihr die Ufer dieses Flusses erreicht? Und was, wenn ihr in die steinerne Falle einer Felsspalte geratet, von der aus es weder vor noch zurück geht? Und euch nichts bleibt als ein furchtbarer Hungertod?»

Aber die Torguten hatten uns schon so oft angelogen, dass wir ihnen nicht mehr vertrauten. Wir wollten lieber abwarten, was unsere Kundschafter herausgefunden hätten. Als sie endlich eintrafen, brachten sie unangenehme Nachrichten. Den Weg, den sie geritten waren, könne man kaum Weg nennen. Den sei seit zwei Monaten kein Mensch mehr entlanggekommen. Wahrscheinlich mussten wir endgültig von der Hoffnung Abstand nehmen, auf die Südseite des Borohoro zu gelangen.

Längst hatte die Nacht unterdessen ihr dunkles Zelt über uns ausgebreitet, es war still und wundervoll. Hinter dem Tannenwald und den Felsen, die nunmehr phantastische Umrisse bekommen hatten, war der Horizont nur teilweise zu sehen, aber wie viele Myriaden von Sternen hier funkelten und wie klar alles von dem noch nicht sichtbaren Mond beschienen war, der bald hinter dem steinernen Koloss erscheinen sollte, in dessen Schatten auch wir uns auf unserer winzigen Wiese befanden, und der mit seinen Formen an die Ruine eines Riesenschlosses erinnerte! Es herrschte völlige Stille, nur das Wasser rauschte und toste, deutlich hörbar führte es Geröll mit sich, dann und wann drang aus der Ferne ein Laut zu uns, der Schrei eines Uhus oder wer weiß was ... Deutlich spürte man, dass alles ringsum jungfräulicher Natur war, von keinem Menschen je berührt ... Welch wunderbares Gefühl.

Am 12. Juli verließen wir das Tal dieses Flusses endgültig.

Immer noch auf der Nordseite des Borohoro auf dem Zug nach Osten am Fluss Manas, Juli 1889

Wir stiegen über zwei Terrassen hinab, die in Steilhängen zum Flussbett hin abfielen, und gerieten auf einen kleinen und engen felsigen Platz, der sich etwa zwölf Meter über dem Manas befand. Von dieser Stelle aus war eine Brücke über den Fluss geschlagen, nicht breiter als einen Meter und zwei bis zweieinhalb Meter lang. Sie glich allen anderen dieser in den Bergen Zentralasiens verbreiteten Bauart: Vier lange Stangen, an den Enden durch das Gewicht der auf sie gerollten Felsen befestigt, bilden die Grundlage; als Boden dienen Äste, Erde, manchmal auch Bohlen oder flache Steine; ein Geländer gibt es nicht.

Die Brücke war so unsinnig am gegenüberliegenden Felsvorsprung angebracht, dass die bepackten Pferde einen Sprung hätten machen müssen, um auf den Weg zu gelangen, und obendrein war sie so schmal, dass uns eine Überquerung undenkbar schien. Deshalb übernachteten wir hier und verschoben das Hinüberschaffen des Gepäcks an das gegenüberliegende Ufer auf morgen. Natürlich konnten wir hier am Rande der Schlucht nur unsere Gebrauchsgegenstände auspacken; die Pferde und Schafe trieben wir einen Kilometer von unserem Zeltlager entfernt auf eine Weide. Während wir abluden, ging die Sonne schon hinter den umliegenden Felsen unter. Es wurde schnell dunkel, und bei der nahenden Dunkelheit erkannte man auch die Einzigartigkeit dieser Gegend. Ein wilder und ursprünglicher Ort! Senkrechte Felswände beengen den schmalen Korridor, in dem wie in einem bodenlosen Abgrund Wogen weißen Schaums mit Getöse dahinjagen. Noch ohrenbetäubender dringt in der Nacht von dort brodelnder Lärm herauf, noch geheimnisvoller erscheint die Schlucht, deren Einzelheiten jetzt bereits in der uns umgebenden Dunkelheit verschwunden waren. Merkwürdig, wenn man dort am Rande der felsenreichen Schlucht einschläft, zieht man instinktiv die Beine an, möglichst weit weg vom klaffenden Abgrund, in dessen Tiefe unheilverkündend die weiße Mähne blitzend und wütend gegen die Wände des Stroms schlägt.

Die Überquerung der Brücke über den Manas ging dann folgendermaßen vonstatten: Wir trugen das Gepäck hinüber, führten sodann das Pferd auf die andere Seite, beluden es und brachten es über den steilen und schmalen Pfad auf einen größeren Platz am rechten Ufer. Es kam aber trotzdem zu einem unglücklichen Zwischenfall.

Eines unserer Pferde, das gerade mit unserer Küchenausstattung und allerhand anderen verschiedenen Dingen beladen worden war, wartete nicht ab, bis es an der Reihe war. Es erschrak vor einem entgegenkommenden Chinesen, stürmte los, kam vom Weg ab und stürzte aus einer Höhe von dreißig Metern in den Strom. Ein allgemeiner Aufschrei, Hin- und Hergerenne – das war unsere erste Reaktion. Dann blieb uns nur noch, den verzweifelten Bemühungen des unglücklichen Tieres zuzusehen, das versuchte, ans Ufer zu

«Über den ungestümen Fluss hat man eine wackelige Brücke geschlagen, bestehend aus Steinplatten auf Reisig, aber der Anstieg auf der anderen Seite ist ziemlich steil und überdies glatt wie Glas» – Grum-Grshimajlo mit seiner Karawane in einer Schlucht des Manas im Borohoro-Gebirge

gelangen. Aber nur kurze Zeit waren wir Zeugen des Todeskampfes. Das Pferd verschwand fast sofort hinter der Biegung des Flusses. Als wir auf einem Hügel angelangt waren, von dem aus man den Flusslauf vierhundert Meter weit verfolgen konnte, war auf der Oberfläche des Manas außer brodelndem Schaum nichts mehr von ihm zu sehen.

Die Kraft der Strömung ist so stark, dass ein acht Kilogramm schwerer Stein, der aus zwölf Metern Höhe geworfen wird, einige Querschläge macht, bevor er zu Boden sinkt. Der Kupferkessel, der mit dem Pferd ins Wasser gefallen war, blitzte noch lange im Schaum des Stroms auf und ging nicht unter.

Grigorij Grum-Grshimajlo im Bogdo-ola östlich von Ürümqi, auf dem Weg zum Tian Chi, dem Himmelssee, Anfang August 1889

Kaum hatten wir zu Abend gegessen, da wurde es auch schon dunkel. Bis zum Sonnenuntergang war es noch einige Zeit, aber in der Schlucht dämmerte es bereits. Die Schatten auf den gegenüberliegenden Felsen wurden immer länger, und immer höher stieg der goldene Lichtstreifen, bis schließlich nur noch die Gipfel leuchteten. Doch auch sie erloschen bald. In unserem Lager wurde es mit einem Mal feucht und ungemütlich. Feuer wurden angezündet, und in ihrer Nähe schien sich die Finsternis zu verdichten.

Wie gewöhnlich machten wir uns zu dritt mit Lampe und Netzen auf den Weg, um Nachtfalter zu fangen. Wir gingen die Schlucht entlang. Es war kalt, und im dichten Gras durchnässte der Tau sogleich unsere Stiefel. «Hier fangen wir doch nichts, gehen wir den Hang hinauf!» Und obwohl wir nichts sehen konnten, schlugen wir uns irgendwie durch die Büsche, überquerten den Bach Gangu und kletterten auf die Felsen. Aber auch dort war nichts. Zweimal flog irgendein Falter über uns hinweg, aber sonst verirrte sich nichts in den Schein der Lampe. Unterdessen war es ganz dunkel geworden. Unter uns breitete sich eine schwarze Tiefe aus, in der keine Konturen mehr zu erkennen waren. Auch die Wiese, auf der unsere Zelte standen, verschwamm nun als etwas Unbestimmtes und Formloses mit dem Wald und den Felsen. Selbst die Lagerfeuer waren erloschen. Offenbar war es bereits spät und höchste Zeit zurückzukehren.

Wir stiegen hinunter zum Bach. «Leuchte uns, Taschbalta!» – «Hier geht's lang, Herr!» Vermutlich hatte er mir den Stein gezeigt, aber ich stolperte und fiel ins Wasser. Taschbalta machte eine ungeschickte Bewegung, und die Laterne ging aus. «Haben Sie Streichhölzer, Herr?» Ich konnte sie nicht finden, und tastend setzten wir unseren Weg fort. Als wir die Pferde erreichten, schnaubten sie und wichen zur Seite. Aber die Hunde erkannten uns und gaben ihrer Freude lauten Ausdruck. Noch ein paar Schritte, und wir stießen auf unsere Jurten. Bei uns war noch Licht. Mein Bruder war dabei, Messungen zu übertragen, und Matwej packte präparierte Vögel ein. Ich beschriftete noch die Kärtchen. Matwej ging schlafen. «Was war mit den Faltern?» – «Wieder nichts. Wir waren auf dem Hang.» Fünf Minuten später schlief das ganze Lager, nur der Wachhabende summte in der Erwartung baldiger Ablösung noch leise ein Lied.

Immer großartiger wurden die Berge, je weiter wir kamen. Von jedem Hügel aus zeichnete sich ein neues Panorama ab, jede Biegung versprach eine andere Komposition von Felsen, Wiesen und Fichtenwald, die sich so mannigfaltig abwechselten und so wundervolle Kombinationen von Farben und Formen bildeten, dass man nicht wusste, wohin man zuerst blicken und was man als Erstes bewundern sollte. Doch gleichzeitig zog es mich unaufhaltsam vorwärts, als hätte mein Herz geahnt, dass vor uns etwas noch Schöneres lag und der Fuß des «Gottesthrons» wahrlich ein göttliches Kaleidoskop wunderbarster Perspektiven und Landschaften ist.

Wir ließen das Tal hinter uns, dessen Grund und Abhänge über und über mit vertrocknetem Wald bedeckt waren. Was mag die Ursache für eine derart riesige Fläche Trockenholz sein? Ein Feuer etwa, und wenn ja, wie lange lag es wohl zurück? Aber nach Fragen war niemandem zumute. Wir kletterten höher und höher. Endlich war der Pass erreicht. Unten, in ungeheurer Tiefe, der prächtige türkisfarbene See.[4] Gigantische Felsen ringsherum. Darüber erhoben sich die drei Gipfel des Bogdo …

Dies also war der heilige See, dessen Wasser einst die sterblichen Überreste von hunderttausend Heiligen bedeckte![5] In der Vorstellung aller Völker der Nachbarschaft waren diese Berge von Göttern bewohnt. In ganz Innerasien findet sich kein Ort, der malerischer und überdies geheimnisvoller und erhabener wäre. Dieser gigantische Berg, der einer chinesischen Redewendung nach «die Wolken stützt und den Mond und die Sonne verdeckt», ist von fünf Städten aus zu sehen, am besten aber von der Zentraldsungarei aus, von wo er wirklich wie ein «Thron» aussieht, oder, wenn man so will, wie ein stumpfer Kegel, der unnatürlich hoch inmitten anderer schneebedeckter Berge aufragt. So sahen wir ihn jetzt vor uns. Seinen Fuß umspülten die Wasser des türkisfarbenen Sees, dessen Ufer aus gewaltigen bewaldeten Felsen bestand, über denen sich smaragdfarbene Lichtungen und Fichtenhaine erstreckten; auf der gegenüberliegenden Seite sah man Geröll und Steine verschiedenster Art. Und all dies war eingerahmt von den rundum aufragenden Berghöhen, die nur im Norden von der wilden und schmalen Schlucht des Flusses Chajdadshana durchschnitten wurden. Was für ein herrlicher, entlegener Ort.

Der Weg verläuft hoch entlang des westlichen Seeufers. Wir klettern beständig steile Böschungen hinauf, dann wieder hinunter ins Tal. Immer wieder tauchen links und rechts prächtige, von einem Blumenmeer bedeckte Wiesen auf, Fichtenwald, in der Gegend verstreut liegende Felsen, halb zerfallene oder gerade neu gebaute Tempel, Maultierkarawanen, die bald Ziegel, bald Holz oder Tonkrüge mit Wasser transportieren. Chinesen – Arbeiter wie Mönche – betrachteten uns erstaunt, und auch wir sahen uns nach allen Seiten hin um.

Nach einer steil abwärts führenden Wanderung erreichten wir den See. Hier wollten wir unser Lager aufschlagen. Kaum hatten wir abgeladen, begrüßte uns eine Abordnung von Mönchen. «Hier könnt ihr nicht bleiben!» – «Warum nicht?» – «Dies ist ein heiliger See. Der Gott Ta-mo-fu, der für gewöhnlich in seinem Eispalast sitzt, kommt manchmal zu einer Spazierfahrt hierher, und dann funkelt der See vor Feuer …» – «Interessant. Habt ihr diese Feuer gesehen?» – «Heilige Mönche haben sie gesehen, Asketen und Fastende. Uns haben sie sich nicht gezeigt.» – «Und wir werden sie wahrscheinlich auch nicht sehen.»

Solche Widerrede gefiel den ergebenen Dienern Ta-mo-fus offensichtlich nicht. Sie wurden ärgerlich. «Hier darf man kein Vieh weiden lassen, nicht jagen und kein Holz schlagen. Dieser Ort ist heilig. Alle Geschöpfe, die hier leben, gehören Ta-mo-fu. Er gerät in Wut, wenn jemand etwas beschädigt, seine Wiesen zertrampelt oder den Wald abholzt. Gewehrschüsse und Axthiebe stören die Ruhe, die hier seit alters her herrscht. Er wird seinen göttlichen Zorn über euch entladen, das wird euer Ende sein.» – «Und wem gehören die Maultiere, die dort auf der Wiese spazieren?» – «Fante» (ein ranghoher Beamter, dessen Einverständnis für den Besuch dieser Gegend wir eingeholt hatten). – «Warum jagt ihr sie nicht davon?» – «Das dürfen wir nicht.» – «Und wieso dürft ihr hier Holz schlagen? Wir haben überall Waldfrevel bemerkt.» – «Nicht wir schlagen Holz, sondern die Soldaten.» – «Und warum jagt ihr die nicht davon?» – «Wie sollten wir? Sie sind nicht aus eigenem Willen hier. Das Holz wird gebraucht, um Tempel zu bauen.» – «Was ihr nicht sagt. Kann man das Holz nicht aus den Bergen herschaffen? Ziegel bringen sie doch auch her.» Die Mönche schauten einander an. «Wir sagen es noch einmal: Verlasst diesen Ort!» – «Und wenn nicht?» – «Dann befehlen wir, auf euch zu schießen.» – «Dann nur zu! Wir bleiben hier. Und um uns vor unangenehmen Überraschungen zu bewahren – Kosaken! Komarow, Glagolew! Fesselt diesem Herrn hier die Hände hinter dem Rücken, er bleibt länger bei uns zu Gast!»

Das verfehlte seine Wirkung nicht. Die Mönche flohen. Ihr Anführer fand sich bald mit der Situation ab und wurde während unseres zweiwöchigen Aufenthalts hier sogar unser bester Freund. Seine Gefährten schleppten Kartoffeln, Radieschen, Zwiebeln und anderes Gemüse herbei. Wir beschenkten sie alle mit einigen Metern blauen Stoffs und schlossen für immer mit ihnen Frieden. Später erzählten sie in ihrer naiven Art, dass sie gehofft hätten, uns für ihre Tempel eine ordentliche Summe Geldes abzunötigen. Denn «der arme Ta-mo-fu hat nichts Ordentliches anzuziehen».

Wüstenbild mit Raureif

Wsewolod Roborowskij in den westlichen Ausläufern des Beishan südöstlich von Hami, Neujahr 1894

Heute herrschte in unserem Schlafgemach, in der Jurte also, vor Sonnenaufgang eine Temperatur von −21,5 °C. Der Bart war durch den Atem mit Raureif überzogen und fror ständig am Kissen und an der Decke fest. Beim Abbau der Jurten stellten wir fest, dass die Filzmatten, die uns als Betten dienten, an der Erde festgefroren waren. Das Wetter war schlecht; starker Nebel zog von Südosten herauf, und in feinen Flocken fiel Schnee. Um neun Uhr kam ein Schneesturm auf, der dicht über den Boden hinwegfegte.

Nachdem wir die Zelte abgebaut hatten, folgten wir einer breiten Schlucht nach Süden, dann weiter einem ausgedehnten Tal, woraufhin wir wieder in die Berge gerieten. Wir überschritten diese und kamen in der Wüste wieder heraus – eine weite, stellenweise hügelige Fläche. Weiter nach Süden führte unser Weg in einem trockenen Flussbett, dass für eine Wüstengegend recht dicht mit Tamarisken und Saxaul bewachsen war. Wir trafen dort auf Spuren von Lehmhütten und Brunnen. Die Gegend trug den Namen Schigusa, chinesisch für ‹Waldschlucht›.[1] Es ist einer der schönsten Orte in der Wüste von Hami. Wir verweilten jedoch nicht, weil wir gestern einen ganzen Tag Pause eingelegt hatten und heute erst achtzehn Kilometer geritten waren. Acht Kilometer von Schigusa entfernt machten wir Rast in einer flachen, breiten Schlucht, die nach Südwesten abfiel und mit Tamariskenhügeln übersät war. Der Boden bestand aus salzhaltigem Lehm.

Für die Tiere gab es trockenes Schilf. Wir nahmen uns zwei Büchsen Sardinen, zwei Dosen Kondenskaffee, eine Dose Kondensmilch und ein Pfund Monpancé-Bonbons. Alle bekamen einen großen Becher mit Wodka und W. F. Ladygin und ich einen Schluck Benediktiner. So feierten wir den Beginn des Jahres 1894.

Wsewolod Roborowskij

Fröhlich aber waren wir nicht eben, da uns der Schneesturm bei unter −20 °C heftig zusetzte und durch Mark und Bein ging. Manchmal ließ er etwas nach, dann wurde es wärmer. Sogar die Sonne schaute heraus, und es erschienen bizarre Formen von Luftspiegelungen, die jeden Augenblick ihr Aussehen änderten – die Berggipfel erhoben sich wie Kolonnaden oder Schlösser, bald verbanden sich die Linien dort oben, und es wurden Tische, Dächer und Brücken daraus. All dies war ganz klar und deutlich zu sehen.

Seit Bugas[2] flog den ganzen Weg über ein Rabe mit uns; er war einer von denen, die sich uns bereits in Hun in der Nähe von Pichan [Shanshan] angeschlossen hatten.

Bevor die Dämmerung hereinbrach, schwächte sich der Wind ab, das Wetter klärte sich auf. Im weiteren Verlauf der Nacht sank die Temperatur bis auf −35,2 °C; in unserer Jurte erreichte das Thermometer −25,8 °C. Decke, Kissen, Bart, alles hatte der gefrierende Atem mit dichtem Reif bedeckt, es zog vom Kissen über den Hals zum Hemdkragen, der feucht wurde und einen beim Schlafen störte. Gegen Morgen lag auf dem Schnee und allen Sachen eine dicke Schicht Reif. Auch die Kamele und Pferde waren vollkommen mit Reif bedeckt und darum kaum wiederzuerkennen.

Drei Gehöfte, ein zerstörter Tempel

Grigorij Grum-Grshimajlo auf der Hauptstraße zwischen der Stadt Yandun und dem Gebirge Beishan im Südwestzipfel der Gobi, 1889

Am frühen Nachmittag machten wir uns von Yandun aus auf den Weg. Am linken Ufer des Flusses entlang und an den Wachposten vorbei, die auf einer Anhöhe stehen, erblickten wir die uferlose, leicht hügelige Ebene, aus der hier und dort tafelförmige Erhebungen emporragten, die aus denselben Schichten bestehen, die man im Flussbett des Yandun findet, nämlich aus rotem Lehm mit einer Beimischung von Kies und kleinen Steinen. Diese tafelartigen Erhebungen sind das natürliche Resultat der Arbeit der hier vorherrschenden östlichen Winde, die die feinen Ablagerungen nach Westen befördert haben und die größeren Steine am Ort ließen, wo sie jetzt hier und dort wie ein dichter Teppich zäh und rötlich schimmernd den Wüstenboden bedecken.

Gegen sechs Uhr abends kam ein nicht besonders starker, aber unangenehmer Gegenwind auf. Der Frost nahm zu, und die Finsternis verstärkte sich derart, dass wir kaum die weiterführende Wagenspur ausmachen konnten, die, wie mir schien, jetzt in der Schlucht weiterlief. Aber wo diese Schlucht begann, wo sie hinführte und schließlich endete, blieb unklar. Die Chinesen nennen die Station Kufi auch Sho-shui, das heißt «Totes Wasser». Hat diese Bezeichnung etwas mit dieser Schlucht zu tun, die vielleicht der tote Fluss sein könnte, der sein Wasser einst in das Flussbett des Yandun geleitet hat? Unser Führer wusste darauf keine Antwort. Er war auch nicht in der Stimmung dazu. In seiner leichten Kleidung war er ganz durchgefroren (gegen Mitternacht erreichte der Frost −16 Grad) und schaute erwartungsvoll nach vorn, als erwarte er, dass in der Dunkelheit sogleich die Mauern von Kufi auftauchen. Das hofften auch wir, und immer wieder hielten wir die Umrisse von Schneehöckern oder Salzablagerungen für Gebäude, obwohl uns klar war, dass das Ende der Reise noch nicht nahe sein konnte. Aber dieses Mal waren unsere Berechnungen falsch – die Entfernung zwischen Yandun und Kufi war fast fünf Kilometer geringer als angenommen. Die Chinesen geben für die Strecke 140 Li[1] an, Prshewalskij 52 Kilometer; aber nach unserer Berechnung waren es nur gut 47 Kilometer. Auf dem ganzen Weg gibt es nur eine Wasserstelle, und zwar 18 Kilometer hinter Yandun. Früher gab es dort auch ein Rasthaus, jetzt findet man nur noch Ruinen vor.

Kufi, auch Ku-shui genannt[2], ist eine kleine Oase, die halb mit von Nordosten herangewehtem Sand zugedeckt ist; der Grund besteht vorwiegend aus Salzboden, hin und wieder mit Riesenfedergras (*Stipa splendens* Trinius), Bocksdorn (*Lycium* L. sp.), Karambi-Sträuchern (*Nitraria schoberi* L.), Kameldorn (*Alhagi kirghisorum* Schrenk) und anderen Gräsern bedeckt, durch die flink Mongolenhäher (*Podoces hendersoni* Hume) huschen, fast die einzigen Bewohner dieser Einöde. Zwischen Yandun und Kufi sahen wir noch die Ohrenlerche (*Otocorys elwesi* Brandt) und sonst nur gewöhnliche Spatzen. Das Wasser hier ist salzig. Die Gehöfte, von denen es hier drei gibt, sind sehr ärmlich, klein und schmutzig. Die chinesische Verwaltung kümmert sich nicht ausreichend um die Gebäude in Kufi. Wir ließen uns in einer kleinen verrußten und schmutzigen Kammer mit lediglich zwei Öffnungen statt Tür und Fenster nieder. Außer diesen erbärmlichen Gebäuden befindet sich in Kufi ein kleiner Wachposten, in dem ein paar Soldaten stationiert sind, und ein zerstörter Tempel mit drei riesigen Götzenstatuen, denen die Köpfe und die Gliedmaßen fehlten; diese waren von aufständischen Dunganen abgeschlagen worden.

In Kufi verbrachten wir einen Tag, um die Koordinaten dieses wichtigen Punktes in der Wüste zu bestimmen. Am 16. Februar machten wir uns auf den weiteren Weg. Der Morgen war klar, aber kalt; ein mittelstarker Wind wehte aus NNW, der den Frost bei

Temperaturen um 8 Grad unter null deutlich fühlbar werden ließ. Aber schon bald ließ mich das ergreifende und interessante Bild, dass sich vor uns ausbreitete, alle Unbilden des Weges vergessen, und ich gab mich ganz der Untersuchung des schon von so vielen Europäern bereisten Landes hin, das sich in unserer Vorstellung so ganz anders ausgenommen hatte, als es dann in Wirklichkeit war. Die Rede ist vom Beishan, dessen nördliche Ausläufer 17 Kilometer südlich von Kufi unmittelbar in der Wüste enden.

Mit Thermometern und Gewehren

Nikolaj Prshewalskij auf dem Zug von Barkol in der südlichen Dsungarei in den Nanshan, Mai bis Juli 1879

Es ist Nacht. Die Karawane hat eine kleine Quelle in der Wüste erreicht. Nicht weit voneinander entfernt sind zwei Zelte aufgeschlagen. Zwischen ihnen liegt das aufgestapelte Gepäck; vor uns die Kamele und einige aneinander gebundene Schafe; nicht weit davon die Pferde. Die Hitze des Tages ist vorüber; alles atmet leichter, man hört das Schnauben der Pferde, das tiefe Atmen der Kamele, das gelegentliche Wälzen der müden Schläfer. In der hellen, trockenen Atmosphäre glänzen unzählige Sterne, die Milchstraße ergießt ihr phosphoreszierendes Licht; hier und da leuchtet eine Sternschnuppe auf und verschwindet spurlos am weiten Horizont. Ringsum die wilde, endlose Wüste. Kein Ton unterbricht die nächtliche Stille, kein lebendes Wesen zeigt sich in dieser grenzenlosen Weite.

Aber im Osten rötet sich der Himmel. Es beginnt der einförmige Alltag des Karawanenlebens. Der diensthabende Kosak erhebt sich; zuallererst stellt er das Thermometer auf; dann macht er Feuer und kocht den Tee. Bei der herrschenden Morgenkühle erwärmt uns der heiße Tee rasch. Unser Frühstück besteht aus Fleischresten oder übrig gebliebenen Fladen. Die Kosaken essen zu ihrem Tee Tsampa[1]; jeder weiß, dass er vor dem nächsten Biwak nichts mehr bekommt. Jetzt werden die Kamele aufgezäumt, die Küchengeräte eingepackt, die Zelte abgebrochen und in ihre Filzfutterale gesteckt. Ist alles verladen, so steigen wir auf unsere Pferde, die Kosaken löschen das Feuer, stecken ihre Pfeifen in Brand, sitzen auf, und die Karawane beginnt ihren Marsch.

Der Aufbruch findet gewöhnlich erst nach Sonnenaufgang statt. Der Tagesmarsch beträgt meistens gut 25 Kilometer. Wenn es keine besonderen Hindernisse gibt, marschiert man von einem Biwak zum nächsten sechs bis sieben Stunden. Jeder von uns führt ein kleines Notizbuch bei sich, in dem er alle tagsüber gemachten Messungen und Beobachtungen einträgt. Die unterwegs gesammelten Pflanzen fügen wir im Biwak sofort in unsere Sammlungen ein. Was das Jagen angeht, so beschränkten wir es auf besonders interessante Tiere und ließen uns nur selten zur Jagd auf Antilopen verleiten.

«Diese neu entdeckte Art lebt ausschließlich in den wildesten Gegenden der Dsungarenwüste» – das Przewalski-Pferd, abgebildet von seinem Entdecker

«Für China ist Hami der Schlüssel zu jenen gewaltigen Gebieten, die es mit Gewalt unter seine Oberherrschaft gebracht hat» – die Oasenstadt Hami, gezeichnet von Pawel Piassetsky

Gewöhnlich verlaufen die ersten zehn Kilometer ganz ruhig; erst in der zweiten Hälfte des Wegs, wenn sich Ermüdung einstellt und man von der größeren Hitze erschlafft oder von dem herannahenden Sturm benommen wird, verstummt das Gespräch, die Tiere schreiten apathisch ihres Wegs, und immer wieder wird der wortkarge Führer gefragt, wie weit es noch ist bis zum Lagerplatz.

Endlich, endlich zeigt sich dem müden Auge aus weiter Ferne die erwünschte Quelle, an der noch die Spuren des letzten mongolischen Lagers sichtbar sind. Die ganze Karawane eilt jetzt mit frischer Kraft voran. Die Kamele schreiten rascher aus, die Hunde stürzen sich mit freudigem Geheul auf das ersehnte Wasser; unsere Pferde fallen in Trab, und ich suche den Lagerplatz aus, den, der die wenigsten Steine und vielleicht etwas Gras für die Pferde hat. Dann werden die zwei Zelte aufgeschlagen, eins für uns, das andere für die Kosaken. Wir nehmen unsere Büchsen, Revolver, Geldkisten, Instrumente sowie alle Wertgegenstände mit hinein. Der diensthabende Kosak macht sich nun ans Teekochen. Als Brennmaterial wird trockener Mist verwendet, den die Mongolen Argal nennen. Den besten Argal liefert das Hornvieh. Kaum ist der Tee getrunken, geht jeder an seine Arbeit. Ein Kosak sammelt Argal, ein anderer bereitet das Mittagessen, wieder andere bringen gut bewaffnet die Kamele auf die Weide. Ich führe mein Tagebuch und übertrage alle Messungen auf ein sauberes Planchet, Roborowskij skizziert, Eklon und Kolomeizow präparieren die an diesem Tag gesammelten Vögel. Um ein Uhr mittags findet die dritte meteorologische Beobachtung statt, und dann wird womöglich ein wenig geruht. Endlich ist das Essen fertig. Es besteht immer aus Hammelsuppe mit Reis oder Hirse, nur selten aus anderen Hülsenfrüchten. War die Jagd erfolgreich, so erfreut uns ein Wildbraten. Wir hatten einen solchen Wolfshunger, das wir täglich ein ganzes Schaf verzehrten. Nach Tisch trinken wir nochmals Tee, und dann gehen wir entweder auf Jagd oder auf eine Exkursion. Stets sind wir vor Sonnenuntergang wieder da, und kaum wird es dunkel, zieht sich die ganze Karawane ins Biwak zurück. Nicht weit von den Zelten lagern die Pferde und Kamele, die Pferde an einzelne Stöcken, die Kamele aneinander gebunden. Unser Abendessen besteht aus Tee, Tsampa und etwaigen Fleischresten. Dann folgt noch einmal eine Temperaturaufnahme, wir plaudern ein wenig mit den Kosaken und ziehen uns mit einem Stearinlicht ins Zelt zurück. Während der Expedition durfte wöchentlich nur eine Kerze verbraucht werden. Noch einmal werden jetzt die gesammelten Notizen revidiert. Dann nimmt jeder zwei Decken und ein Lederkissen, und wir drei Gefährten legen uns in einer Reihe nebeneinander zur Ruhe.

Jede Nacht hat ein Kosak die Wache. In gefährlichen Gegenden wie in Tibet, am Kokonor und am Gelben Fluss mussten doppelte Wachen mit Ablösung gestellt werden. Während der ganzen Reise schliefen wir stets in unserer Kleidung. Kaum liegen wir, so verstummen Plaudern und Lachen, und nach kurzer Zeit hört man nur noch die Atemzüge der tief erschöpften Schläfer.

Nach Barkol wagten wir nicht zu gehen. Während des Dunganen-Aufstands[2] hatten die Insurgenten hier in entsetzlichster Weise gewütet. Die traurigen Denkmale dieses Krieges erstreckten sich in Gestalt von Trümmerhaufen bis nach Westchina. Alles, was zerstörbar war, wurde vernichtet. Wir sahen die 1731 von den Chinesen gegründete Stadt nur von weitem. Sie liegt am Fuß des Tianshan, ist sehr umfangreich und besteht aus zwei Stadtteilen, die durch eine hohe Mauer mit vielen Lücken getrennt sind. Der eine Teil ist Soldatenstadt, der andere Handelsstadt. Nachdem unsere Abgesandten in Barkol gewesen waren, erschien anderntags ein Führer mit sechs Soldaten, um uns nach Hami zu geleiten. Obwohl uns versichert wurde, dass uns diese Soldaten nur zu unserem Schutz mitgegeben wurden, hätten wir einen einzelnen Führer vorgezogen. Die Soldaten waren uns durch ihre Neugier und ihre zudringliche Bettelei eine große Last.

Am dritten Tag erreichten wir endlich die grünen Hänge des Tianshan. Das Gefühl des Entzückens, das uns erfasste, als wir die öde Ebene hinter uns hatten und uns plötzlich in dichtem Lärchenwald mit seinem aromatischen Duft und statt auf Salzboden auf einer grünen Wiese befanden, auf der uns die verschiedensten Blumen entgegenlachten und Vogelgezwitscher zu hören war – dies Gefühl ist nicht zu beschreiben. Leider blieben wir nur zwei Tage, da der Amban (Gouverneur) von Hami uns einen Boten mit einer Einladung entgegenschickte, der wir Folge leisten mussten. Wir benutzten die kurze Zeit zu Exkursionen und Jagdausflügen, sahen und fanden viel Interessantes und ritten nur zögernd in die Wüste von Hami. Die Südseite des Tianshan ist viel wilder, viel felsiger und daher viel vegetationsärmer als die Nordseite. Vom Scheitelpunkt bis hinab zum Beginn der Wüste sind es knapp 20 Kilometer. Die ersten sechs sind noch ziemlich reich an Wiesen; dann aber werden die Schluchten immer enger und felsiger. An Stelle des Tonbodens tritt grünlicher Schiefer und endlich grobkörniger Granit.

Der Gouverneur von Hami erwies sich, abgesehen von seiner

Habgier, dann als durchaus freundlich. Die Mahlzeit in seinem Landhaus, zu der er uns einlud, bestand aus sechzig Gängen. Bei der zweiten Einladung, bei der es nur vierzig Gänge gab, musste ich ihm erklären, wie wir schossen. Zu seinem Vergnügen veranstaltete ich bei seinem nächsten Besuch ein Schießen. Als er unsere treffsicheren Schüsse sah, sagte er lächelnd: «Bei einem Krieg mit Russland würden ja zwölf dieser Leute tausend von unseren Soldaten überwältigen.» Ich nahm dieses Kompliment freundlich an, versicherte aber, dass Russland nie Krieg mit China führen wolle. Als ich zum Schluss noch selber einige Vögel im Fluge schoss, kannte die Bewunderung der Chinesen keine Grenzen. Von da an ging mir der Ruf eines guten Schützen voraus und leistete mir auf dieser Reise sehr gute Dienste.

Hami ist die östlichste in der Kette von Oasen, die sich an der Nord- und Südflanke des Tianshan entlangziehen. Ein kleiner Fluss durchschneidet sie. Sie misst höchstens 12 bis 16 Kilometer von Osten nach Westen und etwas weniger von Norden nach Süden. Ihr Boden besteht aus Sand und Ton und ist sehr fruchtbar. Weizen, Hirse, Gerste, Hafer, Erbsen, Gartengemüse sowie Melonen gedeihen hier so vorzüglich, dass diese sogar bis an den kaiserlichen Hof in Peking verschickt werden. Bei dem letzten Dunganen-Aufstand wurden die alten Dörfer und Gärten verwüstet. Erst chinesische Einwanderer, die die zerstörten Bewässerungsgräben wieder herrichteten und die Äcker aufs neue bestellten, haben alles wiederaufgebaut. Dieser Aufstand hatte nicht nur für Hami, sondern für ganz Zentralasien furchtbare Folgen; ganze Stämme vernichteten sich gegenseitig. Für China ist Hami der Schlüssel zu jenen gewaltigen Gebieten, die es mit Gewalt unter seine Oberherrschaft gebracht hat. Die Stadt hat 10000 Einwohner – 1500 Chinesen, 2000 Dunganen und Tarantschen[3] und 4500 chinesische Soldaten. Sie besteht aus drei Teilen, dem dunganischen, dem alten und neuen chinesischen, die durch Mauern voneinander getrennt sind. Als wir in den Stadtteil der Tarantschen kamen, bemerkten wir über den Toren drei Käfige. In ihnen befanden sich die Köpfe dreier hingerichteter Verbrecher, darunter einer Frau. Man geht hier mit der Todesstrafe sehr locker um, und auf jede Weise versuchen die Chinesen, zum Verderben eines Tarantscha oder Moslems beizutragen.

Als wir die Oase Sazhou [Dunhuang] erreichten, brach ein entsetzlicher Sturm aus. Es wurden solche Massen von Sand und Kies aufgewirbelt, dass sich die Atmosphäre verdunkelte und trotz der Mittagsstunde in kurzer Zeit vollständige Dunkelheit herrschte. So groß war die Gewalt des Sturmes, dass sie die umstehenden Gesträuche und Halme ausriss und in die Luft wirbelte. Die Temperatur stand auf 35 Grad. Kaum wussten wir unsere Augen vor dem salzigen Staub zu schützen. Der Sturm währte die ganze Nacht. Am andern Morgen trat Regenwetter ein; sofort sank die Temperatur auf 14 Grad. Wir machten einen Rasttag.

Unser Lager schlugen wir sechs Kilometer vor der Stadt Sazhou auf, auf einer kleinen Wiese, die wir als Weideplatz für unsere Kamele benutzten. Wir mussten uns bei der Wahl unserer Lagerplätze den Ortschaften nämlich möglichst fern halten. Die dortige Bevölkerung ist ein unverschämtes, zudringliches Räubergesindel, dessen man sich kaum erwehren kann. Betraten wir ein Dorf oder eine Stadt, so kam alles, was Beine hatte, aus den Straßen, Häusern und Winkeln herbeigestürzt, um die «überseeischen Teufel» anzustarren, unsere Pferde zu besehen, ja zu betasten, uns selbst, unsere Waffen; sie schrien, spotteten, lachten, schimpften. Dazwischen waren Händler, die uns ihre Waren aufdrängen wollten. Meist atmeten wir erst wieder auf, wenn wir die Stadtmauern hinter uns gelassen und den Weg in unser Lager eingeschlagen hatten.

Unsere Eskorte begleitete uns von Sazhou bis zum Fluss Dang He und erklärte dort, den weiteren Weg nicht zu kennen. Das war offensichtlich eine grobe Lüge, die uns davon abbringen sollte, weiter in den Nanshan zu ziehen. Es blieb uns nichts übrig, als

«Es wurden solche Massen von Sand und Kies aufgewirbelt, dass sich die Atmosphäre verdunkelte und trotz der Mittagsstunde in kurzer Zeit vollständige Dunkelheit herrschte» – der Schwarze Buran, ein Staub- und Sandsturm in der Wüste bei Hami, skizziert von Wsewolod Roborowskij

sämtliche Chinesen zu entlassen und uns den Weg selber zu suchen – eine schwere Aufgabe. Wir hielten uns möglichst in der Nähe des Dang He, mussten ihn einmal durchschreiten und kamen nach großen Mühen endlich an die Stelle, wo er das Gebirge verlässt. Auf der einen Seite die triste Ebene mit ihren Sandhügeln, auf der anderen Seite die Gebirgskette des Nanshan. Nach einigen Tagesmärschen gelangten wir an den Kuku-ussu, einen Nebenfluss des Dang He, an dessen Ufern wir ganz unerwartet eine Wiese mit einer herrlichen Quelle fanden. Wir badeten in dem kristallklaren Fluss, unsere Kamele und Pferde schwelgten in dem herrlichsten Futter; dabei wurden wir nicht von Chinesen und Mongolen und unsere Tiere nicht von Mücken und Bremsen gequält. Uns störte nur, dass die große Sterilität der umliegenden Berge unsere Hoffnung auf reiche wissenschaftliche Beute zunichte machte.

Plötzlich war einer unserer tüchtigsten Leute verschwunden, der Unteroffizier Jegorow. Das geschah folgendermaßen. Der Kosak

Kalmynin war bei einem Ritt in die Berge des Nanshan einem Yak begegnet, hatte viermal geschossen und auch getroffen, ihn dann aber nicht weiter verfolgt, weil es schon spät am Tage war. Am Tag darauf, dem 30. Juli, schickte ich dem Yak vorsichtshalber zwei Leute nach, Kalmynin und Jegorow. Wir waren sicher, dass das Tier in der Nähe verendet war. Die beiden nahmen Kamele, um Fleisch und Fell des Yaks darauf zu verladen, und ritten acht Kilometer weit; dann stiegen sie ab, ließen ihre Kamele in einer Schlucht zurück und gingen zu Fuß weiter. Sie hatten die Spur bald gefunden. Sie folgten ihr, stießen auf eine Herde Bergschafe, schossen auf sie, und da Kalmynin eins der Schafe verwundet glaubte, folgte er dessen Spur, während Jegorow die Suche nach dem Yak fortsetzte. Kalmynin erreichte die Schafe nicht, erlegte aber einen Kulan und versuchte sich Jegorow durch Schreien und Schießen bemerkbar zu machen. Es kam keine Antwort. Die Sonne stand schon tief, und da er glaubte, Jegorow sei bereits umgekehrt, ging Kalmynin in die Schlucht zurück, wo die Kamele standen. Er wartete dort auf Jegorow vergebens und ritt in der Annahme, dass dieser schon zu Fuß zurückgekehrt sei, gegen zehn Uhr mit allen Kamelen in das Lager zurück.

Wir kannten Jegorow als tüchtigen Jäger und hatten keine Angst um ihn. Als er aber auch am andern Morgen nicht erschien, begannen wir uns Sorgen zu machen, aber nur weil er bei der herrschenden Kälte die Nacht ohne Feuer in einem Wollhemd hatte zubringen müssen (seinen Rock hatte er bei den Kamelen gelassen). Langsam wurde uns die Sache aber unheimlich, und Eklon, Kolomeizow und drei Kosaken zogen los, ihn zu suchen. Am Eingang der Schlucht, wo gestern die Kamele zurückgelassen worden waren, teilten sie sich; die einen suchten die Umgebung der Schlucht ab, die anderen folgten der Fährte des verwundeten Yaks. Gegen Abend kam Kolomeizow mit einem Kosaken ins Lager zurück und berichtete, Eklon sei mit den beiden anderen im Gebirge geblieben. Zwei Kilometer von der Schlucht hätten sie den verendeten Yak gefunden, sowie auch Fußspuren, die sich jedoch verloren. Wahrscheinlich hatte sich Jegorow in einer der vielen Schluchten verirrt, die teils ins Gebirge, teils in die Ebene führten. Alles Rufen, alles Schießen war umsonst. Am nächsten Morgen kam Eklon mit den Kosaken niedergeschlagen zurück. Sie hatten jede Spur verloren.

Sofort machte ich mich mit sechs Kosaken auf die Suche nach dem Unglücklichen, der ohne Feuer, ohne Nahrung, in leichter Kleidung im Gebirge umherirrte. Wir ritten zwölf Kilometer südostwärts und trafen auf Mongolen, die aus dem Qaidam kamen und eine Herde Schafe nach Sazhou trieben. Unsere Fragen, ob sie etwas von unserem armen Gefährten gesehen hatten, verneinten sie, doch erzählten sie uns, dass sich in der Syrtyn-Ebene, gut 25 Kilometer entfernt, ein mongolisches Lager befinde. Diese Nachricht gab uns neuen Mut. Es stand zu hoffen, dass Jegorow mongolische Hirten getroffen und mit ihnen in ihr Lager gegangen war. Alle weiteren Nachforschungen, die wir im Gebirge bis an die Schneegrenze anstellten, waren vergeblich. Trotz der frühen Jahreszeit wurde es schon Herbst. Die Nächte waren recht kalt, und am Tage erhob sich meist heftiger Sturm. Am 4. August begegneten einige Kosaken auf der Suche nach dem Verlorenen Mongolen, die zu jenem Lager gehörten. Sie wussten nichts von unserem armen Jegorow. Tiefer Schmerz bemächtigte sich unser. Hoffnungslos war alles weitere Suchen, zwecklos ein längeres Verweilen; so brachen wir unser Lager ab und zogen tieftraurig unseren Weg weiter den Bergen entlang. Nach 25 Kilometern rasteten wir an einer Quelle und ritten gerade weiter, als der Kosak Irnitschinow mit seinem Falkenauge bemerkte, dass sich rechts von unserem Weg auf einem Abhang etwas bewegte. Wir stellten unsere Fernrohre – richtig, es war ein Mensch. Mit klopfendem Herzen hielten wir an. Eklon und ein Kosak schwenkten ab, und nach einer halben Stunde brachten sie den vermissten, den tot geglaubten Gefährten in unseren Kreis zurück. Wir schämten uns unserer Freudentränen nicht.

Aber wie sah der Unglückliche aus! Er schwankte auf den Füßen.

«Meist atmeten wir erst wieder auf, wenn wir die Stadtmauern hinter uns gelassen und den Weg in unser Lager eingeschlagen hatten» – die Oasenstadt Sazhou (heute Dunhuang), skizziert von Wsewolod Roborowskij

Das Haar hing ihm wild um den Kopf. Die Augen stierten und waren stark entzündet. Lippen und Gesicht wie verbrannt. Sein Hemd in Fetzen, seine Hose desgleichen; um die Füße waren Felle gebunden. Wir flößten ihm Branntwein ein, kleideten ihn an, setzten ihn auf ein Kamel und zogen weiter. Endlich erreichten wir eine Quelle; rasch wurden die Zelte aufgeschlagen, der hilflose Jegorow auf Decken gelegt, ihm Tee und Suppe in kleinen Portionen eingeflößt; dann wuschen wir ihm den Körper mit warmem Wasser und rieben die Füße mit Arnika ein. Er ließ alles mit sich geschehen, schlief ein, und als er wieder zu sich kam, erzählte er uns, wie es ihm ergangen war.

Als er am 30. Juli dem verwundeten Yak folgte, hatte er noch einmal auf das Tier geschossen. Es war durch etliche Schluchten geflohen, Jegorow ihm nach, und als er ihn endlich erreichte, brach die Dämmerung herein, und Jegorow hatte die Richtung verloren. Die Nacht war sehr kalt. Als er am andern Morgen seinen Weg suchte, geriet er in immer größere Wildnis. Verzweifelt irrte er umher. Er nährte sich von Blättern von wildem Rhabarber und von Wasser. Dazu die heftigen Stürme. Er schoss einen Hasen und wickelte sich dessen Fell um die Füße. Feuer hatte er nicht; so musste er sich entschließen, kleine Stücke rohes Fleisch zu essen. Er fühlte, dass es so nicht mehr lange gehen konnte, und beschloss, sich bis zur nächsten Quelle zu schleppen und dort sein Ende zu erwarten. Da war unsere Karawane erschienen. Welch ein Glück, dass wir nicht früher und nicht später aufgebrochen waren. Jetzt mussten wir zwei Tage Rast machen. Arnika, Ruhe und Nahrung stellten ihn so weit her, dass er sich wieder auf dem Kamel halten konnte. Dann zogen wir weiter.

Per Fahrrad durch die Gobi

Thomas Allen und William Sachtleben auf dem Rad von Hami, heute Provinz Xinjiang, nach Jiayuguan, Provinz Gansu, 1892

Es wurde schon dunkel, als wir am 10. August den Weiler Hunglugang am Rande der Oase von Hami erreichten. Vor uns dehnte sich die große Gobi in all ihrer Einsamkeit wie ein ungeheurer Ozean. Die zunehmende Dunkelheit warf ihren Mantel über den Anblick und überließ es der Phantasie, sich den Albtraum unserer Knabentage auszumalen. Wir schienen sozusagen am Ende der Welt angekommen und ins Nichts hinauszublicken. Böse Ahnungen bedrückten uns, als wir an das mehr als sechshundert Kilometer lange Wegstück durch die Wüste bis zur Chinesischen Mauer dachten. Mit einem Start am frühen Morgen machten wir uns jedoch sofort an die 140 Kilometer über den Sand der Taklamakan. Sie waren das schlimmste Stück, denn hinter der Karawanserei von Kushui [Sitian] würden wir auf die westlichste Auswölbung der Grenze des mongolisch geprägten Gansu treffen. Dieser enge Korridor, der jetzt zu unserer Linken zwischen Hami und dem Nanshan lag, ist hinsichtlich Oberflächenbeschaffenheit, Boden und Klima von beträchtlicher Vielgestaltigkeit. Seine «wüsten» Abschnitte sind nicht mit der Einsamkeit des Tarim-Beckens noch mit dem «schwarzen» und dem «roten» Sand Innerasiens zu vergleichen.

Wasser findet sich überall nahe der Oberfläche, und in den Mulden sprudeln Quellen, die oft von Oasen umgeben sind. Überall sind die Kies- und Schotterflächen des Bodens für Pferde und Wagen passierbar.

Dieser vergleichsweise minder wüste Korridor, der die Gobi in zwei große Teile zertrennt, ist seit seiner Eroberung vor zweitausend Jahren für China von größter Wichtigkeit gewesen, denn er war der einzige begehbare Weg in die westlichen Provinzen und das noch wichtigere Verbindungsstück im Zuge der einzigen großen Landstraße quer durch das ganze Reich. Der ständige Verkehr sommers wie winters unterhält eine regelmäßige Kette von Karawansereien. Aber jetzt befanden wir uns auf einem Stück der wirklichen Gobi, das heißt der «Sandwüste» der Mongolen oder des «Shamo», des Sandmeers der Chinesen. Allüberall bot sich das gleiche Bild: wellige Flächen aus rötlichem Treibsand, dazwischen Quarzkiesel, Agat, Karneol, hier und da aufgelockert von Flecken mit drahtigen Sträuchern, die in den Wüstenstationen als Brennmaterial dienen, oder Hügelketten, die aufeinander folgen wie Wogen an der Oberfläche der uferlosen Tiefe. Mehr als die natürliche Kahlheit des Bodens verhindert der Wind das Wachstum jeglicher Vegetation, außer einigem niedrigen, biegsamen Wildkraut. Verwelkte Pflanzen werden ausgerissen und vom Sturm wie Schaumflecken auf dem Meer umhergetrieben. Diese schrecklichen Winde, die wir natürlich gegen uns hatten, machten uns im Verein mit den tiefen Wagenspuren das Radfahren gewöhnlich unmöglich. Die einzige Abwechslung in der Monotonie vieler Stunden müden Schiebens waren die Knochen eines zurückgelassenen Lasttiers oder der gelegentliche Zug chinesischer Lastgefährte, zweirädriger Karren, die mit Waren beladen waren und von fünf bis sechs Pferden oder Maultieren gezogen wurden. Schon aus mehreren Kilometern Entfernung sahen sie uns kommen und reckten bei der Annäherung neugierig den Hals. Die Maultiere an der Spitze musterten misstrauisch unsere seltsam aussehenden Fahrzeuge, ruckten dann taumelnd auf ihrem sechs Meter breiten Weg voran und zogen dabei die schwer beladenen Wagen aus ihrer tief eingekerbten Spur. Doch die Wagenlenker waren mit ihren Augen zu beschäftigt, um solche Abweichung zu bemerken. Perplex folgten sie uns weiter mit den Blicken, bis wir am gegenüberliegenden Horizont wieder verschwunden waren. Auch begegneten wir manchmal einem Trupp von Auswanderern oder Verbannten, die unterwegs waren zu den fruchtbaren Gegenden an den nördlichen und südlichen Hängen des Tianshan. Von diesen Menschen wird sogar das ferne Ili-Tal bevölkert. Da sie zu Fuß unterwegs waren und ihre schweren Lasten an biegsamen Schulterstangen balancierten, schafften diese armen Kerle jeden Tag nur eine Station oder zwanzig bis dreißig Kilometer. Angesichts ihrer Geduld und Ausdauer schämten wir uns, auch nur an unsere eigenen Nöte zu denken.

Die Karawansereien in der Wüste waren nichts als Ansammlungen von Lehmhütten neben einem Brackwassertümpel. Hier blieben die meisten Karawanen tagsüber, um nachts zu reisen. Ein Speiselokal oder dergleichen gab es nicht; jeder musste in der öffentlichen Küche der Karawanserei sein eigenes Essen kochen. Auch wir mussten wie jeder ehrbare Reisende unseren eigenen Proviant mitbringen, den wir in den umliegenden Basaren eingekauft hatten, den Herd und die Küchenutensilien in Besitz nehmen und eine amerikanische Mahlzeit improvisieren, während uns hundert oder mehr Augen mit ungläubiger Verwunderung zusahen. Hier in der Wüste gab es nichts als grobes Mehl zu kaufen. Wenn man fragte, ob es wohl ein Ei oder ein wenig Gemüse gebe, riefen sie «Mei-you» («gibt es nicht») in einem so vorwurfsvollen Ton, als wollten sie sagen: «Meine Güte, was erwartet ihr denn in der Gobi?» Wir mussten mit unserem eigenem Tee vorlieb nehmen, den wir in einem Eisentopf bereiteten, welcher auf den Lehmherd passte; dazu gab es eine Art gesüßtes Brot, das wir mit unserem aus Hami mitgebrachten Zuckervorrat machten. Wir nannten es «Gobikuchen», obwohl es stark nach Brackwasser und dem Knoblauch schmeckte, mit dem vorher in dem einzigen gemeinsamen Topf gekocht worden war. Meist nahmen wir uns einen größeren Vorrat für den Tag danach oder als Mitternachtsmahlzeit für den halbverhungerten Hund der Karawanserei mit. Die Zeit zwischen dem Abendessen und dem Zubettgehen wurde immer damit zugebracht, im schwachen Flackerlicht einer primitiven Ölfunzel Notizen zu machen.

Eine Beschreibung des Reisens in China wäre unvollständig, wenn das Ungeziefer unerwähnt bliebe, das nicht nur die Gasthäuser und Wohngebäude, sondern auch die Angehörigen der Unterschichten befällt. Läuse und Flöhe scheinen die Conditio sine qua non des Lebens in China zu sein, und für manch einen stellt das Kratzen seine einzige Körperbetätigung dar. Wir haben Ladenbesitzer an sonnigen Tagen vor ihren Türen gesehen, wie sie diese lästigen Lebewesen aus ihrer Unterbekleidung klaubten. Anscheinend sind sie eines der notwendigen Übel, und es wird kein Geheimnis um sie gemacht. Die Schlaf-Kang der chinesischen Gasthäuser, die aus Stampferde bestehen und im Winter wie Öfen beheizt werden, beherbergen das ganze Jahr über dieses Ungeziefer, von den dreckigen Decken und schmierigen Kissen ganz zu schweigen, die man uns manchmal anbot. Hätten wir nicht unsere eigenen Schlafsäcke gehabt und den Kamera- und Proviantbeutel sowie unsere Mäntel als Kissen benutzt, wäre unser Leben unerträglich gewesen. Auch so ließ es den Müden nur wenig Ruhe.

Die längste Strecke zwischen zwei Stationen betrug fast fünfzig Kilometer. Es war das einzige Mal, dass wir Durst litten. Die Gobi liegt nicht nur etwa 1300 Meter hoch, wir hatten meist auch wolkiges Wetter und in Gansu sogar einen heftigen Gewitterregen. Diese gelegentlichen Sommerregen bilden hier und da kurzlebige Weiher und Seen, die schnell verdunstet sind und nichts als eine Salzablagerung zurücklassen. An anderen Stellen ist der Boden von den plötzlichen Bächen gefurcht, die an den Hängen der gelegentlichen Hügel und Berge hinabstürzen. Diese ausgetrockneten Fluss-

«Einmal begegnete er im toten Herzen der Wüste Gobi zwei Radfahrern mit chinesischen Sandalen und runden Filzhüten, die er zunächst für Trugbilder hielt, die sich jedoch als die Amerikaner Sachtleben und Allen entpuppten, welche zum Vergnügen quer durch ganz Asien radelten» – Tom Allen und Bill Sachtleben in Peking, am Ziel ihrer Tour

betten bildeten die einzigen durchgehend festen Oberflächen, die wir in der Gobi fanden. Trotzdem landeten wir auch hier gelegentlich in einem tiefen Schlagloch, während der Sand über unsere Köpfe hinwegwehte.

Unser Aneroidbarometer zeigte über 2100 Meter an, als wir in der Abenddämmerung die höchste Hügelkette unserer Wüstenreise erreichten. Doch statt vor der Karawanserei, die wir erwartet hatten, befanden wir uns vor einem alten mongolischen Kloster. Wie wir schon festgestellt hatten, lagen solche Einrichtungen meist wie diese hier oben auf einem schwierigen Bergpass oder am Ausgang einer tiefen Schlucht, wo die frommen Beter ihr Bestes geben konnten, den Zorn der Naturgewalten zu besänftigen. Zweifellos ging der Lama gerade dieser Beschäftigung nach, als wir in seine schwach erleuchtete Stube traten, aber er ließ sich in seinen religiösen Pflichten nicht stören. Die Augen auf einen Punkt gerichtet, sprach er die stereotypen Gebete und befingerte eine Perlenkette in seinem Schoß mit einer Geschwindigkeit, dass uns davon ganz schwindelig wurde. Wir standen unbemerkt da, bis er fertig war. Dann lud er uns auf der Stelle zu einer Tasse Tee ein und wies uns zu unserem noch fünf Li entfernten Ziel. Diesem schlepppten wir uns also durch die zunehmende Dunkelheit und die immer kühler werdende Luft entgegen, denn was die Temperaturen anlangt, ist die Gobi Sibirien und Indien zugleich, mit nur ein paar Stunden dazwischen.

Die ständige Ernährung mit Brot und Tee im Verein mit der körperlichen Anstrengung und der seelischen Anspannung zehrte an unseren Kräften. Einer von uns wurde von dem Brackwasser so krank, dass er keine Nahrung bei sich behalten konnte. Als wir am Abend des 15. August bei der Karawanserei von Bei-dun-sa [Baidunzi] Halt machten, setzte ein hohes Fieber ein, und er musste sofort ins Bett. Der andere bemühte sich, die unheilvollen Symptome mit Hilfe unseres kleinen Medikamentenbestandes zu vertreiben. In seiner Besorgnis machte er jedoch einen schlimmen Fehler. Statt Antipyrin flößte er giftiges Zinksulfat ein, das wir bei uns hatten, um unsere Augen zu schützen, wenn sie von dem alkalischen Staub entzündet waren. Wir sahen uns entsetzt an, als wir das Papier vom Boden aufhoben und den Aufdruck lasen. Glücklicherweise war es eine Überdosis, und das sogleich einsetzende Erbrechen erleichterte den Patienten wie den ängstlichen Arzt. Aber wir wussten nicht, was wir tun sollten. Der Kranke schlug vor, sein Begleiter solle ohne ihn weiterfahren und wenn möglich medizinische Hilfe oder richtige Nahrung schicken. Aber der wollte nicht. Auch war die nächste Stadt, Ngan-si-tshou [Yuanquan/Anxi], nur noch eine Tagesreise entfernt. Wir entschlossen uns zu einem weiteren Versuch. Doch am nächsten Morgen fegte uns ein heftiger Orkan aus Südost Sand ins Gesicht und blies den Kranken auf seinem Rad fast um. Von Durst ausgedorrt, unsäglich müde und aufgeheizt vom Fieber wie von der sengenden Tageshitze, erreichten wir endlich das Ufer des Shule He. Begierig stürzten wir uns in sein träges Wasser und wateten hindurch bis unter die Mauern von Anxi.

Anxi ist während der Dunganen-Aufstände fast vollständig zerstört worden. Jetzt ist von dem Ort wenig mehr übrig als Schutthalden, verwüstete Tempel und verstreute Bruchstücke von Götterbildern. Die verwahrlosten Gärten halten den vordringenden Sand nicht mehr auf, der stellenweise über die Stadtmauer treibt. Wir waren so schwach, dass wir durch das verlassene Stadttor förmlich wankten; dann wandten wir uns zu dem elenden Basar. Das einzige Fleisch, das wir auftreiben konnten, war Schweinefleisch, dieser Streitgegenstand zwischen Moslems und Konfuzianern. Der dunganische Restaurantbesitzer wollte es nicht kochen und ließ sich nur mit viel Überredungskunst bewegen, es draußen zubereiten zu lassen, um dann unter seinem Dach gegessen zu werden. Mit besserem Wasser und nahrhafterem Essen erholten wir uns jedoch von jetzt an. Vor uns aber fegte noch ein starker Gegenwind über die vielen Wüstenstrecken, die zwischen den Oasen entlang des Shule He lagen, und durch die langen Fußmärsche waren

«Die einzige Abwechslung in der Monotonie vieler Stunden müden Schiebens waren die Knochen eines zurückgelassenen Lasttiers» – Radfahrer in der Gobi

unsere Sandalen und Socken fast aufgebraucht. Aus diesem Grund kamen wir einen Abend später als geplant in der Stadt Dyu-minshan [Yumen] an. In der einsamen Stille der Abenddämmerung näherte sich über die kahle Ebene ein Reiter, der eine gewaltige chinesische Laterne in der Hand hielt und laut sang, wie die Chinesen es tun, wenn sie die bösen Geister der Nacht vertreiben wollen. Er erschrak bei unserem plötzlichen Auftauchen, stieg hastig ab und leuchtete uns mit seiner Laterne an. «Seid ihr die beiden Amerikaner?», fragte er aufgeregt. Eine überraschende Frage. Da draußen in der Wüste kannte und erwartete uns ja niemand. Darauf erklärte er, dass er vom Mandarin von Yumen den Auftrag erhalten habe, uns entgegenzureiten und dann in die Stadt zu geleiten. In diesem Zusammenhang nannte er den Namen Ling Darin, den wir seit Ürümqi immer wieder fast ehrfurchtsvoll hatten aussprechen hören. Wer dieser war, hatten wir nicht herausfinden können, außer dass es ein einflussreicher Mandarin in der Stadt Suzhou [Jiayuguan] war, die jetzt nur noch eine Tagesreise entfernt lag.

An dem gleichen vierzigsten Breitengrad, an dem unsere Reise durch Asien begann und endete, stießen wir nunmehr an ihrem äußersten westlichen Ende auf die Chinesische Mauer. Das «Jiayuguan» oder «Jadetor», das hier eine Bresche in sie schlug[1], verdankte seinen Namen dem Umstand, das es einst in das Land Hotan führte, aus dem chinesische Kaufleute das wertvolle Mineral herbeischafften. In vielen westlichen Bezirken entlang der Grenze zur Gobi ist die Mauer wenig mehr als ein knapp fünf Meter hoher Lehmwall oder auch vollständig verschwunden. An dieser Stelle waren Mauer und Tor vor kurzem instand gesetzt worden. Vor uns zog sie sich in pittoresken Windungen auf und ab hin zu den Schneegebirgen Tibets. In der Ebene unter uns lag die Stadt Suzhou, der Endpunkt der chinesischen Telegraphenlinie, wo wir wieder in elektrische Verbindung mit der zivilisierten Welt treten konnten. Doch zwischen uns und unserem Ziel lag noch der nach einem Wolkenbruch angeschwollene Fluss Ecin-gol [Beida He].

Wir schickten uns gerade an, ihn mit dem Gepäck und unseren Rädern auf den Schultern zu durchwaten, als wir in der Ferne eine Gestalt bemerkten, die wie ein berittener chinesischer Mandarin aussah. Hinter ihm führte ein Diener zwei reich geschmückte reiterlose Pferde. Als sie uns sahen, kamen sie rasch herbei und erreichten das gegenüberliegende Ufer genau in dem Augenblick, als wir in der Mitte des Flusses angekommen waren. Der Anführer erhob sich in den Steigbügeln, winkte mit dem Hut und rief in deutlichem, wenn auch gebrochenem Englisch: «Gut, Gentlemen, Sie sind endlich am Ziel!» Er trug die normale Kleidung eines Mandarin, hatte jedoch helle Haut, und an seinem kahl geschorenen Kopf hing anstatt eines schwarzen Zopfes ein kastanienbrauner. Er schüttelte uns herzlich die Hand, als wir triefend aus dem Wasser stiegen, und sein gütiges Gesicht strahlte geradezu vor Freude. «Ich fürchtete schon, Sie könnten krank werden, seitdem ich weiß, dass Sie sich auf die Tour durch China gemacht haben. Besteigen Sie Ihre Ponys, und dann reiten wir gemeinsam in die Stadt.»

Es dauerte einige Zeit, bis uns aufging, dass dies tatsächlich der geheimnisvolle Ling Darin war, über den wir so viel gehört hatten. «Ja», sagte er, «so nennt man mich hier, aber mein wirklicher Name ist Paul Splingaert.» Und er erzählte uns, dass er von Geburt Belgier war, als Begleiter des Freiherrn von Richthofen China kreuz und quer bereist habe und mit dem Land dabei so vertraut geworden sei, dass die chinesische Regierung ihm bei seiner Rückkehr an die Küste mit der Stelle eines Zoll-Mandarin in Suzhou betraut habe, die gerade geschaffen worden war, um Zoll auf die durch die Nordwestprovinzen eingeführten russischen Waren zu erheben. Er kleide sich wie ein Chinese und lebe wie einer und habe vor vielen Jahren auch eine junge chinesische Frau geheiratet, die in den katholischen Schulen von Tianjin erzogen worden war. Seine romantische Geschichte fesselte uns so sehr, dass wir kaum die Menschenmenge bemerkten, die die Straßen zu Ling Darins

Palast säumte, bis uns ein Kanonenschuss in die Gegenwart zurückholte. An dem Lächeln auf dem gutmütigen Gesicht neben uns sahen wir auf der Stelle, wer für diesen Empfang verantwortlich war. Eine Schar von Dienern riss die Palastpforten auf, und in unseren Lumpen rollten wir aus den Beschwernissen der ungastlichen Wüste im Nu in den Schoß des Luxus.

Meer aus Sand

Pjotr Koslow in der Gobi, vom Gurvan Saykhan-Gebirge in der Südmongolei zur Sandwüste Badain Jaran, um den Jahreswechsel 1888/89

Über einen Monat lang zogen wir durch diesen Teil der Gobi und legten täglich im Durchschnitt etwa 20 Kilometer zurück, mit Ausnahme der Rasttage, die wir etwa einmal die Woche einlegten.

Jeden Tag standen wir vor Sonnenaufgang auf und machten uns, sobald es hell wurde, auf den Weg in Richtung Süden. Auf dem Sand- und Kiesboden kamen die Kamele ziemlich rasch voran, besonders morgens, während wir in unserer Pelzkleidung noch mit dem Frost zu kämpfen hatten. Irgendwann hatte die Sonne zwar den ihr zugewandten Teil des Körpers genügend durchgewärmt, aber der im Schatten liegende war noch gehörig kalt.

Bald treffen wir auf Hügel, bald auf große oder kleine Berge, die einzeln oder in Gruppen stehen; wir fixieren einen Berg am nördlichen Horizont, alle anderen entschwinden nach und nach aus unserem Blickfeld. Und während wir auf dem Kamel hin und her schwanken, folgen wir aufmerksam ihrem Auftauchen und Verschwinden. Unterdessen verlangsamen die Kamele den Schritt, die Schwächeren unter ihnen ziehen bereits an der Leine, alle atmen schwer; die Hunde sind ebenfalls friedlich, sie laufen ruhig und mit gesenktem Kopf; nur noch selten sind Stimmen zu hören. Endlich

Pjotr Koslow

deutet der Anführer mit Bestimmtheit auf einen Hügel, einen Berg oder ein Tamariskendickicht, wo die Karawane ihr Nachtlager aufschlagen soll. Unwillkürlich beginnt man, das Reittier zu drängen und anzutreiben, um das Lager schneller zu erreichen. Der kurze Wintertag hat die Mittagszeit längst überschritten. Noch eine Stunde, und dieser Winkel der Wüste wird zu Leben erwachen: Grauer Rauch wird wie eine Wolke über dem Lagerfeuer aufsteigen. Um die zwei bis drei Jurten werden Karawanentiere weiden, ab und zu wird man einen Schuss oder Hundegebell hören, mit einem Wort, man spürt das Leben.

Aber sobald die Sonne ihren täglichen Lauf beendet und hinter dem Horizont verschwindet, ist im Westen ein flammender Sonnenuntergang zu sehen, wie es ihn nur in der Wüste gibt. Er wirft seine zartvioletten Lichtstrahlen auf die umliegenden Berge und verschwindet mit zunehmender Dämmerung. Die täglichen Aktivitäten finden ein Ende, das Zeltlager schläft bald ein. Und so geht es Tag für Tag.

Am Morgen nach dem 4. Dezember, zur Zeit einer partiellen Mondfinsternis, machten wir uns auf den Weg. Im Tempel schlugen die Lamas aus Anlass der Mondfinsternis verstärkt die Schellentrommeln und bliesen auf Muscheln, um Bestien zu vertreiben, die den Mond verschlucken wollen. Auf die Mongolen, die uns begleitet hatten, machte dieses Ereignis allerdings keinen so großen Eindruck. Sie beschränkten sich auf ein wenig Geschrei. Denn nach Ansicht der Mongolen besteht kein Anlass zu der Befürchtung, der Mond könne vollständig verschwinden, da das Tier «Archa», das für die Mondfinsternis verantwortlich ist, keinen Rumpf hat, sondern nur aus einem Kopf besteht, sodass der verschluckte Mond auf jeden Fall wieder am Himmel erscheint. Bald nachdem wir den Tempel verlassen hatten, erreichte die Expedition ein Tal, in dessen Mitte sich ein Flussarm mit halbmondförmigen Sanddünen entlangzog. Im Süden wird es durch das Gebirge Zöölön Uul begrenzt. Verfolgt man hier am frühen Morgen, wie sich der Horizont durch einen rosagoldenen Sonnenaufgang rötet, die Sterne noch funkeln und wie zur selben Zeit die abgeschattete Seite noch sehr dunkel ist, dann erscheinen die figurativen Felsen und ihre Vorsprünge dem Betrachter wie phantastische Gebäude: Schlösser, Türme, Balkone, gigantische Treppen mit allen möglichen Statuen bis hin zu menschlichen Figuren. Die farbenprächtigen Sonnenauf- und -untergänge sowie die klare Atmosphäre nehmen sich in der Wüste besonders faszinierend aus.

In der Gobi verbrachten wir noch über zwei Wochen im Gebiet der Wüste Badain Jaran mit ihren Sandflächen, die im Großen und Ganzen still, monoton, leblos sind. Tagelang streift man durch ein unendliches Sandmeer: Vor dem Auge des müden Wanderers erhebt sich Düne auf Düne; sie wirken wie gigantische Wellen und lassen nur kurze gelbe Horizonte erkennen. Selbst wenn man auf die höchsten Erhebungen steigt, sieht man nichts – überall nur Sand, Sand und Sand. Auch Tiere sind nirgends zu hören oder zu sehen; zu hören ist nur das schwere, beschleunigte Atmen der Kamele und das Scharren ihrer breiten Füße. Wie eine hübsche, riesige Schlange belebt die Kamelkarawane die Wüste, bald auf den Kamm einer Düne hinaufsteigend, bald zwischen die Gesimse der

Abhänge eintauchend. In diesem ganzen wüsten Raum trafen wir niemanden. Wege oder Pfade waren auch nicht zu sehen; es schien, als seien wir von jeglichem Anzeichen menschlicher Existenz abgeschnitten.

Bei starkem Wind belebt sich das Sandmeer, wenn Sand vom Grat der Dünen geweht wird. Dann sehen sie aus wie kleine rauchende Vulkane oder als verdunstete an einem klaren, frostigen Morgen der nächtliche Raureif und bildete dabei dünne Rauchschwaden, die malerisch über die Dünenhänge ziehen.

Besonders beschwerlich waren die nahe dem See Kuku-burdu gelegenen Dünen, die bis zu neunzig Meter hoch und besonders steil waren. Um diese Dünen zu bezwingen, mussten wir geradezu gegen sie ankämpfen. Wir gingen mit einigen Leuten voraus und hinterließen eine breite Spur, auf der die Kamele nur unter großen Anstrengungen hinaufgelangten. Niemals werde ich eine Düne vergessen, für deren Besteigung wir drei Stunden brauchten und die wir regelrecht im Sturm nahmen, jedes vorhandene Schanzgerät nutzend.

Das Wetter blieb typisch für die Gobi: tagsüber in der Sonne warm, nachts sehr kalt. Wie vorher war die Atmosphäre außerordentlich klar. Am Heiligabend war der Tag schön, der Abend noch schöner. Es war absolut windstill, und die von den schrägen Strahlen der untergehenden Sonne geworfenen Schatten ließen die vor uns liegenden Dünen besonders deutlich hervortreten. Im Südosten sah man einen dunklen Bergrücken, auf dessen Gipfel die Umrisse eines Obo[1] zu erkennen waren. Der Zauber des Abends verstärkte sich noch, als der junge Mond, der Saturn, alle anderen Planeten und die klaren Sterne uns vor dem dunklen Hintergrund ein großartiges Schauspiel bereiteten. Unser bescheidenes Zeltlager, das geschützt in einer kleinen Schlucht lag, war nur ein Punkt in der unermesslichen, in Schlummer versunkenen Wüste. Manchmal zeichnet sich die Silhouette des Wachhabenden ab, der an den Flammen des Lagerfeuers entlang patrouilliert; schwer atmen die

«Düne auf Düne zog vorüber, wie Wellen, die nur kurze ockerfarbene Horizonte freigaben, und der einzige Laut in der samtweichen Luft war das schwere, beschleunigte Atmen der Kamele und das Scharren ihrer breiten Füße» – Koslows Expeditionskarawane in der Sandwüste Badain Jaran

Kamele, Schafe und schlafende Hunde geben eigentümliche Laute von sich, ein Mensch spricht im Schlaf – aber mehr stört die Stille dieser Nacht nicht. Etwas weiter, hinter den Yabrai-Bergen, liegt wieder wilde, schweigende Wüste.

Weiter führte unser Weg entlang der Nordhänge der Yabrai-Berge und dann am Südhang hinunter. Auf dem 1750 Meter hohen Pass befindet sich ein eindrucksvolles, grandioses Obo, auf dem unter anderem auch einige chinesische Kupfermünzen zu sehen waren. In der Schlucht vor dem Pass sahen wir steinerne Gebäude, die wie Jurten aussahen und in denen sich von Zeit zu Zeit Nomaden zum Gebet trafen. Die Nordhänge sind nur mäßig steil. Die südliche Seite ist dagegen geprägt von hohen und steil aufragenden Felswänden, sodass man den Eindruck hat, man sei in einem richtigen Gebirge. Beim Eintritt in die Schlucht von Süden her bietet sich der schöne Anblick des meisterhaft in großen Hieroglyphen auf glattem, hohem Fels herausgemeißelten buddhistischen Denkspruchs «Om ma-ni pad-me hum».

An den steilen südlichen Ausläufern der Berge befinden sich die Ruinen des einst reichen Klosters Nagayn-da-reyn. Dort zeugt noch alles von den Verwüstungen durch die Dunganen. In zerschlagenen Kesseln findet man noch die Knochen der von den Dunganen bei lebendigem Leib gekochten Lamas. An dem allgemeinen Chaos kann man sehen, dass die Aufständischen die Bewohner des Klosters ahnungslos angetroffen haben. Sie haben nichts und niemanden verschont.

Nach der Durchquerung der Yabrai-Berge erreichte die Karawane die Oase Sogo-khoto [Minqin]. Dort waren die Chinesen überrascht und erstaunt über unser Erscheinen, umso mehr, als wir aus der Wüste kamen. Sie behaupteten, es seien noch nie Europäer in dieser Stadt gewesen. (Was nicht glaubhaft ist, denn bereits 1894 besuchte Obrutschew diese Oase.) Bei der hiesigen Verwaltung wurde Badmashanow, den ich mit dem Pass dorthin geschickt hatte, für einen verkappten Revisor gehalten. Vor etwa zehn Jahren war nämlich tatsächlich ein Revisor hier gewesen und hatte die Verwaltungsbeamten wie die Kaufleute zu größerer Disziplin angehalten. Seitdem sehen die Bewohner von Minqin in jedem Besucher einen geheimen Revisor und verhalten sich Fremden gegenüber misstrauisch. Zu unserem Unglück fiel unsere Ankunft mit der eines neuen Gouverneurs zusammen, der es ablehnte, irgendetwas zu unseren Gunsten zu tun, solange der vorherige Machthaber, der sich seinerseits dazu nicht mehr befähigt sah, die Stadt nicht verlassen hätte.

Die Stadt Minqin ist wie alle chinesischen Städte von Mauern umgeben. Hier waren sie aus Lehm. Innerhalb dieser Begrenzung befinden sich die Regierung, der Basar und die Stadtbevölkerung. Außerhalb der Stadt, nahe der Mauern, die mit Tempeln verziert sind, erstreckt sich eine Oase mit einzeln gelegenen Bauernhöfen. Auch unsere Karawane hatte sich dort niedergelassen. Die Bauern erwarteten mit Ungeduld unseren Aufbruch, und sobald sich nur irgendetwas leicht regte, kamen sie sofort und zielstrebig mit ihren

Körben herbei. Wir streiften durch die Gegend und waren entzückt vom Dorfleben der gelbgesichtigen Bewohner. In jedem Bauernhaus wimmelte es von Hühnern und hübschen, herumstolzierenden Hähnen, hier und dort sah man Schweine und Hunde, auf den Hausdächern gurrten Tauben und wurden von Katzen, die mit ausgefahrenen Krallen in der Sonne lagen, genau beobachtet. Dauernd lungerten neugierige Gaffer um uns herum. Manchmal versammelte sich auch die gesamte am Wegesrand wohnende Bevölkerung, um sich interessiert die «überseeischen Teufel» anzusehen.

Mit Bedauern trennten wir uns von den Mongolen, die uns durch die ganze Gobi begleitet hatten. Die Wüste und ihre nomadischen Bewohner wurden nun von der die chinesischen Kultur abgelöst. Die Gegend entlang des Weges von Minqin nach Liangzhou [Wuwei] war dicht besiedelt. An der Grenze zwischen Wüste und Kulturland führten Bauern einen verzweifelten Kampf gegen den Sand, der unerbittlich jahrzehntelang kultiviertes Land zurückeroberte. Am 18. Januar, am Vorabend des chinesischen Neuen Jahres, kamen wir in der Stadt Wuwei an.

«Auf dem Gipfel des Bergrückens waren die Umrisse eines Obo zu erkennen» – ein Obo mit Gebetsfähnchen im Gebirge Tang-la, skizziert von Roborowskij

Spiegelungen und Lichter

Nikolaj Prshewalskij auf dem Rückweg vom Kokonor nach Ulaanbaatar in der Mongolei, August und September 1873

Die mittlere Gobi muss wie die anderen Teile dieser Wüste jeder Feuchtigkeit entbehren. Gelegentliche Quellen wie südlich des Churchu-Gebirges [1] gibt es hier nicht. Den nomadischen Mongolen liefern im Sommer Brunnen ihr Wasser, nach starken Regengüssen auch zeitweilig Seen, die sich auf der lehmigen Oberfläche bilden; im Winter müssen sie sich mit Schnee begnügen.

Im Innern der Gobi trifft man recht häufig auf wohlhabende Khalkha-Mongolen [2]. In der Nähe ihrer Lager sieht man in der Steppe riesige Herden von Schafen; auch zahlreiche Kamele, Pferde und Rinder weiden hier. Alle diese Tiere werden gegen Ende des Sommers sehr fett, eine erstaunliche Tatsache angesichts der mageren Weiden. Mir scheint, zum Wohlbefinden der Tiere in diesen Gegenden trägt zum einen die Freiheit in der Steppe bei, zum andern der Mangel an Insekten, welche die Tiere in reicheren Gegenden quälen. Auf den hervorragenden Weiden des Qaidam, wo es sehr viele Mücken und andere Insekten gibt, magert das Vieh im Sommer stark ab und erholt sich erst im Winter wieder, wenn diese Quälgeister verschwunden sind.

Sobald wir die Grenzen von Khalkha überschritten hatten, kamen wir in das Gebiet Tushet Khans und zogen nun in Eilmärschen auf Urga [Ulaanbaatar] zu, das jetzt unser gelobtes Land wurde. Nach einer fast dreijährigen Wanderschaft unter allen möglichen Unbequemlichkeiten und Entbehrungen war unsere physische und moralische Kraft so erschöpft, dass wir nicht anders konnten, als uns ihr baldiges Ende zu wünschen. Dabei zogen wir ja nun schon nicht mehr durch den wildesten Teil der Gobi, wo Wassermangel, Hitze, Stürme und so vieles andere sich gegen uns vereint und Tag für Tag systematisch an unseren Kräften gezehrt hatten.

Es reicht, zu beschreiben, was für Wasser wir auf diesem Abschnitt häufig tranken. Kurz vor unserer Ankunft war ein Platzregen niedergegangen, der fast alle Brunnen zerstört und zeitweise Seen gebildet hatte, zu denen wie gewöhnlich Mongolen mit ihren Herden herbeigeeilt kamen. Manchmal hatte ein solcher See kaum hundert Schritt im Durchmesser und zwei oder drei Fuß Tiefe, an ihm standen aber zehn mongolische Jurten. Tag für Tag wurden hier riesige Herden zur Tränke getrieben, welche ins Wasser wateten, es entsetzlich trübten und sogar ihre Fäkalien hineinfallen ließen. Überdies sättigte sich dieses Wasser noch mit dem Salz aus dem Boden und wurde im Lauf des Tages von der Sonne auf 25 Grad erwärmt. Für den Novizen war schon der bloße Anblick einer solchen Flüssigkeit ekelerregend; aber wie die Mongolen waren wir gezwungen, sie zu trinken, kochten sie indes vorher mit Ziegeltee.

Fast täglich zeigte sich vor uns wie der böse Geist der Wüste die Fata Morgana und gaukelte uns auf so vollkommene Weise trügerisch von Wellen bewegtes Wasser vor, dass sich darin sogar ganz deutlich die Felsen der benachbarten Hügelketten spiegelten. Dazu kamen die große Hitze und die häufigen Stürme, die uns selbst nachts nicht erlaubten, uns von den schwierigen Tagesmärschen auszuruhen.

Jedoch nicht nur uns zeigte sich die mongolische Wüste so feindlich. Auch die Zugvögel, die in der ersten Augusthälfte auftauchten, litten unter Wasser- und Nahrungsmangel. Ganze Herden von Gänsen und Enten ließen sich auf unscheinbaren Pfützen nieder, und kleine Vögel kamen häufig in unser Zelt geflogen und ließen sich, von Hunger entkräftet, mit den Händen greifen. Oft fanden wir auch gefiederte Pilger tot, und es ist mehr als wahrscheinlich, dass der Flug durch die Wüste sehr viele Opfer kostet.

Nikolaj Prshewalskij auf dem Zug durch die nördliche und mittlere Gobi in den Alashan, November und Dezember 1883

Beinahe täglich wurden wir Zeugen eines prächtigen Sonnenauf- und -untergangs. Kein einziges Mal hatte ich auf meinen früheren Reisen in Innerasien ein derartiges Phänomen beobachtet. Höchstwahrscheinlich hatten ähnliche, wenn auch nicht ganz so intensive Sonnenuntergänge, die zur selben Zeit in anderen Teilen der Welt zu beobachten waren, dieselbe Ursache.[3] In der Wüste Gobi spielte sich dieses Schauspiel folgendermaßen ab.

Nach einem klaren Tag, wie sie im Winter hier häufig sind, tauchten im Westen kurz vor Sonnenuntergang, oft aber auch sofort danach, kleine Feder- oder Federschichtwolken auf. Wahrscheinlich hatten sie bereits den ganzen Tag über unsichtbar in den obersten Schichten der Atmosphäre gehangen, wurden nun aber, da die Sonne hinterm Horizont verschwunden war, für das Auge wahrnehmbar. Der Westen erstrahlte in einem hellen inkarnaten Licht, das gleich darauf in Violett überging und die Wolken an einigen Stellen mit länglichen Schatten versah. Zur gleichen Zeit zog im Osten die Nacht in Form eines Streifens herauf, der unten dunkellila und oben violett gefärbt war. Unterdessen war im Westen das Violett verschwunden, und dicht über dem Horizont erschien jetzt vor dem inkarnaten Hintergrund, wie ein ausgedehntes Kreissegment, grell orangefarbenes Licht, das dann manchmal in helles, manchmal in dunkles Purpur oder sogar in Blutrot überging. Als im Osten das violette Licht verschwunden war, wurde der ganze Himmel in ein mattes Lila getaucht.

Inmitten der schillernden Farbübergänge erstrahlte die Venus im Westen wie ein Brillant, verschwand aber, nachdem die Sonne versunken war, hinter dem Horizont. Von Sonnenuntergang bis zum Verblassen des Abendrots vergingen anderthalb Stunden. Fast die ganze Zeit hindurch warf das wunderbare Abendrot Schatten, und alles in der Wüste wurde in phantastisches Licht getaucht. Der Sonnenaufgang war meist nicht weniger prachtvoll, nur verliefen die Farbübergänge in umgekehrter Folge. Manchmal begann das Morgengrauen mit reinstem Purpurlicht. Bei Vollmond waren diese Phänomene weniger ausgeprägt, und in der staubigen Atmosphäre des nördlichen Alashan wurde dergleichen seltener von uns beobachtet als in der mittleren und nördlichen Gobi.

Nächte auf dem Ofen

Régis-Évariste Huc in der Inneren Mongolei auf dem Weg nach Dolon Nur, 250 Kilometer nördlich Peking, 1844

In den an China grenzenden Gegenden des Tatarenlandes [1] gibt es mitten in der Wüste hier und da Herbergen. Gewöhnlich bilden sie ein großes Viereck, das von hohen Stangen umzäunt ist, deren Zwischenräume mit Reisigmatten verkleidet sind. Inmitten des Vierecks steht ein höchstens zehn Fuß hohes Haus aus Lehm. Abgesehen von einigen armseligen kleinen Räumen an jeder Seite besteht das Ganze aus einem einzigen großen Raum, der gleichzeitig als Küche, Speisezimmer und Schlafgemach dient.

Kaum sind sie abgestiegen, begeben sich alle Reisenden in diesen Raum, der schmutzig und voller Rauch und Gestank ist. Ihr Ziel dort ist ein langer und breiter Kang. So nennt man eine Art Ofen, der mehr als drei Viertel des großes Raumes einnimmt. Er ist vier Fuß hoch und oben platt. Auf ihm liegt eine Schilfmatte; reiche Leute legen noch ihre eigenen Filzteppiche und Pelze darauf. An der Vorderseite sind drei mächtige Kessel eingemauert, in denen die Reisenden ihre dünne Suppe zubereiten. Die Öffnungen, durch die man diese Kessel befeuert, stehen mit dem Innern des Kang in Verbindung, sodass dieser ständig heiß ist, selbst bei strengster Winterkälte. Gleich nach der Ankunft wird jeder Reisende vom

«Gewöhnlich bilden die Herbergen ein großes Viereck, das von hohen Stangen umzäunt ist, deren Zwischenräume mit Reisigmatten verkleidet sind. Inmitten des Vierecks steht ein höchstens zehn Fuß hohes Haus aus Lehm» – Hof einer chinesischen Herberge, gezeichnet nach W. W. Rockhill

«Intendanten der Kasse» gebeten, auf den Kang zu steigen. Dort nimmt man im Schneidersitz an einem großen Tisch Platz, dessen Füße höchstens sechs Zoll hoch sind. Der untere Teil des Saales ist dem zum Gasthaus gehörenden Personal vorbehalten, das kommt und geht, das Feuer unter den Kesseln unterhält, Tee kocht und Hafermehl und Buchweizen für die Mahlzeit der Reisenden knetet.

Auf dem Kang dieser tatarisch-chinesischen Herbergen geht es so lebhaft und pittoresk zu, wie man es sich nur vorstellen kann: Dort wird gegessen, getrunken, geraucht, gespielt, gestritten und manchmal auch gerauft. Bei Einbruch der Nacht aber verwandelt sich der Kang, der nacheinander als Restaurant, Kneipe und Spielhölle gedient hat, plötzlich in einen Schlafsaal. Dann rollen die Reisenden ihre Decken auseinander, sofern sie welche haben, oder legen sich in ihren Kleidern nebeneinander nieder. Sind es viele Gäste, so legen sie sich in zwei Reihen hin, aber immer so, dass sie sich die Füße zukehren. Obwohl sie jetzt alle liegen, heißt das nicht, dass auch alle schlafen. Während die einen gewissenhaft schnarchen, rauchen die anderen, trinken Tee und schwatzen lautstark. Diese phantastische Szene, die trübe vom matten und fahlen Licht einer Lampe erleuchtet wird, ist geeignet, die Seele mit Schrecken und Furcht zu füllen. Die Lampe dieser Herbergen zeichnet sich nicht eben durch Eleganz aus; gewöhnlich handelt es sich um eine kaputte Tasse, in der ein langer Docht steckt, der sich in dickem und ekelerregendem Öl windet. Diese Porzellanscherbe steht in einem Loch in der Wand oder zwischen zwei Holzpflöcken, die ihr als Stütze dienen.

Uns hatte der Intendant der Kasse sein eigenes Zimmer zugedacht. Wir aßen dort zu Abend, aber mochten darin nicht schlafen. Da wir nunmehr tatarische Reisende waren und ein gutes Zelt hatten, wollten wir unseren Einstand geben und es auf der Stelle aufbauen. Dagegen hatte niemand etwas einzuwenden, weil man überzeugt war, dass wir nicht etwa die Herberge verachteten, sondern dem Brauch der Nomaden treu bleiben wollten. Als also das Zelt aufgeschlagen war, breiteten wir unsere Bocksfelle aus und machten ein großes Reisigfeuer, um uns ein wenig zu wärmen, denn die Nächte begannen schon kalt zu werden. Kaum hatten wir uns schlafen gelegt, da begann der «Inspektor der Finsternis» mächtig auf ein Tamtam einzuschlagen. Der durchdringende Ton dieses ehernen Instruments sollte in den umliegenden Tälern widerhallen und den Tigern und Wölfen dieser Wüsten Furcht einflößen.

Noch vor dem Morgengrauen waren wir wieder auf den Beinen ... Nach dem Frühstück legten die Leute aus der Herberge unser Zelt zusammen, sattelten die Kamele und machten alles zur Abreise fertig. Wir aber nahmen einige in Wasserdampf gedämpfte Brötchen und suchten uns als Nachspeise am nahen Bach wilde Stachelbeeren. Bald darauf erfuhren wir, dass alles bereit sei. So bestiegen wir denn unsere Tiere und schlugen den Weg nach Dolon Nur ein.

«Tanguten, Räuber, Räuber!»

Sven Hedin zwischen dem Qaidam-Becken und dem Kokonor, Ende 1896

Am 31. Oktober ritten wir über Steppenland zum Südufer des Khara-nor [Har Hu], des Schwarzen Sees, des Mittelpunkts eines kleinen, abflusslosen Beckens, in das die Gewässer der benachbarten Berge strömen. Sie waren jetzt ausgetrocknet. Der Brunnen war salzhaltig. Nach Osten hin war es jedoch ein tüchtiger Tagemarsch bis zur nächsten Quelle, und wir mussten deshalb hier lagern, obgleich wir nur 14 Kilometer weit gewandert waren.

Eine andere Gefahr drohte hier unsern Pferden. In dem losen, weichen Boden sah man zahlreiche Spuren von Bären, die vom Gebirge herabkommen, um hier Beeren zu schmausen. Loppsen ermahnte uns, die Pferde im Auge zu behalten, da die Bären hinter den Büschen im Hinterhalt zu liegen und sich von da auf sie zu stürzen pflegten. Auch hier wurden deshalb die Tiere, nachdem sie ein paar Stunden lang gefressen, zwischen den Zelten gefesselt gehalten.

Außerdem stellten wir jetzt jede Nacht zwei Wachen aus, die alle zwei Stunden abgelöst wurden. Um sich wach zu halten und uns andere davon zu überzeugen, dass sie nicht eingeschlummert, war ihnen befohlen worden, von Zeit zu Zeit in Ermangelung besserer Instrumente auf einigen Kasserolen zu trommeln. Singen durften sie, so viel sie wollten, um gegen die Schlafsucht anzukämpfen, und oft, wenn ich mitten in der Nacht erwachte, hörte ich ihre eintönigen, schwermütigen muhammedanischen Lieder. Doch sobald der Tag anbrach, hielten sie es für an der Zeit, uns der Wachsamkeit der Hunde anzuvertrauen.

1. November. Die Nacht verlief in ungestörter Ruhe. Weder Tanguten [1] noch Bären ließen sich blicken; die Flinte auf der Schulter, zogen wir weiter. Bald entschwand uns der See aus den Augen, und wir kamen in ein ziemlich breites Tal, das langsam anstieg. Mitten im Tale lief der Weg zwischen Steppen, Büschen und Gestrüpp an dem ausgetrockneten Bett entlang, das den Abflusskanal der Gegend bildet. Auf dem Pfade sah man die frische Spur eines Bären, und da er in derselben Richtung fortgetrottet war, in der wir jetzt zogen, baten Islam und Loppsen, das Tier verfolgen und angreifen zu dürfen, und verschwanden dann im Gebüsch.

Die Karawane marschierte dicht an den Bergen zur Rechten. Als der Weg um einen Felsen bog, blieb ich mit Emin Mirza zurück, um eine Beobachtung zu machen. Nachher ritten wir mit der Karawane um die Wette und näherten uns gerade der Mitte des Tales, als wir zu unserem Erstaunen Islam und Loppsen in wildestem Galopp mit über den Kopf erhobenen Flinten auf uns loskommen sahen und sie «Tanguten, Räuber, Räuber!» schreien hörten.

Sie sprengten auf uns zu, auf der Ferse von zwölf berittenen Tanguten verfolgt, die in eine Staubwolke gehüllt waren. Ich kommandierte augenblicklich Halt. Die Packpferde wurden unter Bewachung von nur einem Mann hinter einige Tamariskensträucher gestellt. Die Gewehre schussfertig, Patronen in Bereitschaft! Auf dem Gipfel eines Lehmhügels fasste ich mit Islam, Parpi und Loppsen Posto.

Wir waren alle abgestiegen und hatten die Pelze ausgezogen. Die Muselmänner waren so von Angst erfüllt, dass sie zitterten. Parpi hatte schon früher einen Überfall erlebt, denn er hatte Dutreuil de Rhins[2] gedient, als dieser vor zwei und einem halben Jahre bei Tam-budda angefallen und ermordet wurde. Auch Prshewalskij und Roborowskij hatten in diesen Gegenden ähnliche Abenteuer zu bestehen gehabt, und ich war mir daher des Ernstes der Lage vollauf bewusst.

Es waren, wie gesagt, zwölf Tanguten, und Loppsen versicherte uns, es seien unter ihnen ohne Zweifel ebenso viele Gewehre wie Männer. Wir hatten bloß drei Flinten und fünf Revolver, und die Übermacht des Feindes war daher offensichtlich. Islam und Lopp-

«Ein andermal wurden wir von Tanguten in Schafspelzen und rot-blauen Wollstiefeln angegriffen: eine kleine farbenfrohe Episode auf unserem Weg» – tangutische Räuber umschleichen Sven Hedins Lagerplatz

sen waren unsere besten Schützen. Aber die Tanguten sind alle sichere Schützen: Sie zielen lange und kaltblütig auf einer Gabel und feuern keinen Schuss vorher ab, als bis sie überzeugt sind, dass er treffen muss.

Wie würde es uns unter solchen Umständen gehen? Würde die Karawane vernichtet und die Arbeiten der ganzen letzten Reise vereitelt werden?

Nein! Es war nicht so gefährlich, wie es aussah. Als der Räuberhaufen bemerkte, dass unser mehrere waren, und als unsere blanken Waffen in der Sonne glänzten, hielt er 150 Schritt vor uns an.

Als die Staubwolken sich gelegt hatten, sahen wir die Tanguten deutlich. Sie waren in lebhaftem Meinungsaustausch begriffen, gestikulierten und schrien. Das Resultat ihres Kriegsrates mochte sein, dass es nicht vernünftig wäre anzugreifen, bevor man sich nicht über unsere Anzahl und Bewaffnung vergewissert. Unterdessen warteten wir auf dem Hügel, und ich fuhr fort, meine Pfeife in aller Gemütsruhe zu rauchen, was meine Leute sichtlich beruhigte.

Ich beobachtete die Tanguten mit meinem Fernglase, das ich stets bei der Hand hatte. Nach kurzer Beratung schwenkte die Schar im rechten Winkel rechts ab nach dem Fuße der südlichen Berge, wo sie sich teilte. Die eine Hälfte ritt eine Schlucht zwischen den Felsen hinauf, die andere zog, als wir wieder zu Pferde stiegen und in geschlossenem Trupp weiterritten, zwei Büchsenschüsse entfernt parallel mit uns.

Mittlerweile verschmälerte sich das Tal, und der Weg führte durch ein enges Felsentor. Loppsen fürchtete, die Tanguten wären uns hierher vorausgeeilt, um sich zwischen den Felsen in Hinterhalt zu legen und uns niederzuschießen. Einen anderen Weg gab es nicht; von Umkehr konnte keine Rede sein.

Es galt daher, wenn möglich zuerst nach dem Tore zu kommen oder es wenigstens zu passieren, ehe die Tanguten vorteilhafte Stellungen hatten einnehmen können. Sie hatten darin jedoch stets den Vorzug, dass sie ihre Gebirgsschluchten, Hohlwege und Verstecke auf das genaueste kannten. Überdies waren unsere Pferde schwer beladen, während die Tanguten leicht ausgerüstet waren. Sie überholten uns auch sichtlich und näherten sich allmählich dem Wege, verschwanden jedoch zwischen den Felsen.

Wir eilten, die rechte Flanke der Karawane durch die Schützen gedeckt, so schnell die Pferde konnten nach dem Felsentore. Da erblickten wir die Tanguten wieder. Sie hatten Halt gemacht und schienen nicht die Absicht zu haben, uns anzufallen. Den Hahn gespannt und nach den höheren Felsen hinaufspähend, eilten wir ohne weiteres Abenteuer durch den sehr schmalen Engpass.

Auf der anderen Seite erweiterte das Tal sich wieder, und es war ein angenehmes Gefühl, sich erneut in offenem Terrain zu befinden. Loppsen glaubte jetzt, dass die Tanguten in der Absicht, uns zu verfolgen, einen kürzeren Weg über das Gebirge eingeschlagen hätten. Sie waren augenscheinlich nach dem Kurlük-nor unterwegs gewesen, um dort Pferde zu stehlen, aber wieder umgekehrt, in der Absicht, an uns einen besseren Fang zu tun.

Das Tal wurde schließlich so breit wie eine Ebene, und nach 34 Kilometer Marsch lagerten wir in Kharasharuin-kub, einem Platze mit schönen Weiden und einem offenen, von einer Quelle gespeisten Tümpel. Am Rande eines Schilffeldes wurden die Pferde losgelassen; sie konnten sich an dem Tümpel satt trinken, durften sich aber nicht zu weit entfernen und wurden von Kurban und Ahmed bewacht.

Sobald es dunkelte, wurden die Pferde bei den Zelten gefesselt. Das Feuer, auf dem das Mittagessen gekocht wurde, war niedrig und verdeckt, damit sein Schein uns nicht zu sehr verriete. Loppsen hatte vor der Nacht Angst, denn die Tanguten konnten uns leicht beobachten, während sie sich selbst im Grase versteckt hielten.

Im Dunkel der Nacht ließen sie wieder von sich hören. Rings um das Lager ertönte auf allen Seiten ihr schauerliches Geheul, das dem der Hyänen oder hungriger Wölfe ähnelte. Es war eine List, die Loppsen durchschaute. Sie pflegten, sagte er, auf diese Weise herauszubringen, ob ihre Opfer Wachhunde hätten.

War dies ihre Absicht, so erhielten sie Bescheid, denn unsere Hunde bellten die ganze Nacht hindurch wie wütend und stürmten wiederholt nach dem Tümpel, in dessen Nähe die Tanguten augenscheinlich ihre Pferde angebunden hatten. Loppsen konnte nicht kräftige Worte genug finden, um seinem Hasse gegen die Räuber Luft zu machen. Sie seien nicht ein bisschen besser als Hunde, meinte er. Mit aufgenommenen Pelzschößen, die Flinte in der Rechten, schlichen die Tanguten wie Katzen auf die Erde geduckt dahin.

Wir waren auf unserer Hut. Auf beiden Flügeln des Platzes, wo die Pferde waren, standen Posten, die unausgesetzt trommelten und sangen. Nur ein paar Mann durften gleichzeitig schlafen. Ungefähr alle fünf Minuten rief Parpi *«Chabärdar?»* (Ist der Posten wach?), während sich Loppsen stumm die Hände über der Glut wärmte.

In dieser Nacht war es mit der Ruhe nicht weit her. Die Leute gingen hin und her, die Pferde stampften und wieherten, Kasserolengetrommel und Rufe wiederholten sich in regelmäßigen Zwischenräumen; wir befanden uns in vollständigem Belagerungszustand. Aber die von den Tanguten geplante Überrumpelung war vereitelt, sie konnten uns nicht ein einziges Pferd stehlen.

Dies also war unser Einzug ins Land der Khara-Tanguten. Wir hatten gleich zu Anfang einen Denkzettel bekommen, dass es hier aufpassen hieß. Die Tanguten sind als Räuber und Diebe bekannt und plündern mit Vorliebe ihre friedlicheren mongolischen Nachbarn. Wenn diese die Tempelfeste im Kloster Kumbum besuchen, reiten sie daher stets in großen, wohlbewaffneten Scharen, da sie es nicht vermeiden können, durch das Gebiet der Tanguten zu ziehen.

Ich glaube, meine Leute blieben mehr aus Furcht als aus Pflichtgefühl wach. Sie hatten Befehl, mich zu wecken, falls die Tanguten zu schießen anfingen, und als ich nachts ein paar Mal aufwachte, hörte ich stets ihr ewiges *«Chabärdar?»*. Bei längeren Pausen zwischen den Wachtrufen, die von allen übrigen Leuten beantwortet wurden, stimmten die Tanguten ihr wildes Konzert an.

Während des Sonnenaufgangs rüsteten wir uns zum Aufbruch. Die Tanguten hatten sich wieder in gemessene Entfernung zurückgezogen. Aber sobald sich unsere Karawane nach Osten hin in Bewegung setzte, ritten sie nach dem Platze, auf dem das Lager gestanden. An leeren Streichholzschachteln, Lichtstümpfen und Zeitungspapier erkannten sie, dass sie es nicht mit Mongolen allein zu tun hatten. Dies war wohl der Grund, weshalb sie von weiterer Verfolgung abstanden.

Gerstenbrei und Buttertee

Wilhelm Filchner auf dem Weg von China nach Tibet, in der Nähe des Kokonor, 1926

Die Eigentümer eines besonders großen Klosterzeltes nähern sich in gebückter Haltung mit weit herausgestreckter Zunge und laden mich in ihr Zelt ein, wo mich der Hausherr und die Hausfrau freundlich bewillkommnen. Auf einem kleinen Teppich wird mir ein Platz angewiesen. Am Zelteingang drängt sich das Volk, und noch immer halten die guten Wirte zur Begrüßung ihren Unterarm waagerecht mit der Handfläche nach oben und strecken um die Wette die Zunge heraus, unter dauernder Wiederholung der Begrüßungsformel «Demo, demo», zu Deutsch «Wie geht es dir?». Der Mann, dem das Haar wild um den Kopf hängt, ist eifrig beschäftigt, seine Gastgeberpflichten zu erfüllen, während die Frau Feuer anmacht.

Unser Gastgeber scheint ein vermögender Mann zu sein; denn im Hintergrund seines Zeltes sind mehrere große, aus China stammende Teeplatten im Ausmaß von 45:30:5 Zentimeter aufgeschichtet. Daneben in Ledersäcken Mehl, Tsampa und Butterlaibe in Kopfgröße. Die Butterlaibe haben durchschnittlich ein Gewicht von 10 bis 20 Kilo, sind in Felle eingenäht und lagern vielleicht schon seit einem Menschenalter hier. Die Butter ist meist schmutzig, ranzig und mit Schimmel durchsetzt. Ihr Genuss erzeugt Brechreiz, bis man sich daran gewöhnt hat.

Inzwischen hat die Frau des Hauses aus dem nahen Bach Wasser geholt und den Kochtopf gefüllt. Der Blasebalg wird lebhaft bewegt. Der beißende Rauch, der das ganze Zelt erfüllt, den Tibeter aber nicht im geringsten stört, treibt mir die Tränen in die Augen. Die Unterhaltung ist rege im Gange, und man sieht es der ganzen Gesellschaft an, dass sie sich auf die fürstlichen Genüsse, die ihrer harren, freut. Die Leute spucken um die Wette entweder nach rückwärts auf den Boden oder aber, was als vornehmer gilt, in die Nähe der Feuerstelle. Der Speichel wird sorgfältig mit Asche zugedeckt. Noch ehe das Wasser kocht, wirft die Hausfrau Ziegeltee hinein, den sie mit den Fingern zerdrückt. Bald hat das Getränk dunkelbraune Farbe; es sieht wie Kaffee aus. Je dunkler der Tee ist, umso kräftiger ist er nach Ansicht des Tibeters. Ist der Tee fertig, bittet der Hausherr die Gäste, sich zum Schmause bereitzuhalten. Jeder der Anwesenden, ob Mann oder Frau, hat den kleinen Holznapf aus seinem Pelzmantel hervorgeholt und wartet nun sittsam, bis die Reihe an ihm ist und sein Napf gefüllt wird. Es wäre eine unglaubliche Taktlosigkeit, wenn jemand unaufgefordert seinen Holznapf zeigen oder gar zum Empfang von Nahrung hinhalten würde. Wer keinen Holznapf besitzt, bekommt in Tibet überhaupt nichts zu essen. Es ist ausgeschlossen, dass der Essnapf ausgeliehen wird; das würde gegen die Sitten verstoßen. Der Holznapf ist daher der lebenswichtigste Gebrauchsgegenstand in ganz Tibet.

Die Holznäpfe sind gefüllt, der Wirt fügt dem Tee jedes seiner Gäste ein Stück Butter hinzu, die dieser, sobald sie geschmolzen, von der Oberfläche zurückbläst, um zunächst den butterfreien Tee unter lautem Schlürfen zu trinken. Dem im Essnapf zurückgebliebenen Butterrest wird jetzt noch etwas Tee hinzugefügt, um die Hauptspeise herzustellen. Einem kleinen Sack entnimmt der Wirt nunmehr mit der Hand etwas Tsampa[1] (auf Reisen führt jedermann in zwei kleinen Säckchen Tsampa und Chura sowie ein Stückchen Butter auf dem Pferde mit; man nimmt diese zu den Mahlzeiten mit ins Zelt und bedient sich selbst). Jeder Gast erhält so viel Tsampa in seine Holzschale, bis sich dort ein spitzer Kegel auftürmt. Jetzt wird die Mischung von Tsampa, Butter und Tee mit den Fingern der rechten Hand von jedem Einzelnen eifrig geknetet. Auch das muss gelernt sein. Am zweckmäßigsten fängt man am Rande des Napfes mit einem Finger an, um ganz allmählich mit allen schmutzigen Fingern und schließlich mit dem Handteller die Knetarbeit fortzusetzen. Das Gemisch wird langsam fester, und

«Die guten Wirte halten zur Begrüßung ihren Unterarm waagerecht und strecken um die Wette die Zunge heraus» – grüßender Tibeter, zu dem Bericht von Gabriel Bonvalot

schließlich ist ein schwarzbrauner, harter Kloß fertig, der außer Tsampa eine ansehnliche Portion Schmutz enthält.

Das Mahl beginnt. Man beißt in den faustgroßen Klumpen und verzehrt ihn in kürzester Zeit. Meist bleibt es nur bei einer Topffüllung. Zweimal vom Tsampa des Gastgebers zu nehmen, gilt als unfein. Nach Beendigung des Mahles muss der Holznapf wie ausgewaschen aussehen. Kein Bröselchen Tsampa darf mehr an den Innenflächen haften; nur dann war der Tsampa richtig geknetet. Nun folgt ein ausgiebiges Teegelage; der Tibeter trinkt dabei im Durchschnitt seine 20 Näpfe Tee.

Inzwischen ist der Kochtopf von neuem mit Wasser gefüllt. Jetzt kommt, allerdings nur bei wohlhabenden Tibetern, der zweite Gang: die Suppe. Ehe das Wasser kocht, werden kleine Speckstückchen zugeführt. Jeder bessere Tibeter trägt im Bausch seines Pelzmantels ein Stück Speck, das vor Dreck starrt und oft auf ein hohes Alter zurückblicken kann. Er legt es auf den Schaft seines Stiefels oder auf die glatte Seite seines schmutzigen Pelzmantels und schneidet mit dem Messer ein Stückchen ab, das er zerkleinert.

Eine halbe Handvoll solcher Speckstückchen genügt, um einem halben Dutzend Tibetern die Illusion einer herrlichen Fleischsuppe vorzuzaubern. Bei unseren Wirten, vermögenden Leuten, wird der Suppe sogar etwas Salz zugesetzt, das übrigens mitunter auch dem Tsampa beigemischt wird. Sobald das Wasser kocht, ist die Suppe fertig. Heute wird sogar eine Handvoll Mehl oder auch Tsampa unter dauerndem Rühren der Suppe zugefügt. Dann wird die Suppe mit dem Eisenlöffel verteilt; ist sie flüssig, wird sie getrunken; ist sie breiig, wird sie mit den Fingern aus dem Essnapf herausgeholt oder aber, wie es allgemein üblich ist, aus dem Essnapf herausgeleckt. Zuletzt hat jeder anständige Mensch die Pflicht, seinen Essnapf mit der Zunge zu reinigen und dann wieder in den Falten seines Pelzmantels verschwinden zu lassen.

Unser gläubiger Wirt brachte vor Beginn des Mahles den Göttern sein Opfer dar; er tauchte seine Finger in das Essen und spritzte einige Tropfen nach den vier Himmelsrichtungen. Auch opferte er die erste halb gefüllte Schale Tee den Göttern.

Eine Mahlzeit für sich bildet der Buttertee. Er wird nur von wohlhabenden Tibetern getrunken und stellt eine Leckerspeise dar. Die Tibeter bedienen sich zur Herstellung des Buttertees eines hochzylindrischen Holzgefäßes, dessen obere Öffnung geschlossen ist und in dessen Innerem ein Stempel bewegt wird. Diese Holzbutte wird zu drei Vierteln mit heißem Tee gefüllt und hernach ein Klumpen Butter hinzugefügt. Nun wird der Holzstempel bewegt, und zwar kräftig nach oben gezogen. Dadurch werden Butter und Tee vermischt, und es entsteht eine milchartige Flüssigkeit – der Buttertee, von dem unsere Freunde unglaubliche Massen vertilgen können. Zuvor aber hatten sie mit den Fingern von der Oberfläche etwas Butter abgeschöpft und sich damit Gesicht und Hände eingefettet.

Jeder Europäer tut gut, sich in Tibet möglichst schnell umzustellen und zu versuchen, dem Eingeborenen in Lebensweise und Kleidung möglichst nahe zu kommen. Nur dann hat er Aussicht, die

Unbilden des Klimas besser zu ertragen und unausbleibliche Reibungen mit den Bewohnern des Landes auf das geringste Maß zu beschränken.

Menschtiere, Bären und Pfeifhasen

Nikolaj Prshewalskij auf dem Weg vom Alashan durch die Provinz Gansu zum Kokonor, 1872

Noch vor unserer Ankunft in Gansu hatten wir von den Mongolen Erzählungen über ein ungewöhnliches Tier gehört, welches in dieser Provinz leben soll und Chun-guresu heißt, «Menschtier».[1] Es soll ein flaches, durchaus menschliches Gesicht haben, meist auf zwei Füßen gehen, mit dichtem schwarzem Haar bedeckt sein und eine mit ungeheuren Krallen bewaffnete Pfote besitzen. So furchtbar soll die Kraft dieses Tiers sein, dass kein Jäger es anzugreifen wagt und die Bewohner die Gegend verlassen, wo der Chun-guresu auftaucht.

Ähnliche Erzählungen hörten wir dann auch in Gansu selbst von den Tanguten, die einhellig versicherten, in ihren Bergen sei dieses Tier zu finden, wenn auch äußerst selten. Auf unsere Frage, ob es nicht der Bär sei, sagten sie: Nein, den kenne man sehr wohl.

Als wir dann 1872 ins Gebirge von Gansu kamen, versprachen wir jedem fünf Lan[2] Belohnung, der uns den Aufenthaltsort des märchenhaften Chun-guresu zeige. Es meldete sich jedoch niemand, der etwas von ihm wusste, außer einem Tangu, der uns berichtete, der Chun-guresu lebe ständig zwischen den Felsen des Berges Gadshur[3], zu dem wir Anfang August zogen. Das Wundertier fanden wir jedoch dort nicht, und wir zweifelten schon, ob wir es je erblicken würden, als ich plötzlich erfuhr, dass sich in einem kleinen Kloster etwa fünfzehn Kilometer von Tschertinton[4] das Fell eines Chun-guresu befinde. Einige Tage später ritt ich hin, machte dem Vorsteher ein Geschenk und bat ihn, mir das seltene Fell zu zeigen. Meine Bitte wurde erhört, aber zu meinem Leidwesen erblickte ich statt des Wundertiers das mit Stroh ausgestopfte Fell eines kleinen Bären. Alle Erzählungen vom Chun-guresu hatten sich als Fabeln erwiesen, und selbst die Erzähler erklärten nun, dass er sich dem Menschen niemals zeige und nur Jäger hin und wieder auf seine Fährte träfen.

Der Bär, dessen Fell mir gezeigt worden war, maß stehend 1 Meter 22. Das Maul war zugespitzt, die Farbe des Kopfes und ganzen Körpers schmutzig weiß, das Hinterteil etwas dunkler und die Füße fast schwarz. Die Sohlen der Hinterpfoten waren schmal und die Nägel an den Vorderpfoten an die 25 Millimeter lang, sehr stumpf und von schwarzer Farbe.

Im Frühling des folgenden Jahrs gelang es uns dann aber, einen solchen Bären in Freiheit zu sehen. Als wir vom Kokonor in das Lamakloster Tscheibsen [Chubzang][5] zurückkehrten und gerade im Gebirge von Gansu angelangt waren, bemerkten wir eines Morgens einen Bären, der Pfeifhasen jagte. Wir näherten uns, aber er machte sich eiligst davon; unsere Hunde setzten ihm nach, konnten ihn aber nicht zum Stehen bringen. Wir schickten ihm einige Kugeln nach, von denen jedoch nur eine traf und ihn verwundete; zu unserm größten Ärger entfloh der Chun-guresu. Soweit sich aus der Ferne erkennen ließ, sah der Bär genauso aus wie der ausgestopfte im Kloster, war aber wohl größer; er erreichte die Größe des großen, fleischfressenden russischen Bären und war wohl auch genauso lang und bucklig. Nach Aussage der Mongolen leben diese Bären in großer Zahl in den tibetischen Gebirgen Burhan Budai und Shugan. Sie halten sich dort zwischen den Felsen auf, kommen jedoch im Sommer in die Ebene und erscheinen sogar am Oberlauf des Yangtze.

Nikolaj Prshewalskij im Hoh Xil-Gebirge, Nordtibet, Herbst 1879

Am meisten interessierte uns eine neue Bärenart, der bereits erwähnte *Ursus lagomyiarius.*[6] Wegen seiner Vorliebe für große Höhen (wir fanden ihn nie unter 4200 Meter) könnte man ihn auch *Ursus hypernephes* nennen. Von dem gewöhnlichen Braunbären, *Ursus arctos*, unterscheidet er sich vor allem durch seinen Pelz und seine Färbung. Beim Männchen ist die hintere Hälfte des Körpers dunkelbraun mit grau auslaufenden Haarspitzen. Die Seiten sind grau, die Vorderweichen rötlich, der Schopf schwarz, Brust und Hals rötlich weiß, Kopf und vor allem Schnauze hellrot, Ohren dunkelbraun, Schultern bis zum Genick in breiten hellen Streifen verlaufend, Beine schwarz, Pranken weißlich. Die Bärin ist heller; die Haare an ihrem Körper haben längere weiße Spitzen. Der Bär ist gewöhnlich 185 Zentimeter lang und 97 Zentimeter hoch, die Bärin 156 und 90 Zentimeter. Er hält sich vorzugsweise in den Gebirgen Nordtibets auf und lagert meist an unzugänglichen Stellen. Besonders viele soll es im Tang-la-Gebirge geben. Die Einwohner behaupten, im Sommer könne man zuweilen bis zu zehn Stück zusammen begegnen. Die Tibeter erzählen zwar fürchterliche Geschichten über ihn und behaupten, er falle im Frühjahr, wenn er noch von seinem Winterschlaf her hungrig sei, sogar Menschen an. Doch er ist von Natur sehr furchtsam. Seine Hauptnahrung besteht in Pfeifhasen. Er gräbt ihren Bau auf und fängt die Tierchen. Sehr komisch ist es, wenn der Bär bei einem solchen Jagdzug von einem Steppenfuchs begleitet wird, der in einiger Entfernung stehen bleibt und mit gespannter Aufmerksamkeit das Aufwühlen der Pfeifhasenlager verfolgt, um ein unglückliches Tier, das dem unbeholfenen Bär in wilder Flucht zu entkommen sucht, dann selber zu erbeuten. Wir beobachteten einmal, wie der Bär mit wütendem Eifer grub und von vier Steppenfüchsen belauert wurde. Jedes Mal, wenn ein Pfeifhase die Beute der umstehenden Füchse wurde, bezeigte der Bär durch wildes Gebrumm sein ernstliches Missfallen. Aber es war umsonst, die Füchse folgten ihm, wohin er sich auch wandte, und verzehrten gemächlich die Pfeifhasen, die er aus ihrem Bau aufgescheucht hatte.

Nikolaj Prshewalskij am Kokonor, 1885

Der Pfeifhase wohnt in nicht allzu tiefen Höhlen, die meist an abschüssigen Wiesenhängen liegen. Ebenes Gelände bewohnt der Pfeifhase nicht so gern, wohl weil bei starken Regenfällen die Höhlen manchmal überschwemmt werden und eine große Zahl ihrer Insassen zugrunde geht. Wo dieses Tier günstige Bedingungen findet, durchziehen seine Höhlen den ganzen Boden. Zuweilen kommt auf mehrere Quadratkilometer hin fast auf jeden Quadratmeter eine Höhle. Es ist völlig ausgeschlossen, im Galopp über ein solches Gebiet zu reiten, denn das Pferd strauchelt beständig und bricht ein. Die Pfeifhasen laufen ständig vor dem Reisenden hin

«Er gräbt ihren Bau auf und fängt die Tierchen» – eine tibetische Bärin beim Graben nach Pfeifhasen, dargestellt von Pjotr Koslow

und her, schlüpfen von einer Höhle in die andere oder sitzen unbeweglich vor den Höhleneingängen. Übrigens ist der Pfeifhase recht vorsichtig und verlässt seinen Bau nur, wenn er sich überzeugt hat, dass keine Gefahr droht. Dazu steckt er gewöhnlich erst einmal nur den Kopf aus der Höhle und hält lange Ausschau. Hat er sich vergewissert, dass alles ruhig ist, kriecht er ganz hervor, um zu fressen oder sich in der Sonne zu wärmen. Bei Sturm oder schlechtem Wetter kommt er überhaupt nicht hervor. Der Kokonor-Pfeifhase gibt ein lang gezogenes, ziemlich lautes, aber dünnes Pfeifen von sich, das um einige Töne variiert. Obwohl das kleine Tier also ziemlich schlau ist, wird es doch in großer Zahl sowohl von vierfüßigen als auch von gefiederten Räubern vertilgt. Seine Fruchtbarkeit ersetzt jedoch rasch die Lücken, die von den Räubern und von Zeit zu Zeit auch durch starke Sommerregen gerissen werden. Wo die Pfeifhasen auftreten, fressen sie das Gras völlig ab, und zwar mitsamt den Wurzeln, die sie aus der Erde graben, sodass ausgedehnte Wiesenflächen sowohl am Kokonor wie auch in Nordtibet oft völlig kahl werden. So unscheinbar der Pfeifhase auch ist, durch seine große Zahl übt er einen beträchtlichen Einfluss auf die Umgestaltung der Landschaft aus, in der er vorkommt. Auf den Steppen des Kokonor liefert er durch seine Wühlarbeit reichlich Material für den Lößstaub, der dann von den Stürmen ins benachbarte China getragen wird und den See selbst nach und nach zuschüttet. In Nordtibet ist sie der Grund dafür, dass die mit Gras bewachsenen Berghänge stets von Furchen durchzogen sind.

Nikolaj Prshewalskij in Nordosttibet, 1885

Eine kostbare zoologische Beute beim Marsch über das Plateau von Nordosttibet waren die prachtvollen Felle des von mir 1879 entdeckten tibetischen Bären (*Ursus arctos pruinosus*), die wir fast täglich unserer Sammlung einverleibten.

Seine Hauptnahrung bilden die Pfeifhasen, die er aus ihren Höhlen herausholt. Außerdem ernährt er sich von verschiedenen Wurzeln, die er ausgräbt. Im Frühjahr frisst er gern Schwertlilien, im Sommer Brennnesseln. Auch Fische verachtet er nicht, sofern er sie fangen kann. An großes Wild macht er sich nicht heran. In den von Tanguten bewohnten Gegenden würgt er auch kein Vieh, nicht einmal Schafe.

Die Fellfarbe wechselt bei ihm außerordentlich stark. Im großen ganzen überwiegt beim Männchen dunkelbraun, beim Weibchen dagegen ein heller, weißlicher Ton. Er ist von Natur aus feige, lässt jedoch, da er vom Menschen kaum verfolgt wird, jede Vorsicht außer Acht. Übrigens sieht er auch schlecht, wittert dafür aber ausgezeichnet gegen den Wind. Hat er etwas Verdächtiges bemerkt, so erhebt er sich gewöhnlich auf die Hinterbeine. Seine Gangweise erscheint plump, und wie der russische Bär ist er tolpatschig. Notfalls schlägt er einen ziemlich raschen, aber nicht anhaltenden Galopp an. Gegen Verwundungen ist er wie unser Bär auch äußerst unempfindlich, besonders wenn es sich um Wunden handelt, die von Kugeln aus dem kleinkalibrigen Berdan-Gewehr verursacht werden. Da der Bär aber in Tibet sehr häufig vorkommt, konnten wir trotzdem eine Menge von ihnen erlegen. So erbeutete ich eines Tages, und zwar im Südostteil der «Sternensteppe» Odon-tala, von Mittag bis Abend drei alte und drei junge Bären. In der gleichen Zeit wurden von meinen Begleitern noch drei weitere zur Strecke gebracht.

Die Stadt an der Tee-Pferd-Straße

A. E. Pratt in Tatsienlu, an der Grenze von China und Tibet, Juli 1889

Am 4. Juli führte die Straße nach Tatsienlu ein sehr tiefes Felscanyon hinan, mit gewaltigen Bergen auf jeder Seite. Ein ungewöhnlich klarer Fluss strömte an ihr entlang und bildete hier und da tiefe blaue Teiche. Blickte man die Seitenschluchten hinauf, so sah man schneebedeckte Berge mit dunklen Kiefernwäldern darunter, und deutlich setzten sich die verschiedenen Vegetationszonen voneinander ab. Direkt unter dem Schnee waren Grasmatten, dann folgten Kiefernwälder, Rhododendren, gemischte Nadelwälder und in den Tälern schließlich subtropische Pflanzen. Die Vegetation ist im übrigen eher tibetisch als chinesisch.

An der Straße bemerkte ich eine einzige Seilhängebrücke über einen Fluss. Sie bestand aus einem an die acht Zentimeter dicken Bambuskabel, das nahezu vierzig Meter über dem Wasser ausge-

A. E. Pratt in chinesischer Verkleidung

spannt war und auf dem ein geflochtener Bambusring lief. An diesem hing ein umgekehrtes T-Stück mit einem etwa ein Meter zwanzig langen Schaft, von dem aus Zugleinen an jedes Ufer reichten. Der Reisende setzt sich auf das T, und da das Kabel natürlich durchhängt, lässt er sich bis in die Mitte rutschen. Dann fasst er die Zugleine und zieht sich zum anderen Ufer hoch.

Die Stadt Tatsienlu [Kangding] [1] erblickt der Reisende erst kurz vor den Stadttoren. Die Häuser muten chinesisch an, doch die Bevölkerung ist ein Gemisch aller Nationen Asiens, mit Tibetern in der Überzahl. Ich lief quer durch die Stadt, ging zum Südtor wieder hinaus und fand bald das Haus des katholischen Bischofs, Monseigneur Biet [2], der mich sehr freundlich empfing und mir Quartier in einem Gasthaus der Stadt beschaffte.

Ich weiß nicht, wie ich Bischof Biet und den Patres Soulié, Mossot und Déjean für all die Freundlichkeit und Aufmerksamkeit danken könnte, die sie mir während meines Aufenthalts erwiesen. Bischof Biet, ein hochgebildeter Mann von erlesenem Geschmack, ist seit fünfundzwanzig Jahren in diesem Bezirk und wird hier wahrscheinlich auch seine Tage beschließen, denn Missionsbischöfe werden vom Papst selten oder nie zurückberufen. Der letzte Europäer, den er vor Mr. Rockhill, einem Amerikaner übrigens, der zufällig kurz vor mir aus Tibet eingetroffen war, und mir zu sehen bekam, war im Jahre 1879 Mr. Baber gewesen – und jetzt schreiben wir 1889. Sein Bruder, ebenfalls Missionar, wurde in der Mandschurei ermordet, und er selber wie auch die Patres waren noch immer überaus vorsichtig, denn die Lamas sind ihnen nicht gewogen. Das Leben ist für alle katholischen Missionare hier sehr hart. Sie haben sauberere und vielleicht ein wenig bessere Häuser als die Einheimischen, leben aber genau wie diese. Ihr Essen ist primitiv und oft knapp, und oft ist ihr Leben in Gefahr. Keine Arbeit ist ihnen zu schwer, kein Leben zu ärmlich. Weder von Krankheitsepidemien noch von Morddrohungen lassen sie sich abschrecken.

Die Stadt Tatsienlu ist höchst unregelmäßig gebaut; ihre Häuser sehen unterschiedlich aus und sind unterschiedlich groß, die Straßen sind lediglich eine Schicht großer Steine, und ein Wildbach rauscht von Süd nach Nord mitten durch die Stadt.

Die Einwohner sind hauptsächlich Chinesen und Tibeter; jene sind im allgemeinen Kaufleute und Ladenbesitzer, diese haben vorwiegend mit dem Karawanengewerbe zu tun. Keinen Tibeter sieht man jemals ohne einen – manchmal mit Silber verzierten – Holznapf, aus dem er seinen Gerstenbrei isst oder seinen Tee trinkt. Dazu trägt er unweigerlich eine feine kleine Zunderbüchse, an der die Stahlklinge befestigt ist, während der Feuerstein sich im Innern befindet. Wenn sie nicht gerade benutzt werden, trägt er diese beiden Gegenstände in den Falten seines langen, groben Mantels.

Auf den Straßen sieht man alle asiatischen Rassen; viele Männer sind große, gut und wild aussehende Vertreter der Menschheit, bewaffnet mit langen Gewehren, Dolchen und Schwertern. Ihre Feuerwaffen sind meist veraltet und darum nicht viel wert, doch ihre Besitzer halten große Stücke auf sie. Zu allen Tageszeiten trifft man in der Stadt auf viele Lamas, da sich gleich außerhalb der Stadt ein großes Lamakloster befindet. Man erkennt sie an ihren roten Gewändern und ihren kahl geschorenen Köpfen, und den ganzen Tag lang hört man die Musik bei ihren Gebeten. Monseigneur Biet er-

«Die Häuser muten chinesisch an, doch die Bevölkerung ist ein Gemisch aller Nationen Asiens, mit Tibetern in der Überzahl» – die tibetisch-chinesische Grenzstadt Tatsienlu (heute Kangding), 1890 fotografiert von A. E. Pratt

zählte mir von der Bestattung eines hochrangigen Lamas während seines Aufenthalts in Batang. Seine Leiche wurde auf ein hoch gelegenes Plateau getragen, das Fleisch von den Knochen geschnitten; dann wurden diese zerkleinert und mit Mehl vermengt und alles den Geiern hingelegt.[3] So sei die Leiche zufriedenstellend beseitigt worden. Die tibetischen Frauen arbeiten schwer. Sie sammeln auf den Berghängen Feuerholz und verrichten viel von der Arbeit im Freien, zu der chinesische Frauen außerstande sind.[4]

Nach Tatsienlu wird eine Menge Tee gebracht, hauptsächlich aus Yachao-fu [Ya'an]. Er ist von sehr grober Beschaffenheit und kommt in Riegeln von etwa hundert mal dreiundzwanzig mal neun Zentimetern, die fünfeinhalb bis fast sieben Kilo wiegen und in eine Matte eingepackt sind. Sie werden von Kulis getragen, die über die Brücke von Luding[5] gehen, der einzigen Stelle im ganzen Bezirk, an der der Dadu-Fluss überquert werden kann. Die Kulis tragen enorme Lasten von 90 bis über 136 Kilo. Die Teeriegel ruhen auf einem leichten Holzrahmen und ragen hoch über den Kopf des Kulis. Oben haben die Rahmen zwei Seilschleifen, durch die der Träger seine Arme streckt. Immer hat er einen T-Stock bei sich, auf dem die Last bei einer Verschnaufpause ruht. In Tatsienlu werden die Teeriegel in sogenannte Ziegel geschnitten, die in Häute verpackt und von Karawanen in alle Teile Tibets geschafft werden.[6] Auch Tabak und Salz werden von den Karawanen aus China nach Tibet gebracht, und in der Gegenrichtung transportieren sie Häute, Hirschhörner, Moschus und Heilpflanzen. Einige dieser Karawanen legen enorme Entfernungen zurück: Eine geht regelmäßig nach Tashilhunpo westlich von Lhasa; es ist 2400 km entfernt, und sie ist sechs Monate unterwegs.[7]

Tatsienlu liegt an der großen Landstraße von Peking nach Lhasa, und manchmal kommt ein Kurier der Regierung hindurch. Es ist ein seltsames System, denn unbedingt muss jede einigermaßen wichtige Sendung den ganzen Weg von einem einzigen Mann befördert werden. Die besten Reitpferde werden ihm zur Verfügung

«Das Leben ist für alle katholischen Missionare hier sehr hart» – französische Patres in Tatsienlu, von links: Pater Léonard-Louis Déjean, Bischof Félix Biet, der amerikanische Tibet-Forscher W. W. Rockhill, Pater Soulié (?); Foto von Henri d'Orléans im Sommer 1890

«Die Teeriegel werden von Kulis getragen. Ihre enormen Lasten von 90 bis über 136 Kilo ruhen auf einem leichten Holzrahmen und ragen hoch über den Kopf» – Träger auf dem Weg nach Tatsienlu, gezeichnet für W. W. Rockhill

gestellt, und er macht nur Halt, um das Pferd zu wechseln, an dessen Sattel er gefesselt ist. Zwei Soldaten begleiten ihn, die bei jeder Station wechseln. Dort wird der Kurier losgebunden, man gibt ihm ein rohes Ei zu essen, dann wird er auf ein frisches Pferd gesetzt und darauf festgebunden, und er setzt seine Reise fort. Ich habe gehört, dass viele Kuriere diese Strapaze nicht überleben.

Am 25. Juli verließ ich Tatsienlu für ein paar Tage und reiste nach Chet-tu [Zheduo], einem tibetischen Dorf etwa sechzehn Kilometer westlich. Die Berge sind hier über 5200 Meter hoch, und ich fand Unterkunft in einer steinernen Hütte im Tal darunter. Sie hatte zwei Räume. In einem wohnten die Besitzer, in dem anderen die ihnen gehörigen Kühe, Schweine, Katzen, Hunde, das Federvieh – und wir. Viel Ruhe gab es hier nicht, und es war alles sehr schmutzig. Das Dach ließ den Regen durch, und der Wind pfiff durch die Risse in den Mauern. Aber es war nicht alles schlecht, denn ich konnte hervorragende Milch bekommen. Morgens stieg ich den Berg hinauf, um zu sehen, ob sich der weiß-rote tibetische Ohrfasan (*Crossoptilon tibetanum*) finden ließe. Nach einer anstrengenden Wanderung erblickte ich keine zehn Meter entfernt einen schönen Hahn, aber mein Schuss ging daneben. Es war der erste, den ich je in der Wildnis zu Gesicht bekommen hatte, und der einzige, den ich bei Tageslicht sah. Es war höchst ärgerlich. Ich war jetzt nicht mehr weit von der Schneegrenze, und ich fand viele Blumen, hauptsächlich perennierende Arten. Der Bezirk ist reich an Thecla, und eines Morgens pflückte ich nicht weniger als 300 *Thecla bieti*[8] mit meinem Forzeps von dem Mist der Packtiere auf dem Weg nach Lhasa.

Am 29. kehrte ich mit einer ordentlichen Sammlung nach Tatsienlu zurück. Jetzt hatte ich eine gute Serie von Imperator-Apollofaltern (*Parnassius imperator*) und viele andere Arten. Die beste Zeit zum Sammeln ist zwischen acht und elf vormittags, denn danach erhebt sich gewöhnlich ein heftiger Wind, der bis gegen fünf andauert.

Wie heißt das da?

William Gill in Osttibet südlich von Batang, 29. August 1877

Wir kamen über einen niedrigen Bergausläufer, der den Batang-Fluss, einen gut 20 Meter breiten klaren Fluss, vom Jinsha Jiang trennt, dem Goldsandfluss, wie der obere Yangtze hier heißt, einem trüben, 160 bis 180 Meter breiten Strom. Der Name dieses Ausläufers zeigt, wie schwierig es ist, den richtigen Namen in Erfahrung zu bringen. Wir fragten einen Chinesen:

«Bitte, mein Herr, wie könnte dieser Hügel da wohl heißen?»

«Hohe Exzellenz», erwiderte er, «der heißt Teebaumhügel.»

«Teebaumhügel! Dann gibt es hier also Teepflanzen?»

«Natürlich», sagte er, «wenn er doch Teebaumhügel heißt.»

Wir blickten uns um, konnten aber keine Spur des nützlichen Strauchs entdecken.

«Na ja», sagte unser Gewährsmann, «dann hat es früher welche gegeben. Sie sind sicher beim Erdbeben umgekommen.»

Unsere Skepsis ließ uns aber noch immer keine Ruhe, und sobald der Chinese außer Hörweite war, fragten wir einen Tibeter, der sagte, der Hügel heiße Cha-keu, ein tibetisches Wort ohne Bedeutung. Er war so nett, diesen Namen in unser Buch zu schreiben. Die Chinesen sind hoffnungslos ungenau bei der Umschrift ausländischer Namen ins Chinesische, und dass Cha-keu als Cha-shu wiedergegeben wurde, nahm nicht weiter wunder. Die chinesischen Silben für ausländische Namen haben zwar so etwas wie eine Bedeutung, aber die ist bloßer Zufall oder bestenfalls eine kalauerhafte Gedächtnisstütze. Der Teebaumhügel vor uns ist in einer chinesischen Beschreibung der Straße nach Lhasa erwähnt und hat den ausgezeichneten Geographen Carl Ritter[1], der noch nicht wusste, dass der Teebaum auch in Assam wächst, dazu verführt, ihn als den westlichsten Punkt zu bezeichnen, bis zu dem die Teepflanze verbreitet ist.

Verursacher des schlechten Wetters

E. A. Pratt in Leshan, zurück in Tatsienlu und in Mosimien, August 1889 und Frühsommer 1890

Am 26. August brach ich mit vierundzwanzig Kulis aus Tatsienlu auf und fand das Pferd eine große Hilfe. Aber da die Straße stellenweise zu gefährlich war, konnte ich nicht den ganzen Tag reiten. Das Straßenstück zwischen Wa-shan und Kia-ting-fu [Leshan] gilt auch darum als gefährlich, weil es der Grenze zu den Lolo[1] so nahe ist; meines Wissens finden hier häufiger Raubüberfälle statt als in den Bezirken westlich und nördlich davon.

Bei meiner Ankunft in Leshan zog ich sofort auf mein Boot, das ich hier gelassen hatte und das ich zu meiner Freude intakt fand. Der Bootsmann hatte bei der Flut im Juli eine schwierige Zeit durchstehen müssen, wie er mir erzählte; auch die Missionare und

«In Tatsienlu streiften Lamas mit kahl geschorenen Köpfen in den winkligen engen Gassen umher» – die Hauptstraße zum Südtor von Tatsienlu, 1889/90 fotografiert von A. E. Pratt

die Chinesen selbst bestätigten, dass es seit hundert Jahren Derartiges nicht gegeben hätte. In einer Nacht sei der Min-Fluss fünfzehn Meter gestiegen, durch die Tore in die Stadt geströmt und habe dort Häuser und Hab und Gut aller Art zerstört. Während der ganzen Nacht habe man die Hilferufe der Unglücklichen gehört, deren Häuser überflutet waren, aber nichts für sie tun können. Hunderte von Booten und Sampans seien in den tosenden Fluten des Flusses kurz und klein geschlagen worden, und es habe eine schreckliche Zahl von Todesopfern gegeben. Große Dschunken seien auseinander gebrochen, und einige seien erst wieder unter Kontrolle gebracht worden, als sie über fünfhundert Kilometer stromabwärts getrieben waren.

Wie ich feststellte, hatten unter den Einheimischen während meiner Abwesenheit höchst sonderbare Geschichten über den Zweck meiner Reise die Runde gemacht. Einige behaupteten, ich entführte Kinder und machte aus ihren Augen Medizin für meinen

Fotoapparat; ohne diese könnte angeblich niemand damit Bilder aufnehmen. Andere berichteten, ich finge und tötete Schlangen, die so groß waren, dass fünf Mann nötig waren, sie zu tragen. Dann wurde auch wieder die alte Geschichte aufgewärmt, dass ich eine Höllenmaschine an Bord hätte und nur auf eine günstige Gelegenheit wartete, die ganze Stadt in die Luft zu sprengen. Alles dies war dem Daotai [2] berichtet worden, aber natürlich wusste er es besser und schenkte dem allen keinen Glauben. Doch so hartnäckig waren die Gerüchte, dass er das Boot noch einmal persönlich inspizierte und dann alles in seiner Macht Stehende tat, den Leuten zu versichern, dass ihnen keine Gefahr drohe.

Am 27. April 1890 traf ich zum zweiten Mal in Tatsienlu ein. Bevor ich an den Stadttoren ankam, fand ich einen Brief von Bischof Biet vor. Es sei das Gerücht verbreitet worden, hieß es darin, dass ich und Herr Kricheldorff [3], der hier mit mir sammelte, zwei ausländische Mandarine seien; er erwartete, dass wir Schwierigkeiten mit den Behörden bekommen würden. Doch als wir unsere Pässe vorwiesen, ließ man uns ungehindert hinein. Wie ich feststellte, war seit meinem letzten Besuch ein neuer Mandarin ernannt worden, der etwas gegen Ausländer hatte und mit dem nicht gut Kirschen essen war.

Am 13. Mai machte ich mich für eine Reise nach Mosimien [Moximian] [4] bereit. Ich fand noch Zeit, nach der Raupe des Imperator-Apollos zu suchen, und fand zwanzig sowie eine Puppe. Die Raupe sitzt an einer Doldenpflanze und ist dunkel schiefergrau mit zehn schwarz geränderten Orangeflecken auf jeder Seite. Sie ist mit kurzen grauen Haaren bedeckt und ringelt sich bei der Berührung zusammen. Sie ist 3 ½ Zentimeter lang. Die Puppe ist braun und hängt mittels eines Seidengewebes an der Unterseite von Steinen.

Als am 15. Mai alles arrangiert war, zog ich von Tatsienlu in die Gegend von Moximian; vierzehn Kulis trugen meine Gerätschaften und ein Zelt. Die Straße führt zum Südtor hinaus und ein Tal mit einem Kiefernwald auf seiner Westseite hinauf, der strikt das Reservat des Königs ist. Viele Moschushirsche sind darin gefangen, und der Verkauf ihres Moschus bildet einen wesentlichen Teil seines Einkommens. Es darf dort kein Holz geschlagen werden. Weiter oben sind die Berge felsig und kahl, oder fast.

Der Palast des örtlichen Königs liegt etwa 20 Li [10 Kilometer] von Tatsienlu entfernt. Es ist ein großer, weitläufiger Gebäudekomplex mit Lehmmauern und einem chinesischen Keramikdach. Zum Teil steht er über einer natürlichen Thermalquelle, die man von seinen Fundamenten wegrinnen sehen kann; ihr Dampf entweicht aus der Dachtraufe eines Gebäudeteils. Ganz in der Nähe liegt ein großes Gehöft, wo ich viele hübsche Ponys und eine große Zahl Kühe bemerkte. Sie werden um ihrer Milch willen gehalten und sind denen, die man hier sonst auf dem Lande sieht, weit überlegen. In einem Gatter sah ich auch etwa zwanzig Elche, alle weiblich. Um diesen Ort herum gab es reichlich vortrefflichen Weidegrund. Der König ist nicht nur ein großer Bauer und Pferdezüchter, sondern auch ein großer Jäger, und als ich ihm in der Nähe seines Gehöfts begegnete, hatte er ein Rudel Jagdhunde an den Fersen. Er ist ein älterer Herr und nicht gesund, glaubt aber an die Heilkräfte der verschiedenen heißen Quellen in der Nachbarschaft; von einer von ihnen kehrte er gerade zurück, als ich ihm begegnete. Er trug die gewöhnliche Kleidung höhergestellter Tibeter, und seine Diener hielten ihm einen riesigen roten Schirm über den Kopf. Als er mich sah, blieb er stehen und wollte mit mir sprechen; mein Koch fungierte als Dolmetscher.

Er sagte, er hätte nie von meiner Ankunft gehört. Das vertrug sich nicht mit der Botschaft, die ich erhalten hatte, als ich ein paar Tage zuvor auf dem Berg war, und ich habe nie herausbekommen, ob er log oder ob meine Leute die angeblich von ihm kommende Botschaft erfunden hatten. Jedoch habe ich den Verdacht, dass sein königliches Gedächtnis nicht das beste war. Er zeigte großes Interesse an dem Gewehr, das ich mit mir führte (ein gewöhnliches Schrotgewehr Kaliber 12), und wollte wissen, aus welcher Entfernung es tötete. Er schien ein intelligenter Mann und gut informiert, gemessen an dem Land, in dem er lebte, und er war in Peking gewesen. Er ist ein praktisch unabhängiger Häuptling, aber zweimal im Jahr schickt er Tribut nach Peking und streitet sich oft über Fragen der Rechtsprechung mit den chinesischen Beamten in Tatsienlu. Nach hiesigen Maßstäben ist er reich; sein Reichtum besteht vor allem in Land, Vieh und Ponys, von denen er einige hundert besitzt.

Etwa 10 Li weiter kam ich zu einem tibetischen Weiler, der tatsächlich eine seiner Milchwirtschaften war, wo ich in einem Haus Seiner Majestät übernachtete. Ich hatte das Glück, vortreffliche Milch und Butter zu bekommen, obwohl alles sonst recht schmutzig war. Das Haus war in tibetischer Manier aus losen Steinen gebaut, mit Lehm nur in den Fugen; das Dach war mit Kieferschindeln gedeckt, auf denen große Steine lagen, damit sie von den häufigen starken Winden nicht fortgeweht wurden. Es gibt hier drei heiße Quellen; jede kommt oben aus einem gelblichbraunen kegelförmigen Felsen. Diese Kegel sind offensichtlich durch die fortgesetzte Ablagerung der in dem Wasser enthaltenen Mineralien entstanden; der größte ist etwa drei Meter hoch, die anderen sind etwas niedriger. Das austretende Wasser ist sehr heiß und riecht sehr unangenehm, wie fauliger Seetang.

Am nächsten Morgen (16. Mai) brach ich früh auf. Der Anstieg wurde steiler, und die verkümmerte Vegetation und die Seltenheit selbst von Kiefern zeigte an, dass ich sehr hoch war. Immer wieder

«Eine außerordentliche Ähnlichkeit mit der Raupe eines Nachtfalters» – der in der chinesischen Medizin verwendete Pilz «Winterwurm-Sommergras», Chong Cao

jedoch gab es kleine Grasflächen, und der Kweitschou-Fasan (*Phasianus colchicus decollatus*) schien hier sehr häufig zu sein. Ich schoss einige und bemerkte auch, dass eine Blutfasanart (*Ithaginis*) sehr verbreitet war, da sie mir dauernd über den Weg liefen. Sie taugen jedoch nicht zum Essen, denn sie sind zäh und haben einen unangenehm aufdringlichen Geschmack. Kurz vor der Passhöhe bemerkte ich eine sehr schöne blaue Zwerg-Iris, und etwas weiter oben waren Schneeflecken. Es war bitter kalt, und ich bestimmte die Höhe mit 3900 Meter. Jeden Winter kommen auf diesem Pass Menschen ums Leben, denn obwohl Stangen zur Markierung des Weges aufgestellt werden, verirrt man sich bei einem Schneesturm sehr leicht.

Als ich bei äußerst unangenehmem Wetter – Schnee und Schneeregen – den Abstieg begann, war ich froh, nach einiger Zeit einen Ort namens Ja-tschau-kun zu erreichen, wo es ein Rasthaus gibt, das vorwiegend von chinesischen Heilpflanzensammlern aufgesucht wird. Bei meiner Ankunft waren etwa fünfzig da, und in der Mitte des Raums brannte ein gewaltiges Feuer, das mit sechzig Zentimeter starken Stämmen gespeist wurde. Einen Abzug gab es nicht, und die Innenwände waren schwarz von Rauch; die Hitze jedoch tat sehr wohl, und ich entdeckte an einem Ende einen kleinen Extraraum, den ich mir aneignete. Das Haus war stabil gebaut und stand auf ebenem Boden, war aber dennoch vom Wind so schief geblasen, dass es gewiss eingestürzt wäre, wäre es nicht auf der einen Seite durch Streben abgestützt gewesen. Der Hauptraum war etwa zwanzig Meter lang und zehn breit, und in ihm wohnten und schliefen die Medizinsammler. Gleich vor der Tür war ein ekelerregender Dreckhaufen, der sich dort über die Jahre gesammelt hatte. Die Heilpflanzen, die hier gesammelt werden, sind Rhabarber[5], Chong Cao (*Cordyceps sinensis*)[6], eine Pflanze, die haargenau dem Körper einer Raupe gleicht, und Pei Mu[7], eine kleine, etwa murmelgroße Knolle, der tonische Eigenschaften zugeschrieben werden.

Am nächsten Tag machte ich mich auf die Suche nach einem geeigneten Platz in der Nähe, wo ich mein Zelt aufbauen könnte, und als ich vor dem Haus einen Bach auf einer Holzplanke überquert hatte, stieß ich auf einen Pfad, der durch Urwald allmählich bergauf führte und schließlich auf einer verlassenen Lichtung etwa dreizehn Kilometer von Ja-tschau-kun endete. Ich sah sogleich, dass er zum Kampieren bestens geeignet war; vor allem wollte ich einen freien Platz, um nachts mit Zucker Nachtfalter anlocken zu können. Ganz in der Nähe war ein kleiner See, dessen Ufer mit Rhododendren bewachsen waren. Auf den Kiefern ringsumher wuchsen schöne, erbsengrüne Flechten, die in anmutigen Girlanden von den Ästen und Zweigen hingen.[8] Die Höhe war 3360 Meter. Ich schickte Boten zurück, ließ mein ganzes Gepäck heraufbringen und schlug so bald wie möglich mein Zelt auf. Da es sehr feucht war, war mir sofort klar, dass sich Sammelexemplare hier nur in einem festen Haus aufbewahren lassen würden, und am Tag darauf ließ ich meine Leute mit dessen Bau beginnen. Es wurde wie eine amerikanische Blockhütte gebaut und mit Kieferschindeln gedeckt, die die Feuchtigkeit heraushielten; ich ließ sogar Glasfenster aus verdorbenen Fotoplatten einbauen; und ich bestand auf einem hölzernen Schornstein, obwohl meine Leute dagegen waren, den Raum immer voller Qualm haben und diesen aufs Geratewohl durchs Dach abziehen lassen wollten. Die Hütte war etwa sechs mal fünf Meter groß und nach ihrer Vollendung sehr bequem. Ihr Bau dauerte etwa vierzehn Tage, und dann brannte Tag und Nacht ein Feuer, um die botanischen Papiere und Exemplare zu trocknen.

Am 23. Mai erhielt ich einen Brief von Pater Soulié, der mich nach Tatsienlu rief, wo mich meine Sammler brauchten. Auf dem Rückweg kam ich gleich hinter der Passhöhe an einem offenbar gerade verendeten Pferd vorbei, das mit seinem Zaumzeug auf dem Pfad lag. Ich bekam nie heraus, wem es gehörte und wie es dorthin gekommen war, vermutete jedoch irgendein Schurkenstück. Abends

«Die letzte zuverlässige Nachricht über meinen Vater fand ich in den Aufzeichnungen eines französischen Missionars, der ihn im Sommer 1917 zufällig in den Bergen von Tibet unweit des Fleckens Chetu traf» – Chetu (Zheduo) bei Tatsienlu vor dem Hintergrund des Minya Konka, skizziert von dem Geographen Gustav Kreitner

war ich wieder im Camp, und nachts gab es ein heftiges Gewitter mit Hagel und Schnee.

31. Mai. Dichter Schneefall, der Boden schneebedeckt und die Zweige schneebeladen. Es wirkt mehr wie mitten im Winter als wie drei Wochen vor der Sommersonnenwende.

5. Juni. Ein schwerer Schneesturm und eisige Kälte; die Rhododendren haben alle Blüten verloren. Ein Kuli kam mit der Nachricht, der Weg nach Tatsienlu sei zugeschneit, die Leute in Moximian hätten von den Kräutersammlern gehört, dass sich ein Ausländer im Bezirk aufhielt, und führten das schlechte Wetter auf seine Anwesenheit zurück. Der Kuli berichtete mir auch, das tote Pferd auf der Passhöhe sei von Leoparden fast vollständig aufgefressen worden.

Am 14. Juni bemerkte ich, dass die Kräutersammler nicht mehr wie sonst immer über die Hänge verstreut, sondern alle weg waren. Zusammen mit dem, was mir meine Leute berichtet hatten, kam mir das verdächtig vor, und so beschloss ich, nach Tatsienlu zu gehen und mit dem Mandarin zu besprechen, ob er die Wogen nicht glätten könne. Am 17. Juni abends erhielt der Beamte ein Schreiben, das er an Mgr. Biet weitergab, der mich über den Inhalt unterrichtete. Es war eine Bittschrift aus Moximian, unterschrieben von vielen seiner Einwohner und auch von den Kräutersammlern, in der sie erklärten, dass ich das schlechte Wetter verursacht hätte und sofort aus dem Bezirk ausgewiesen werden sollte. Es schien eine sonderbare Mischung aus Unwissenheit und Aberglaube; doch der Mandarin mochte keine Ausländer, sodass ich einsah, dass ich in meiner «Himmelshütte» in den Bergen, wie ich sie nannte, nicht länger bleiben konnte. Er untersagte mir sogar, die Stadt für längere Zeit zu verlassen.

18. Juni. Da ich in meiner Bewegungsfreiheit dermaßen eingeschränkt war, gab es für mich in Tatsienlu nichts mehr zu tun. So beschloss ich abzureisen und eine Weile auf dem Emei Shan zu bleiben, denn ich wollte gerne sehen, wie meine Leute mit dem Sammeln dort vorangekommen waren.

Karawane nach Tibet

Régis-Évariste Huc auf dem Weg nach Lhasa, zwischen dem Kokonor und dem Quellgebiet des Yangtze, Ende 1845

Gegen Ende September vernahmen wir die erfreuliche Nachricht, die tibetanische Gesandtschaft sei aus Peking in Tang-Keou-Eul [Tangar][1] angekommen, wo sie einige Tage verweilen würde, um Vorräte zu kaufen und eine Karawane zu bilden. Nach langer und quälender Wartezeit standen wir also endlich im Begriff, uns auf den Weg in die Hauptstadt Tibets zu machen. Wir trafen unsere Vorbereitungen in aller Eile. Zunächst mussten wir eine kleine Reise nach Koumboum [Kumbum] unternehmen, um uns für vier

Monate mit allem Nötigen zu versorgen, denn unterwegs gab es mit Sicherheit nicht das Geringste zu kaufen. Nach sorgfältiger Berechnung kamen wir zu dem Ergebnis, dass wir fünf Ziegel Tee brauchten, zwei Schafsmägen voll Butter, zwei Sack Weizenmehl und acht Sack Tsampa. Unter Tsampa versteht man geröstetes Gerstenmehl, das die unschmackhafte tägliche Nahrung der Tibeter bildet. In einen halbgefüllten Napf mit heißem Tee schüttet man einige Hand voll Tsampa und knetet die Mischung mit den Fingern; dann schluckt man diese Paste, die weder roh noch gekocht, weder warm noch kalt ist. Wer die Wüstenei nach Lha-Ssa [Lhasa] durchqueren will, muss sich notgedrungen mit Tsampa begnügen. Auch wer gewohnt ist, mit Messer und Gabel zu essen, hier muss er ohne sie auskommen.

Wohlmeinende und erfahrene Leute gaben uns den Rat, auch einen reichlichen Vorrat an Knoblauch mitzunehmen und alle Tage einige Zehen zu genießen, wenn wir nicht an den mörderischen üblen Dünsten zugrunde gehen wollten, die im Hochgebirge an manchen Stellen austreten. Wir diskutierten diesen hygienischen Rat nicht, sondern nahmen ihn mit blindem Vertrauen an.

Unsere Tiere waren im Tal von Chogortan[2] trefflich gediehen und fetter geworden, als wir sie je zuvor gesehen hatten; vor allem

Régis-Évariste Huc

die Kamele waren in bester Fasson; ihre Höcker waren dank des Fettes, das in ihnen steckte, prall und fest, standen stolz empor und schienen den Strapazen und Entbehrungen der Wüste zu trotzen. Dennoch reichten drei Kamele nicht aus, unsere Vorräte und unser Gepäck zu tragen. Wir mussten also noch ein viertes Kamel und ein Pferd anschaffen, was unsere Kasse um fünfundzwanzig Unzen Silber erleichterte; außerdem heuerten wir einen jungen Lama aus den Rashico-Bergen an, den wir in Kumbum kennen gelernt hatten und der als Kamelführer in unsere Gesellschaft aufgenommen wurde. Er hieß Scharadschamböl, und Samdadschiemba hatte es nun viel leichter. Scharadschamböl ging zu Fuß und zog die vier Kamele hinter sich her, die an den Schwänzen aneinander gebunden waren; Samdadschiemba, der Oberkamelführer, saß rittlings auf seinem kleinen schwarzen Maultier; und die beiden Missionare bildeten den Schluss, jeder auf einem Schimmel. Nachdem wir endlos Khataks[3] mit unseren Bekannten und Freunden in Kumbum ausgetauscht hatten, machten wir uns auf die Reise zum Blauen See, wo wir die tibetische Gesandtschaft erwarten wollten.

Von Chogortan zum Koukou-Noor [Kokonor][4] waren es vier Tagesreisen. Unterwegs liegt ein kleines Lamakloster namens Tansan, das höchstens zweihundert Lamas zählt; seine Lage ist wirklich entzückend. Es ist ringförmig von Felsenbergen umgeben, die von Gebüsch und hohen Tannen bewachsen sind und in deren Mitte die Wohnungen der Lamas stehen. Ein Bach, an dem alte Weiden und schöne Engelwurzstengel stehen, umfließt ruhig das Kloster, stürzt dann über eine felsige Klippe und setzt seinen Lauf in der Wüste fort. Das buddhistische Kloster Tansan soll sehr wohlhabend sein; man sagt, dass die Mongolenfürsten vom Kokonor ihm alljährlich beträchtliche Geschenke machen. Wir trafen auf zwei berittene Lamas, die bei diesen reichen Hirten Butterspenden sammelten. Sie zeigten sich an jedem Zelteingang und bliesen dreimal auf eine Seemuschel. Daraufhin brachte ein Familienmitglied eine kleine Rolle Butter heraus, die ohne ein Wort in

«Alles wird wild und düster; der Boden, dürr und steinig, bringt mit Mühe ein wenig salpetriges Buschwerk hervor» – die Salzsümpfe des Qaidam-Beckens, im Hintergrund das Burhan Budai-Gebirge, skizziert von Wsewolod Roborowskij

einen Beutel gesteckt wurde, der am Sattel des Lamas hing. Die Lamas stiegen kein einziges Mal ab, sondern ritten nur an jedes Zelt heran und bliesen in die Muschel.

Je weiter wir kamen, umso weniger gebirgig und fruchtbarer wurde das Land, bis wir endlich die weiten und herrlichen Weiden des Kokonor erreichten. Die Vegetation ist hier so kräftig, dass das Gras unseren Kamelen bis an den Bauch reichte. In der Ferne erblickten wir am Horizont so etwas wie einen langen Silberstreifen, über dem ein leichter weißer Dunst lag, der sich im Blau des Himmels verlor. Unser Unterkamelführer sagte uns, dies sei das Blaue Meer. Seine Worte füllten uns mit freudiger Erregung. Wir trieben unsere Tiere an, und noch vor Sonnenuntergang hatten wir unser Zelt kaum hundert Schritt vom Ufer aufgeschlagen.

Der Blaue See, mongolisch Kokonor, chinesisch früher Si Hai, «Westmeer», jetzt Qing Hai oder «Blaues Meer», bildet ein mächtiges Wasserbecken von mehr als hundert Meilen[5] Umfang, das eher ein Meer als ein See genannt zu werden verdient. Sein Wasser ist bitter und salzig wie der Ozean und hat wie dieser periodische Gezeiten. Man spürt seinen Meeresgeruch schon in weiter Entfernung bis in die Wüste hinaus.

Im westlichen Teile erhebt sich eine kahle Felseninsel, auf welcher etwa zwanzig beschauliche Lamas einen Tempel und einige Wohnungen errichtet haben, wo sie ihre Tage in Ruhe und Zurückgezogenheit verbringen. Man kann sie nicht besuchen, denn auf dem ganzen See gibt es kein einziges Schiff; jedenfalls haben wir keines bemerkt, und die Mongolen versicherten, in keinem ihrer Stämme sei es jemandem eingefallen, sich je mit Schifffahrt zu befassen. Im Winter aber ist die Eisdecke so fest, dass die Hirten zu der Insel hinüberpilgern können. Dann werden die beschaulichen Lamas mit Butter, Tee und Tsampa versorgt und spenden als Gegenleistung ihren Segen und Gebete für gute Weidegründe und gedeihende Herden.

Die Stämme von Kokonor zerfallen in neunundzwanzig Banner; [...] alle ihre Fürsten sind dem chinesischen Kaiser zinspflichtig. Sie machen in jedem zweiten Jahr eine Reise nach Peking, wohin sie als Tribut allerlei Pelzwerk und Goldstaub bringen, den sie aus dem Sand ihrer Flüsse gewinnen. Die riesigen Ebenen am See sind fruchtbar und sehr angenehm anzusehen, obwohl Bäume hier völlig fehlen; das Gras wird ungemein hoch, und die zahlreichen Flüsse, die den Boden durchziehen, gewähren den großen Herden der Wüste reichlich Gelegenheit, ihren Durst zu stillen. Die Mongolen schlagen darum ihre Zelte hier besonders gern auf, und obwohl ihnen die Räuberbanden zusetzen, verlassen sie die Gegend nie. Sie wechseln nur häufig die Lagerstellen, um ihre Feinde zu verwirren, aber im Notfall leisten sie Widerstand und kämpfen tapfer. Die Notwendigkeit, sich ständig der Angriffe der Si-Fan[6] zu erwehren, hat sie mutig gemacht. Tag und Nacht sind sie kampfbereit: Sie bewachen die Herden zu Ross, mit der Lanze in der Hand, mit der Flinte im Bandelier und einem Säbel im Gürtel. [...]

Die Räuber, die die Mongolenstämme am Kokonor in Alarmstimmung halten, sind Horden von Si-Fan, Osttibeter, die im Gebirge Bayen-Kharat [Bayan Har] in der Quellgegend des Gelben Flusses zu Hause sind. Hier nennt man sie Kolo [Golok][7]. Sie hausen in Schluchten, in die niemand ohne Führer eindringen kann, da alle Wege dorthin durch unpassierbare Flüsse und schreckliche Abgründe gesichert sind. Die Golok verlassen sie nur, wenn sie auf einen ihrer Raub- und Verwüstungszüge gehen. Sie sind Buddhisten, haben aber noch einen besonderen Götzen, den sie die «Gottheit des Raubes» nennen. Ihre Lamas beten für den Erfolg der Raubzüge. Es heißt, bei den Golok herrsche der widerwärtige Gebrauch, das Herz der Gefangenen zu essen, um sich dadurch den Mut zu stärken. Im übrigen gibt es keine Abscheulichkeit, die ihnen die Mongolen vom Kokonor nicht nachsagen. [...]

Wir blieben etwa einen Monat lang am Kokonor. Weil Gerüchte von den Räubern umliefen, mussten wir aber fünf- oder sechsmal unseren Lagerplatz wechseln und den mongolischen Hirten folgen, die bei jedem bedenklichen Gerücht ihre Zelte abbrechen, ohne sich jedoch von den prächtigen Weidegründen an den Ufern des Blauen Meeres zu weit zu entfernen.

Gegen Ende Oktober traf die tibetische Gesandtschaft ein. Wir schlossen uns dieser gewaltigen Truppe an, die unterwegs um viele mongolische Karawanen angewachsen war, die wie wir die günstige Gelegenheit benutzten, um die Reise nach Lhasa zu machen. In früheren Zeiten schickte die tibetische Regierung jedes Jahr eine solche Gesandtschaft nach Peking. Im Jahre 1840 wurde sie von einer großen Menge Golok angegriffen; man schlug sich einen ganzen Tag lang; die Tibeter siegten und setzten ihre Reise in der Nacht fort. Aber am anderen Morgen entdeckten sie, dass der Tchanak-Kampo [Gyanak-Khampo] oder Oberlama fehlte, der als Gesandter des Talé Lama [Dalai Lama] am Hof von Peking akkreditiert ist (die Tibeter nennen die Stadt Peking Tchanak; Kampo, Oberpriester, d. h. Pekinger Oberpriester).[8] Ein paar Tage lang wurde nach ihm gesucht, aber umsonst, und man nahm an, dass er von den Golok gefangen und entführt worden war. Die Karawane zog indessen weiter und kam in Peking ohne ihren offiziellen Anführer an. Der Kaiser war natürlich tief betrübt.

Im Jahre 1841 fand abermals ein Kampf mit den Räubern statt, und wieder ereignete sich eine Katastrophe. Diesmal wurde der Gyanak-Khampo nicht gefangen, erhielt von den Golok aber einen tiefen Säbelhieb in den Bauch, an dem er einige Tage später starb. Nun war der Kaiser vollends untröstlich und ließ dem Dalai Lama ausrichten, dass er angesichts der schwierigen Wegverhältnisse nur noch alle drei Jahre eine Gesandtschaft erwarte. Die 1844 von Lhasa abgegangene Gesandtschaft, auf die wir warteten, war die erste seitdem. Auf dem Hinweg nach Peking war sie zum Glück nicht auf Golok getroffen, und darum war ihr Gyanak-Khampo weder entführt noch ermordet worden.

Am Tag nach der Abreise vom Kokonor ritten wir der gewaltigen Karawane ein wenig voraus, um sie dann an uns vorüberziehen zu lassen und so unsere Reisegefährten kennen zu lernen. Nach unserer Schätzung bestand sie aus ungefähr fünfzehntausend Langhaarrindern[9], tausendzweihundert Pferden, ebenso vielen Kamelen und zweitausend Menschen, teils Tibetanern, teils Tataren.[10] Manche waren zu Fuß, andere saßen auf Langhaarrindern, die meisten aber ritten auf Pferden oder Kamelen. Alle Reiter waren mit Lanzen, Säbeln, Bogen und Luntenflinten bewaffnet. Die Fußgänger, Lakto [rkang 'gro] genannt, hatten die Aufgabe, die Reihen von Kamelen und die eigensinnigen und ungeordneten Rinder zu führen. Der Gyanak-Khampo befand sich in einer großen, von zwei Maultieren getragenen Sänfte. Während diese Gesellschaft vorhatte, bis nach Lhasa zu reisen, hatten die Provinz Kan-Sou [Gansu] dreihundert chinesische Soldaten und die Fürsten vom Kokonor zweihundert tapfere Tataren abgestellt, die der heiligen Gesandtschaft des Dalai Lama bis an die tibetische Grenze Geleitschutz gewähren sollten.

Die Soldaten aus der Provinz Gansu entledigten sich ihrer Pflichten wie wahre Chinesen. Aus Angst vor jedem unerfreulichen Rencontre hielten sie sich vorsichtigerweise am Schluss der Karawane, wo sie unbekümmert sangen, rauchten und scherzten und sich um mögliche Räuber nicht scherten. Jeden Tag setzten sie sich erst dann in Bewegung, wenn die ganze Karawane schon vorbeigezogen war. Dann durchsuchten sie sorgfältig die verschiedenen Lagerplätze, um sich anzueignen, was andere dort etwa hatten liegen lassen. Die mongolischen Soldaten verhielten sich umgekehrt. Man sah sie unablässig vor der Karawane her oder an ihren Flanken galoppieren, auf Anhöhen reiten, in tiefe Täler vordringen, um sich zu überzeugen, dass dort keine Räuber im Hinterhalt lagen.

Der Marsch und die Bewegungen der Karawane vollzogen sich, namentlich im Anfang, mit leidlicher Ordnung und Genauigkeit. Gewöhnlich setzten wir uns jeden Morgen drei Stunden vor Sonnenaufgang in Bewegung, um zur Mittagszeit das Lager aufschlagen zu können; das Vieh hatte dann während des Rests des Tags genug Zeit zum Weiden. Ein Kanonenschuss gab das Zeichen zum Aufstehen. Dann sprang jeder auf, es wurde in allen Zelten Feuer gemacht, und während einige die Lasttiere beluden, heizten andere die Kessel und bereiteten den Buttertee; hastig wurden ein paar Näpfe voll getrunken, ein paar Hand voll Tsampa gegessen, dann wurde das Zelt abgebaut. Ein zweiter Kanonenschuss gab das Signal zum Aufbruch. Einige erfahrene Männer ritten als Führer vorneweg; hinter ihnen zogen in langen Reihen die Kamele, darauf kamen die Langhaarrinder in Trupps von zwei- bis dreihundert Stück unter der Aufsicht mehrerer Lakto. Die Reiter hatten keinen festen Platz in der Karawane. Sie galoppierten nach Lust und Laune hierhin und dorthin. Die kläglichen Schreie der Kamele, das Brüllen der Langhaarrinder, das Wiehern der Pferde, das Geschrei und der lärmende Gesang der Reisenden, die schrillen Pfiffe der Lakto, mit denen sie die Lasttiere antrieben, vor allem aber die zahllosen Glocken, die an den Hälsen der Kamele und Yaks bimmelten – alles das ergab ein gewaltiges, unbeschreibliches Konzert, das keineswegs ermüdete, sondern im Gegenteil alle mit Mut und Energie zu erfüllen schien.

So zog die Karawane in einzelnen Herden und Abteilungen

durch die Wüste, lagerte jeden Tag auf der Ebene, in Tälern, an Berghängen und improvisierte mit ihren so zahlreichen und in Form und Farbe so vielgestaltigen Zelten eine große Stadt, die jeden Morgen verschwand, um ein Stück Weges weiter am Nachmittag aufs neue zu erstehen. Wie erstaunt müssen diese riesigen und stillen Wüsten gewesen sein, plötzlich von einer so zahlreichen und lärmigen Menge durchquert zu werden! [...]

Als wir das Ufer des Kokonor verließen, zogen wir zunächst gegen Westsüdwest. An den ersten Tagen war alles Poesie; wir hätten es uns nicht besser wünschen können: vortreffliches Wetter, schöne und einfache Wege, sauberes Wasser, reiche und üppige Weidefluren. An die Räuber dachte niemand. Nachts wurde es allerdings ziemlich kalt, aber dagegen zogen wir uns die Pelze über. Wir fragten uns, warum diese Tibet-Reise eigentlich als so schreckenerregend galt; ein bequemeres und angenehmeres Reisen konnten wir uns gar nicht vorstellen. Ach, das Vergnügen war nicht von langer Dauer!

Sechs Tage nach unserer Abreise mussten wir den Bouhain-gol [Buha-gol] [11] passieren, einen Fluss, der im Nan-Chan-Gebirge [Nanshan] entspringt und sich in den Blauen See ergießt. Tief ist er nicht, aber in zwölf sehr nahe beieinander strömende Arme geteilt, die zusammen eine Breite von mehr als drei Meilen haben. An den ersten Arm gelangten wir leider lange vor Tagesanbruch; er hatte eine Eisdecke, aber sie war nicht stark genug, uns zu tragen. Die Pferde, die zuerst ankamen, schreckten zurück und wollten nicht vorwärts. Sie blieben am Ufer stehen und gaben den Langhaarrindern Gelegenheit, zu ihnen aufzuschließen. Bald hatte sich die gesamte Karawane an einer Stelle versammelt, und im Dunkel der Nacht entstand eine unbeschreibliche Verwirrung. Endlich trieben einige Reiter ihre Pferde voran und brachen an einigen Stellen ein. Daraufhin stürzte sich die ganze Karawane aufs Geratewohl in den Strom. Die Tiere drängelten, überall kam wieder das Wasser zum Vorschein, das Eis barst, die Männer schrien – es war ein beängsti-

«In der Karawane musterten alle die steilen und rauen Pfade, die hoch bergan führten; man zeigte sich beklommen gegenseitig den feinen leichten Dunst, den man Pesthauch nannte, und alle schienen bedrückt und mutlos» – am Gebirge Burhan Budai in Nordosttibet, skizziert von Wsewolod Roborowskij

gender Tumult. Als endlich der erste Arm überquert war, wiederholte sich das Ganze beim zweiten, dann beim dritten, und so fort. Bei Tagesanbruch planschte die «Heilige Gesandtschaft» noch immer im Wasser. Erst nach großer Mühe und großer, körperlicher wie geistiger Aufregung hatten wir das Glück, die zwölf Arme des Buhain-gol hinter uns zu lassen und wieder aufs Trockene zu kommen. Aber mit der Poesie war es vorbei, und von jetzt an kam uns diese Art des Reisens absolut abscheulich vor.

Aber alles jubelte. Es hieß, die Überquerung des Buhain-gol sei doch vortrefflich vonstatten gegangen. Nur einer hatte sich die Beine gebrochen, und nur zwei Yaks waren ertrunken. Niemanden scherten die in dem langen Durcheinander verlorenen oder gestohlenen Gegenstände.

Als die Karawane weiterzog, bot sie einen wahrhaft lachhaften Anblick. Menschen und Tiere waren alle mehr oder weniger mit Eis überzogen. Die Pferde trotteten weiter, ließen den Kopf hängen und wussten nicht, was sie mit ihren Schwänzen anfangen sollten, die starr und leblos an ihnen hingen, als bestünden sie aus Blei und nicht aus Haaren. Das lange Wollhaar an den Beinen der Kamele war mit prächtigen Eiszapfen behangen, die beim Gehen mit harmonischem Missklang aneinander schlugen. Offensichtlich aber war dieser Schmuck gar nicht nach dem Geschmack seiner Träger, denn hin und wieder versuchten sie ihn abzuschütteln, indem sie heftig aufstampften. Die Langhaarrinder waren geradezu Karikaturen ihrer selbst. Nichts konnte lächerlicher aussehen als sie, während sie langsam mit so breit wie möglich gespreizten Beinen gingen und unter dem Bauche ein bis auf die Erde herabhängendes System von Stalaktiten mit sich schleppten. Die armen Tiere sahen unter der Schicht von Eiszapfen, die die bedeckte, so unförmig aus, als wären sie kandiert.

Während der ersten Tage unseres Marsches fühlten wir uns in dieser großen Menge etwas einsam. Freunde oder auch nur Bekannte hatten wir nicht. Diese aber fanden sich bald, denn nichts bringt Männer einander so nahe wie Reisen. Die, mit denen wir Bekanntschaft schlossen und neben deren Zelt wir jeden Tag unser eigenes aufschlugen, waren weder Kaufleute noch Pilger noch Leute der Gesandtschaft, sondern einfache Reisende wie wir selbst. Es waren vier Lamas, die eine ganz eigene Kategorie bildeten. Zwei von ihnen waren aus Lhasa, einer aus dem Äußeren Tibet [12] und der vierte aus dem Königreich Torgot [13]. Unterwegs erzählten sie uns ihre lange und pittoreske Lebensgeschichte. […]

Diese vier Lamas waren vortreffliche junge Leute und gute Reisegefährten. Jeden Tag berichteten sie uns neue Einzelheiten ihrer bunten Abenteuer, und ihre langen Erzählungen trugen oft dazu bei, uns die Mühen und das Elend der Reise für eine Weile vergessen zu lassen.

Unser Vizekamelführer Scharadschamböl dagegen war eine ständige Quelle des Ungemachs. Anfangs hielten wir diesen jungen Lama für einen kleinen Heiligen. Es zeigte sich aber bald, dass er ein kleiner Teufel war. Das folgende Abenteuer öffnete uns die Augen über ihn.

Am Tag nach unserer Überquerung des Buhain-gol, als wir bis in die Nacht hinein unterwegs waren, bemerkten wir auf einem unserer Kamele zwei große, sorgfältig eingewickelte Pakete, die wir nie zuvor gesehen hatten. Wir meinten zunächst, dass irgendein Reisender, der dafür keinen Platz auf seinem Lasttier gehabt hatte, sie Scharadschamböl anvertraut hätte. Als wir unseren Lagerplatz erreichten, sahen wir jedoch, wie unser Lama aus den Rashico-Bergen die beiden Pakete nahm, sorgfältig mit Filz umwickelte und in einer Ecke des Zeltes versteckte. Hier bestand offenbar Erklärungsbedarf. So baten wir Scharadschamböl, uns zu erklären, was das für neues Gepäck sei. Er kam näher und flüsterte uns zu, dass Buddha ihm in der Nacht eine besondere Gnade erwiesen habe, indem er ihn auf dem Weg etwas Gutes habe finden lassen, und mit einem bübischen Lächeln setzte er hinzu, dass er für diese gute Sache in Lhasa mindestens zehn Unzen Silber bekommen werde … Wir runzelten die Stirn und baten ihn, uns die gute Sache zu zeigen. Nachdem Scharadschamböl sorgfältig den Eingang des Zelts geschlossen hatte, packte er erregt sein angebliches Gottesgeschenk aus. Es bestand aus zwei großen Ledergefäßen, die mit Branntwein aus Gansu gefüllt waren, welcher hoch im Preise steht. Der wohlbekannte Name des Eigentümers stand in tibetischen Schriftzeichen auf beiden Schläuchen. Wir waren so barmherzig, den Gedanken von uns zu weisen, dass Scharadschamböl diese Gefäße in der Nacht gestohlen hatte, und nahmen lieber an, er habe sie auf dem Weg aufgelesen. Aber unser Vizekameltreiber war ein Kasuistiker von lockerer Moral. Er behauptete, die Gefäße gehörten ihm, Buddha habe sie ihm zum Geschenk gemacht, und jetzt müssten sie nur noch sorgfältig versteckt werden, damit ihr Eigentümer sie nicht entdecke. Wir erklärten ihm darum, dass die Gefäße weder uns noch ihm gehörten, dass wir sie weder in unserem Zelt noch auf unseren Kamelen dulden würden und dass wir nicht die geringste Lust hätten, in Lhasa als Diebe anzukommen. Und damit er sich keiner Täuschung über unsere Einstellung hingab, setzten wir hinzu, wir würden auf der Stelle den Eigentümer benachrichtigen, wenn er sie nicht aus unserem Zelt wegschaffe. Die Drohung schien ihm nahe zu gehen. Um ihm die Rückerstattung leichter zu machen, rieten wir ihm, die «Fundgegenstände» selber zu dem Gesandten zu bringen, damit der sie ihrem Eigentümer zurückerstatte. Den Gyanak-Khampo würde so viel Redlichkeit sicher beeindrucken, und er würde ihm eine Belohnung geben; und wenn nicht, würde er sich mindestens an ihn erinnern und ihm nach der Ankunft in Lhasa irgendwie nützlich sein. Nach lebhaftem Widerstand folgte er diesem Rat. Scharadschamböl ging zum Gyanak-Khampo, der bei der Entgegennahme der Gefäße zu ihm sagte: «Du bist ein guter Lama. Ein Lama mit Gerechtigkeit im Herzen ist den Geistern angenehm.» Wütend kam Scharadschamböl zurück und erklärte, wir hätten ihn zu einer Dummheit verleitet, da der Gesandte ihn mit nichts als leeren Worten abgespeist habe. Seitdem hasste er uns gründlich. Er arbeitete nur noch, wann und wie er wollte, verschwendete unsere Mundvorräte, überschüttete uns tagaus tagein mit Beschimpfungen und richtete seinen Zorn oft gegen die armen Tiere, die er so heftig auf den Kopf schlug, dass sie fast krepierten. Den Wicht in der Wüste loszuwerden, war unmöglich. Darum mussten wir uns resigniert mit Geduld wappnen und durften den wilden und unbeherrschten Mann nicht noch mehr gegen uns aufbringen.

Fünf Tage nach unserem Übergang über den Buhain-gol passierten wir ohne Schwierigkeiten den Toulain-gol [Dulan-gol], der nur ein schmaler seichter Fluss war. Kurz darauf hielt die Karawane vor einem Lamakloster, das aussah, als wäre es einmal wohlhabend gewesen, das jetzt aber völlig verlassen dalag. In den verfallenen Tempeln und den Zellen der Lamas hausten nur noch Fledermäuse und riesige Ratten. Wir hörten, das Kloster sei drei Tage lang von Räubern belagert und dann gestürmt worden; die meisten Insassen

«Das Shugan-Gebirge stellte unsere Kräfte und unseren Mut noch ganz anders auf die Probe» – Prshewalskijs Leute machen im Shugan Jagd auf das «Kukujaman», das große Blauschaf ‹Pseudois nayour›

seien ermordet und die Gebäude geplündert und verwüstet worden. Seitdem traue sich kein Lama mehr, sich an diesem Ort niederzulassen. Die Umgebung war jedoch nicht so menschenleer, wie wir zunächst angenommen hatten. Als wir über einige Felsenhügel in der Nähe gingen, fanden wir versteckt in einer Schlucht eine Ziegenherde und drei elende Zelte. Die armen Hirten kamen heraus und baten uns um ein paar Blätter Tee und ein wenig Tsampa. Ihre Augen waren hohl, ihre Züge bleich und hager. Sie sagten, sie wüssten nicht, wohin sie fliehen könnten, um in Frieden zu leben. Die Furcht vor den Räubern beherrschte sie so sehr, dass sie ihnen selbst den Mut zur Flucht nahm.

Am Tage darauf setzte die Karawane ihren Weg fort, aber die chinesischen Soldaten blieben im Lager am Flussufer zurück. Ihre Aufgabe war erfüllt. Nach ein paar Tagen Rast würden sie nach Hause zurückkehren. Die tibetischen Kaufleute sagten, jetzt könnten sie ruhig schlafen und brauchten keine nächtlichen Diebstähle mehr zu befürchten.

Am 15. November verließen wir die herrlichen Ebenen am Kokonor und gelangten in das Gebiet der Mongolen von Tsaïdam [Qaidam][14]. Gleich nachdem wir den gleichnamigen Fluss überquert hatten, änderte die Landschaft ihr Aussehen vollständig. Alles wird wild und düster; der Boden, dürr und steinig, bringt mit Mühe ein wenig salpetriges Buschwerk hervor. Die Trostlosigkeit dieser Gegend färbt offenbar auf die Bewohner ab, die alle am Spleen[15] zu leiden scheinen. Sie sind wortkarg, und ihre Sprache ist so rau und so sehr mit Kehllauten durchsetzt, dass die anderen Mongolen sie kaum verstehen können. Auf diesem dürren Boden, der kaum irgendwo Gras trägt, findet man reichlich Steinsalz und Borax. Man gräbt Löcher von zwei bis drei Fuß Tiefe; in ihnen sammelt sich das Salz, kristallisiert und reinigt sich von selbst, ohne dass sich jemand darum kümmern müsste. Das Borax sammelt man aus kleinen Reservoirs, die sich ganz damit füllen. Die Tibeter schaffen es in Mengen in ihr Land, wo sie es an Goldschmiede verkaufen, die es zum Schmelzen der Metalle verwenden. Wir blieben zwei Tage in Qaidam und genossen Tsampa und einige Ziegen, die uns die Hirten im Tausch gegen einige Ziegel Tee überließen. Die Langhaarochsen und die Kamele labten sich an dem Salz und Salpeter, das sie nur aufzulecken brauchten. Die ganze Karawane suchte so viel Kräfte wie möglich zu sammeln, um über das Gebirge Bourhan-Bota [Burhan Budai] zu kommen, das für die Pestdünste berüchtigt ist, die es ständig einhüllen sollen.

Morgens um drei brachen wir auf, und nachdem wir uns endlos durch das Hügelland gewunden hatten, waren wir um neun Uhr am Fuß des Burhan Budai. Die Karawane machte kurz Halt, wie um Mut zu fassen; man musterte die steilen und rauen Pfade, die hoch bergan führten, zeigte sich beklommen gegenseitig den feinen leichten Dunst, den man Pesthauch nannte, und alle schienen bedrückt und mutlos. Nachdem wir den traditionellen Rat befolgt und zwei oder drei Knoblauchzehen zerkaut hatten, machten wir uns an den Aufstieg. Nach einiger Zeit wollte kein Pferd mehr seinen Reiter tragen. Alle mussten absteigen und gingen mit kleinen Schritten vorwärts. Allmählich wurden unsere Gesichter bleich, wir verspürten Übelkeit, und die Beine wollten uns nicht mehr tragen. Wir warfen uns auf die Erde, standen wieder auf, um es noch einmal zu versuchen, legten uns abermals hin. In dieser Weise bezwangen wir den berüchtigten Burhan Budai. Großer Gott, was war das für ein Elend! Alle Kräfte schienen geschwunden, der Kopf schwindelte, alle Glieder waren wie ausgerenkt. Es war wie eine schlimme Seekrankheit. Trotzdem muss man alle Energie zusammennehmen, um sich selber vorwärts zu schleppen und dazu noch unaufhörlich auf die Tiere einzupeitschen, die sich nach jedem Schritte hinlegen und kaum zum Weitergehen gebracht werden können. Ein Teil der Karawane blieb aus Vorsicht auf halbem Wege in einem Talkessel zurück, wo die Miasmen nicht so dicht sein sollten; alle Übrigen eilten dem Gipfel zu, um nicht in dieser entsetzlichen, mit kohlensaurem Gase geschwängerten Luft zu ersticken. Wir gehörten zu jenen, die den Burhan Budai in einem Zuge erklommen. Als wir seinen Gipfel erreichten, konnten unsere Lungen endlich wieder frei atmen. Das Hinabsteigen war nur ein Kinderspiel, und wir schlugen unser Zelt fern der ungesunden Lüfte auf, die wir beim Aufstieg angetroffen hatten. [...] Wir fanden, dass das Atemholen sehr viel schwerer fiel, wenn wir auf der Erde lagen; wenn wir zu Pferde saßen, spürten wir das Gas kaum. Des Gases wegen konnte man nur mit Mühe Feuer machen; der Argal, der Mist also, wollte nicht brennen und qualmte stark. Wir haben keine Ahnung, woher das Gas kommt. Burhan Budai bedeutet so viel wie Buddhas Küche.[16]

In der Nacht darauf fiel eine gewaltige Menge Schnee. Morgens holten uns jene ein, die am Tag zuvor zurückgeblieben waren. Sie sagten, der weitere Aufstieg sei nicht schwierig gewesen, da der Schnee die Dünste vertrieben hätte.

Die Überquerung des Burhan Budai war aber nur ein Vorspiel. Ein paar Tage später stellte das Gebirge Chuga [Shuga(n)] unsere

Kräfte und unseren Mut noch ganz anders auf die Probe. Da der Tagesmarsch lang und anstrengend sein würde, ertönte der Kanonenschuss, unser Aufbruchsignal, schon nachts um eins. Wir machten Tee mit geschmolzenem Schnee, aßen eine reichliche Portion Tsampa, den wir mit einer klein geschnittenen Knoblauchzehe würzten, und machten uns auf den Weg. Als sich die gewaltige Karawane in Bewegung setzte, war der Himmel klar, und ein heller Mond erleuchtete den riesigen Schneeteppich, der die ganze Gegend zudeckte. Da der Shugan aus der Richtung, aus der wir kamen, nicht sehr steil ist, schafften wir die Anhöhe bis zum Sonnenaufgang. Gleich darauf aber bedeckten dichte Wolken den Himmel, und der Wind wehte immer stärker. Beim Abstieg versanken die Tiere bis an den Bauch im Schnee. Sie konnten sich nur unter krampfhaften Anstrengungen vorwärts arbeiten, und einige stürzten in Abgründe, aus denen man sie nicht wieder herausholen konnte und wo sie umkommen mussten. Wir hatten einen Wind gegen uns, der so stark und so eisig war, dass er uns den Atem nahm, und trotz unserer dicken Pelze fürchteten wir, die Kälte nicht zu überstehen. Um den Schneewirbeln zu entgehen, die uns ständig ins Gesicht trieben, machten wir es wie andere Reisende, setzten uns verkehrt herum aufs Pferd und ließen das Tier gehen, wie und wohin es wollte. Als wir am Fuß ankamen und wieder sehen konnten, stellten wir fest, dass etliche Gesichter erfroren waren. M. Gabet hatte das vorübergehende Hinscheiden seiner Nase und Ohren zu beklagen. Alle hatten aufgesprungene und gerötete Haut.

Die Karawane machte am Fuß des Shugan Halt, und ihre Mitglieder verzogen sich für einige Zeit in den Labyrinthen umliegender Hohlwege. Von Hunger erschöpft und mit betäubten Gliedmaßen wünschten wir uns ein gutes Feuer, ein gutes Essen und ein gutes gewärmtes Bett, doch der Shugan ist nicht so gemütlich wie die Alpen; keine buddhistischen Mönche sind bisher auf die Idee gekommen, sich dort armen Reisenden zum Trost niederzulassen.

Wir waren daher gezwungen, unser Zelt im Schnee aufzuschlagen und uns dann auf die Suche nach Argal zu machen. Es war ein erbarmungswürdiges Schauspiel, wie alle diese Männer in sämtliche Richtungen ausschwärmten und im Schnee wühlten, in der Hoffnung, auf alte Kuhfladen zu stoßen. Für uns selber fanden wir nach einer langen und mühseligen Suche gerade genug, um drei große Eisklumpen zu schmelzen, die wir mit einem Beil aus einem nahen Tümpel gehackt hatten. Da unser Feuer nicht ausreichte, um den Kessel zum Kochen zu bringen, mussten wir uns damit begnügen, unseren Tsampa in etwas laues Wasser zu rühren und ihn sofort hinunterzuwürgen, damit er uns nicht in der Hand gefror. Das war unser ganzes Abendessen nach dieser fürchterlichen Tagesreise. Dann rollten wir uns in unsere Schafpelze und Decken, kauerten uns in eine Ecke des Zelts und erwarteten den Kanonenschuss, der uns zu weiteren Reiseeindrücken rief.

An diesem pittoresken und zauberhaften Lagerplatz verließen wir die mongolischen Soldaten, die uns seit unserem Aufbruch vom Kokonor begleitet hatten. Sie konnten uns ihren großzügigen Schutz nicht mehr gewähren, denn am nämlichen Tag würden wir die Grenze der Mongolei erreichen und das Äußere Tibet betreten. Nachdem uns also die chinesischen und die mongolischen Soldaten verlassen hatten, war die Gesandtschaft von nun an auf sich selbst gestellt. Wie schon erwähnt, waren diese zweitausend Mann alle bewaffnet, und jeder ohne Ausnahme hatte erklärt, er sei bereit, sich im Notfall als guter Soldat zu erweisen. Doch irgendwie hatte sich die einst so kriegerisch und kampfbereit wirkende Karawane seit der Überquerung des Burhan Budai total verändert. Niemand sang jetzt mehr, niemand machte Witze, niemand lachte, niemand tänzelte mit seinem Pferd hin und her; alle waren finster und stumm; die bisher so feurig nach oben gebogenen Schnurrbärte waren jetzt unter Schaffellen verborgen, die unsere Gesichter bis an die Augen bedeckten. Alle diese kühnen Krieger hatten ihre Lanzen, Flinten, Säbel, Bogen und Pfeile zu Bündeln zusammengebunden, die den Lasttieren aufgepackt wurden. Im übrigen fürchtete niemand mehr, dass ihm Räuber die Kehle durchschneiden könnten; man fürchtete, an der Kälte zugrunde zu gehen.

Am Shugan begann die lange Reihe unserer Leiden im Ernste. Tagtäglich wurden Schnee, Wind und Kälte ärger. Die tibetischen Wüsten sind gewiss die schrecklichste Gegend, die man sich vorstellen kann. Wir stiegen immer bergan, die Vegetation wurde immer weniger, die Kälte immer grimmiger. Über der armen Karawane schwebte jetzt der Tod. Wasser- und Futtermangel zehrten an unseren Tieren. Jeden Tag mussten wir Lasttiere zurücklassen, die sich nicht weiterschleppen konnten. Etwas später kam die Reihe auch an die Menschen. Der Weg wirkte trostlos. Einige Tage lang wanderten wir über ein Gelände, das wie ein riesiger aufgegrabener Friedhof aussah. Die Menschenknochen und Tiergerippe, auf die wir auf Schritt und Tritt stießen, schienen uns zu warnen, dass in dieser mörderischen Gegend, in dieser wilden Natur die vorangegangenen Karawanen uns in den Tod vorangegangen waren.

Um das Unglück voll zu machen, wurde M. Gabet krank. Seine Gesundheit begann in dem Moment zu schwinden, als wegen der fürchterlichen Beschwerlichkeit des Wegs doppelte Energie nötig gewesen wäre. Der harte Frost am Shugan hatte seine Kraft völlig gebrochen. Er hätte der Ruhe, der Wärme und kräftiger Speisen bedurft. Wir aber konnten ihm nur Gerstenmehl und Tee aus Schneewasser geben. Außerdem musste er bei aller Schwäche jeden Tag reiten und die starrende Kälte ertragen … Und zwei Monate Reise mitten im Winter hatten wir noch vor uns. Schlechte Aussichten in der Tat!

Anfang Dezember waren wir in Sichtweite der berühmten Gebirgskette Bayen-Kharat [Bayan Har] angekommen, die von Südost nach Nordwest streicht, zwischen dem Hoang-Ho [Huang He] und dem Kin-Cha-Kiang [Jinsha Jiang]. Beide Ströme ziehen anfangs parallel zu beiden Seiten des Bayan Har und nehmen dann eine entgegengesetzte Richtung, der eine gegen Norden, der andere gegen Süden. Beide schlängeln sich launisch durch die Tatarei und durch Tibet und gelangen dann in das chinesische Reich; und nachdem sie dieses von Westen nach Osten bewässert haben, nähern sie sich zur Mündung hin und fallen fast nebeneinander ins Gelbe Meer. Die Stelle, wo wir den Bayan Har überschritten, lag unweit der Quellen des Gelben Flusses. Wir hatten sie zur Linken, und in ein paar Tagen wären sie zu erreichen gewesen. Aber für Vergnügungsausflüge war es jetzt nicht der rechte Moment. Die Überquerung des Bayan Har machte uns genug zu schaffen.

Vom Fuß bis zum Gipfel war das ganze Gebirge mit tiefem Schnee bedeckt. Bevor wir den Aufstieg unternahmen, hielten die wichtigsten Mitglieder der Gesandtschaft Rat miteinander. Die Frage war nicht, ob sie das Gebirge überqueren sollten. Wenn man nach Lhasa gelangen wollte, musste man hier hinüber. Die Frage war auch nicht, ob man die Schneeschmelze abwarten solle. Die Frage war nur, ob es günstiger wäre, den Anstieg auf der Stelle zu unternehmen oder damit bis morgen zu warten. Jedermann befürchtete Lawinenabgänge, und man wäre gern sicher gewesen, dass es keinen Sturm geben würde. Wie alle Kommissionen auf der Welt war die der tibetischen Gesandtschaft binnen kurzem gespalten. Die eine Seite bestand darauf, sofort loszuziehen, die andere wollte unbedingt den nächsten Tag abwarten.

Um sich aus der Klemme zu befreien, wandten sie sich an die Lamas, die in dem Ruf standen, wahrsagen zu können. Aber auch diese waren sich nicht einig. Einige erklärten, heute würde es ruhig bleiben, während am nächsten Tag ein furchtbarer Sturm blasen würde; die anderen waren genau entgegengesetzter Ansicht. So zerfiel die Karawane in zwei Lager, das der Progressisten und das der Immobilisten. Als französische Bürger optierten wir instinktiv für die Progressisten, das heißt für diejenigen, die weiterziehen wollten, um das Schreckensgebirge so schnell wie möglich hinter sich zu bringen. Die Logik hatten wir auf unserer Seite. Gerade jetzt war das Wetter ruhig, und wie es morgen sein würde, wussten wir nicht. Unsere Partei trat also den Aufstieg an, manchmal zu Pferde, öfter zu Fuß. In letzterem Fall gingen wir hinter den Pferden her und klammerten uns an den Schwanz; es ist gewiss die am wenigsten anstrengende Art, einen Berg zu erklimmen. M. Gabet litt entsetzlich, aber Gott in seiner unendlichen Güte gab uns die Kraft und die Energie, die andere Seite zu erreichen. Das Wetter blieb die ganze Zeit über ruhig, und keine Lawine zermalmte uns.

Am nächsten Morgen rückte die andere Partei aus, die zurückgeblieben war, und überquerte den Berg ohne besondere Schwierigkeit. Da wir so höflich gewesen waren, auf sie zu warten, vereinten sich die beiden Gruppen wieder, und zusammen gelangten wir in ein Teil, wo eine relativ milde Temperatur herrschte. Die Vortrefflichkeit der Weidegründe bewog die Karawane, einen Ruhetag einzulegen. Ein tiefer See, in dessen Eis wir Löcher hackten, lieferte uns reichlich Wasser. Auch genügend Brennmaterial gab es, da nach dem Übergang über den Bayan Har alle Karawanen an dieser Stelle ausruhen und man darum auch Argal in Menge findet. Wir alle unterhielten während unseres Aufenthalts große Feuer, verbrannten ohne einen Gedanken an unsere Nachfolger alles Brennbare, das sich finden ließ, und überließen es unseren fünfzehntausend Langhaarrindern, für das Manko aufzukommen.

Dann verließen wir das große Tal von Bayan Har, um unser Zelt am Ufer des Mouroui-Oussue [Moron Us Chu] aufzubauen, des Polei-Tchou [Polei Chu] oder «Flusses des Herrn», wie die Tibeter sagen. Nahe seiner Quelle trägt dieser grandiose Fluss den Namen Moron Us, «Gewundenes Wasser». Weiter abwärts nennt man ihn Kin-Cha-Kiang [Jinsha Jiang], «Goldsandfluss». Sobald er in die Provinz Sichuan eintritt, bekommt er den Namen Yang-Dze-Kiang [Yangtze Jiang] oder «Blauer Fluss». Als wir das Eis des Moron Us überquerten, wurden wir eines sonderbaren Schauspiels ansichtig. Schon von unserem Lagerplatz aus hatten wir in der Ferne unförmige schwärzliche Objekte bemerkt, die sich in einer Reihe über die Breite des Flusses zogen. Auch als wir diesen wun-

«Schon von unserem Lagerplatz aus hatten wir in der Ferne unförmige schwärzliche Objekte bemerkt, die sich in einer Reihe über die Breite des Flusses zogen» – Yaks beim Durchschwimmen des Moron Us in Nordosttibet, fotografiert von Pjotr Koslow

dersamen kleinen Inseln näher kamen, waren sie nicht deutlicher zu erkennen. Erst ganz aus der Nähe stellten sie sich als über fünfzig wilde Yaks heraus, die im Eis eingefroren waren. Zweifellos hatten sie in ebendem Augenblick, als das Wasser erstarrte, den Fluss zu durchschwimmen versucht, und waren dabei von den Schollen so eingezwängt worden, dass sie nicht die Kraft hatten, sich frei zu machen und ihren Weg fortzusetzen. Ihr schöner Kopf, über dem große Hörner standen, ragte noch über das Eis empor, das so durchsichtig war, dass man leicht die Haltung dieser unvorsichtigen Tiere erkennen konnte. Man hätte meinen können, sie schwämmen noch immer. Adler und Raben hatten ihnen die Augen ausgehackt.

Wilde Yaks kommen in den Wüsteneien des Äußeren Tibet häufig vor. Sie leben immer in großen Herden, am liebsten im Hochgebirge. Im Sommer ziehen sie in die Täler hinab, um ihren Durst an Tümpeln und Bächen zu löschen, doch während des langen

Winters bleiben sie droben und fressen Schnee und das äußerst harte raue Gras, das sie dort finden. Diese Tiere sind sehr groß, haben lange schwarze Haare und auffallend riesige und prächtige Hörner. Jagd auf sie zu machen, ist riskant, denn sie sollen überaus wild sein. Wenn man ein paar von ihnen abseits der Herde antrifft, kann man wagen, sie mit Kugeln zu durchsieben; aber es müssen viele Angreifer sein, um sich die Beute zu sichern, denn wenn man das Tier nicht auf der Stelle erlegt, besteht die Gefahr, dass es seinen Jäger erlegt. Eines Tages trafen wir auf einen Bullen, der in einer von Felsen eingeschlossenen Schlucht Salpeter aufleckte. Acht mit Luntenflinten bewaffnete Männer legten sich in den Hinterhalt, ohne dass der Bulle sie bemerkte. Acht Schüsse fielen auf einmal. Der Bulle hob den Kopf, sah sich mit wilden Blicken um, um festzustellen, woher der Angriff gekommen war, und stürzte dann zwischen den Felsen hervor in die Ebene, wo er unter fürchterlichem Gebrüll hin und her sprang. Die Jäger versicherten, dass er verwundet, aber vom Anblick der Karawane zu eingeschüchtert war, um es seinen Angreifern heimzuzahlen.

Wilde Maultiere sind im Äußeren Tibet ebenfalls sehr häufig. Seit dem Übergang über den Moron Us sahen wir fast jeden Tag einige. Dieses Tier, das unsere Naturforscher «Hemionuspferd» nennen[17], ist ein Halbesel und hat die Größe eines gewöhnlichen Maultiers, aber einen schöneren Körperbau und anmutigere und viel aktivere Bewegungen; auf dem Rücken ist sein Haar rötlich und wird zum Bauch hin immer heller und schließlich weiß. Der große und hässliche Kopf steht im Widerspruch zur Eleganz seines Körpers. Wenn es sich langsam bewegt, trägt es den Kopf hoch und hält die langen Ohren steif; im Galopp dreht es die Nase gegen den Wind und hebt den Schweif, der völlig dem des Maultiers gleicht. Sein Wiehern ist voll, hell und klangvoll, und es läuft so schnell, dass kein tibetischer oder tatarischer Reiter es einholen kann. Man muss sich in der Nähe ihrer Tränken in den Hinterhalt legen und mit Pfeilen oder Kugeln schießen. Das Fleisch ist vortrefflich, und aus der Haut werden Stiefel gemacht. Die Hemionuspferde sind fortpflanzungsfreudig, und ihre Jungen sind immer von derselben Art. Sie haben sich nie zähmen lassen. Wir haben von einzelnen Exemplaren gehört, die sehr jung gefangen und mit anderen Füllen aufgezogen wurden, aber nie wollte eines einen Reiter oder eine Last tragen. Bei der ersten Gelegenheit entfloh es in die Wildnis. Uns schien es aber gar nicht so wild: Wir sahen es beim Weiden mit den Pferden der Karawane herumtollen. Nur bei der Annäherung eines Menschen, den sie aus großer Entfernung sehen und wittern, ergreifen sie die Flucht. Auch Luchse, Gemsen, Rentiere und Wildziegen sind im Äußeren Tibet in Menge vorhanden.

Ein Tyrann macht Experimente

Aus dem chinesischen Roman ‹Feng-shen yen-i› (Die Wiedereinsetzung der Götter), 1695

Aufs Geländer gelehnt, blickten König Zhou [1] und seine Konkubine Daji auf die verschneite Landschaft hinaus. Im Westen befand sich ein breiter Graben, angelegt, um den Grund für die Terrasse des Glücks zu legen. Er war voll von stehendem gefrierendem Wasser und schwer zu überqueren. Der Tyrann und Daji beobachteten, wie ein alter Mann den Kanal barfuß durchschritt. Die Kälte schien ihm nichts auszumachen, und er lief schnell. Dann kam ein junger Mann, der den Kanal ebenfalls barfuß durchmaß, doch er ging langsamer und schwerfälliger, da er offenbar die Kälte fürchtete. König Zhou wandte sich an Daji. «Das ist ja erstaunlich! Hast du gesehen, meine Liebe, wie schnell der Alte auf die andere Seite gekommen ist, der Junge sich aber nur hinübergeschleppt hat? Das widerspricht doch jeder Vernunft. Findest du nicht auch, meine Liebe?», fragte er.

Daji antwortete auf der Stelle: «Sehr Ihr denn nicht, Euer Majestät, dass der Alte gezeugt wurde, als seine Eltern jung waren, ihre Umarmungen leidenschaftlich und sein Sperma fruchtbar? Der alte Kerl wurde kräftig geboren, mit einem guten Blutkreislauf und viel Knochenmark. Selbst heute fürchtet er die Kälte nicht und läuft schnell durch den Schnee. Der Junge dagegen muss gezeugt worden sein, als seine Eltern alt waren und das Sperma seines Vaters dünn und schwach. Infolgedessen ist auch er schwach und hat minderwertiges Knochenmark. Darum geht er bei Kälte so langsam.»

König Zhou lächelte und sagte: «Jeder wird vom Sperma seines Vaters gezeugt und vom Blut seiner Mutter genährt, und jeder ist stark in der Jugend und schwach im Alter. Der Alte kann doch nicht kräftiger und gesünder sein als der Junge. Du scherzest, meine Liebe.»

«Dann könnt Ihr ja Euren Wachen befehlen, sie herzubringen, damit wir sie untersuchen können, Euer Majestät», schlug Daji vor.

Der König war begeistert von der Idee und schickte seine Wachen nach den beiden Männern aus.

«Warum wollt ihr uns aufhalten?», protestierten die beiden.

«Seine Majestät will euch sehen», erwiderten die Wachen.

«Nehmt uns nicht fest. Wir sind gesetzesfürchtig und bezahlen unsere Steuern», protestierten sie noch einmal.

«Vielleicht habt ihr Glück, und Seine Majestät belohnt euch, wenn ihr ihn kennen lernt», trösteten die Wachen.

Als sie mit den beiden unschuldigen Untertanen zurückkamen, befahl der König: «Schneidet ihnen die Beine ab und bringt sie sofort her.»

Als ihm die Beine vorgewiesen wurden, konnte der König den Unterschied im Knochenmark bei den beiden erkennen. Er klopfte Daji auf den Rücken und sagte: «Meine liebe Königin, du bist wirklich wie eine Göttin. Du weißt alles.»

«Obwohl ich eine Frau bin, habe ich genug über die Philosophie des Positiven und Negativen gelernt, um die Dinge mit großer Genauigkeit zu sehen. Ich kann dir auch das Geschlecht des Fetus, die Dauer der Schwangerschaft und die Lage des Kindes im Schoß der Mutter sagen», antwortete Daji.

«Da du die Sache mit dem Knochenmark so genau gesehen hast, glaube ich gern, dass du auch eine genaue Vorstellung von schwangeren Frauen hast», lobte König Zhou und befahl dann: «Sucht in Zhaoge ein paar schwangere Frauen und bringt sie her.»

Nachdem sie die ganze Hauptstadt durchsucht hatten, fanden die Wachen drei schwangere Frauen und brachten sie mit Gewalt ans Tor des Palastes. Sie weinten bitterlich und riefen: «Wir sind schwangere Frauen und anständige Bürgerinnen von Zhaoge. Wir haben nicht gegen das Gesetz verstoßen, und unsere Steuern sind alle bezahlt. Warum bringt ihr uns zum Palast?»

Ihre Kinder und Ehemänner klammerten sich an sie, unwillens, sie gehen zu lassen. Alle weinten und hielten einander fest, doch schließlich wurden die Frauen in den Palast geschleift. [...] Daji deutete auf eine und sagte: «Die hat einen Jungen, und der sieht nach links.» Sie sah eine andere an und sagte: «Sie hat auch einen Jungen, aber der sieht nach rechts.»

König Zhou befahl seinen Wachen, die schwangeren Frauen aufzuschneiden und die Babys herauszuholen. Beide waren Jungen und lagen so, wie Daji es vorhergesehen hatte.

Dann deutete Daji auf die Dritte und sagte: «Sie hat ein Mädchen, und es sieht nach hinten.» Als ihr der Bauch grausam geöffnet wurde, war alles so, wie Daji gesagt hatte. König Zhou war außerordentlich zufrieden. Er lobte sie und sagte: «Meine liebe Königin! Du bist wirklich fabelhaft. Du bist größer als eine Göttin oder jede Wahrsagerin!»

Als diese drei schwangeren Frauen eines grausamen Todes starben, verdunkelten sich Himmel und Erde, und Sonne und Mond verloren ihr Licht. [...] Wenn ihr wissen wollt, was hernach geschah, dann lest gefälligst das nächste Kapitel.

Weiter bis nach Lhasa

Régis-Évariste Huc zwischen dem Quellgebiet des Yangtze und der Hauptstadt Tibets, Winter 1845/46

Einige Tage nach dem Übergang über den Moron Us begann sich die Karawane aufzulösen. Diejenigen, die Kamele hatten, eilten voraus, um nicht durch die Yaks aufgehalten zu werden, die nur langsam vorwärts kommen. Außerdem erlaubte die Bodenbeschaffenheit nicht mehr, dass eine so große Menge Vieh an demselben Ort lagerte. Die Weiden wurden so knapp und dürftig, dass die Tiere der Karawane Gefahr gelaufen wären, alle miteinander zu verhungern, wenn sie zusammen weitergezogen wären. Wir schlossen uns der Gruppe derer an, die Kamele hatten, und ließen die Grunzochsen hinter uns. Selbst unser Trupp musste sich bald teilen; und da nun das Ganze nicht mehr zusammenhielt, bildete sich eine Zahl von Kleinkarawanen, die sich nicht immer über den Lagerplatz und die Stunde des Aufbruchs verständigen konnten.

Unmerklich waren wir in die höchstgelegene Gegend Innerasiens gelangt, als ein schrecklicher Nordwind, der vierzehn Tage anhielt, uns im Verbund mit dem Frost das größte Unglück androhte. Das Wetter war immer noch klar, aber die Kälte war so grimmig, dass selbst die Mittagssonne nicht wärmte und wir ständig Schutz vor dem Sturm suchen mussten. Zu allen übrigen Tagesstunden und vor allem in der Nacht schwebten wir in steter Furcht zu erfrieren. Längst waren allen Hände und Gesicht aufgesprungen. Um eine Vorstellung von dieser Kälte zu geben, deren Realität nur der ermessen kann, der sie am eigenen Leibe erlebt hat, sei bloß auf einen Umstand hingewiesen. Ehe wir morgens aufbrachen, nahmen wir eine Mahlzeit ein. Dann gab es nichts mehr, bis wir am Abend den Lagerplatz erreicht hatten. Da nun aber Tsampa nicht gerade sehr schmackhaft ist, konnten wir davon nicht genug auf einmal essen. Also kneteten wir mit unserem Tee daraus

«Einige erfahrene Männer ritten als Führer vorneweg; hinter ihnen zogen in langen Reihen die Kamele, darauf kamen die Langhaarrinder in Trupps von zwei- bis dreihundert» – Yak-Karawane auf dem tibetischen Hochplateau, nach einem Foto von Henri d'Orléans

drei oder vier Klöße, um sie unterwegs zu essen. Der heiße Brei wurde in ein Stück heißes Leinentuch gewickelt und auf die Brust gelegt. Darüber trugen wir unsere gesamte Kleidung, nämlich einen dicken Schafspelz, eine Jacke aus Lammfell, einen kurzen Umhang aus Fuchspelz und schließlich noch einen dicken Overall aus Wolle. Trotz allem waren vierzehn Tage lang unsere Tsampakuchen stets gefroren. Wenn wir sie hervorzogen, hatten wir Eisklumpen in der Hand, die wir dennoch hinunterwürgen mussten, um nicht Hungers zu sterben.

Das Vieh, abgetrieben und schlecht genährt, litt bei dieser Kälte ganz furchtbar. Die Kamele und Yaks hielten sich besser als die Maultiere und Pferde, auf die man am meisten aufpassen musste. Wir mussten sie in große Teppiche verpacken, die ihnen sorgfältig um den Bauch gebunden wurden, während ihnen um den Kopf Kamelhaar gewickelt wurde. Unter anderen Umständen hätten wir dieses Kostüm lächerlich gefunden, aber zum Spaßen waren wir nicht aufgelegt. Trotz aller dieser Vorsichtsmaßnahmen gingen der Karawane viele Tiere verloren.

Die vielen Flüsse, deren Eisdecke wir zu überqueren hatten, waren eine andere Quelle unvorstellbarer Mühsal. Kamele sind so unbeholfen und haben einen so schwerfälligen Tritt, dass wir ihnen über jeden Fluss einen Weg bahnen mussten, indem wir Sand und Staub auf das Eis streuten oder die oberste Schicht mit der Axt aufhackten. Dann musste man sie einzeln auf diesem Pfad hinüberführen. Wenn eines ausglitt, war es darum geschehen; es warf sich auf das Eis und konnte nur mit äußerster Mühe wieder auf die Beine gebracht werden. Erst musste man ihm die Last abnehmen, es dann mit Seilen ans Ufer schleifen und dort einen Teppich ausbreiten. Oft aber half alles nichts. Man mochte das hartnäckige Tier schlagen oder an ihm zerren, es machte nicht einmal einen Versuch, wieder aufzustehen, und dann blieb nichts übrig, als es seinem Schicksal zu überlassen, denn in dieser fürchterlichen Gegend konnte man ja nicht warten, bis ein Kamel geruhte, sich wieder auf die Beine zu erheben.

Im Verein versetzten alle diese Beschwernisse die Reisenden in eine bedrückte Stimmung, die an Verzweiflung grenzte. Nicht nur Tiere starben, jetzt starben auch Menschen. Sie erlagen dem Frost und wurden noch lebend unterwegs zurückgelassen. Als eines Tages unsere Tiere so erschöpft waren, dass wir langsamer gehen mussten und ein wenig hinter unserem Karawanentrupp zurückblieben, sahen wir einen Reisenden auf einem großen Stein sitzen, den Kopf auf die Brust gesenkt, die Arme fest an die Seiten gedrückt und insgesamt so reglos wie eine Bildsäule. Auf unseren mehrmaligen Zuruf antwortete er nicht; er gab nicht einmal ein Zeichen, dass er uns gehört hatte. «Wie absurd», sagten wir, «dass jemand bei so schrecklichem Wetter herumtrödelt. Der arme Kerl wird bestimmt erfrieren.» Wir riefen noch einmal, aber er blieb so stumm und reglos wie zuvor. Also stiegen wir ab, gingen näher und erkannten in ihm einen jungen mongolischen Lama, der uns oft in unserem Zelt besucht hatte. Sein Gesicht sah aus wie aus Wachs, seine halb offenen Augen waren glasig, und an Nase und Mundwinkeln hingen ihm Eiszapfen. Wir sprachen ihn an, bekamen aber keine Antwort, und einen Moment lang hielten wir ihn für tot. Dann jedoch öffnete er die Augen und blickte uns mit einem entsetzlichen Ausdruck von Verständnislosigkeit an. Der Unglückliche war vor Kälte erstarrt, und uns wurde klar, dass ihn seine Gefährten zurückgelassen hatten. Es erschien uns so herzlos, einen Menschen ohne Rettungsversuch dem Tod zu überlassen, dass wir ihn ohne Zögern mitnahmen. Wir rissen ihn von seinem Stein los, setzten ihn auf Samdadschiembas kleines Maultier, wickelten ihn in eine Decke und brachten ihn zum Lagerplatz. Gleich nachdem wir unser Zelt aufgeschlagen hatten, suchten wir seine Gefährten auf. Als sie erfuhren, was wir getan hatten, warfen sie sich aus Dank vor uns nieder und sagten, wir seien gütige Menschen, hätten uns die große Mühe aber ganz umsonst gemacht, denn der Kranke sei verloren. Er sei erfroren, sagten sie, und die Kälte sei nahe daran, ihm ins Herz zu dringen! Wir konnten diese verzweifelte Sicht nicht teilen und kehrten in Begleitung eines seiner Gefährten in unser Zelt zurück, der sehen wollte, ob sich noch etwas tun ließe. Als wir ankamen, war der Lama schon tot.

Mehr als vierzig Männer der Karawane wurden noch lebend in der Wüste zurückgelassen, ohne dass wir ihnen irgend hätten helfen können. Solange noch einige Hoffnung war, wurden sie auf einem Pferd oder Kamel mitgenommen, aber sobald sie nicht mehr essen und sprechen und sich nicht mehr aufrecht halten konnten, wurden sie am Wege ausgesetzt. In einer kahlen Wüste, wo ständig wilde Tiere, Räuber und Nahrungsmangel drohten, konnte die Karawane nicht Halt machen, um sich um sie zu kümmern. Trotzdem war es ein herzzerreißender Anblick! Als letzten Beweis von Teilnahme stellte man einen Holznapf und einen kleinen Beutel mit Gerstenmehl neben sie, und dann zog die Karawane traurig weiter. Sobald der letzte Nachzügler verschwunden war, stießen die Raben und Geier, die ständig über der Karawane kreisten, auf die Unglücklichen nieder, denen genug Leben verblieben war, um zu merken, wie sie von diesen Raubvögeln zerrissen wurden.

Der Nordwind verschlimmerte M. Gabets Krankheit. Jeden Tag wurde sein Zustand ernster. Wegen seiner Schwäche konnte er nicht mehr gehen, und da er sich nicht mehr mit etwas Bewegung wärmen konnte, waren seine Hände, Füße und sein Gesicht erfroren. Die Lippen wurden schon blau, die Augen waren fast erloschen, und kaum hielt er sich noch auf dem Pferde. Wir hüllten ihn in Decken, banden ihn auf einem Kamel fest und überließen das Weitere der göttlichen Vorsehung.

Als wir eines Tages bedrückt den Windungen eines Tales folgten, erblickten wir plötzlich auf einem nahen Hügelkamm zwei Reiter. «Tsongkhapa!»[1], riefen die tibetischen Kaufleute, mit denen wir gerade zogen. «Da sind Reiter, und dabei sind wir in der Wüste, wo es keine Hirten gibt.» Gleich darauf sahen wir noch viele andere Reiter an verschiedenen Punkten, die auf uns zu sprengten. Was hatten diese Männer in einer so kahlen Gegend verloren? Was wollten sie? Wir zweifelten keinen Augenblick, dass wir Räubern in die Hände gefallen waren. Ihr Aussehen war wenig beruhigend: eine Flinte über die Schulter geschlungen, rechts und links zwei lange Säbel am Gürtel, dichtes schwarzes Haar, das ihnen in langen Strähnen auf die Schultern fiel, blitzende Augen und ein Wolfspelz als Mütze auf dem Kopf – so sahen die Herren aus, von denen wir jetzt umgeben waren. Es waren ihrer siebenundzwanzig, wir nur achtzehn und wahrscheinlich nicht alle kampferfahren. Beide Heerhaufen stiegen ab, und ein mutiger Tibeter trat vor, um mit dem Räuberhauptmann zu reden, der an zwei roten Fähnchen hinter dem Sattel zu erkennen war. Nach einem langen und recht lebhaften Zwiegespräch zeigte der Anführer der Golok auf M. Gabet, der auf sein Kamel gebunden und als Einziger nicht abgestiegen war, und fragte: «Wer ist dieser Mann da?» – «Das ist ein Großer Lama des westlichen Himmels», erwiderte der tibetische

Kaufmann, «und die Macht seines Gebets ist unendlich.» Der Golok legte seine gefalteten Hände ehrfürchtig an die Stirn und blickte M. Gabet an, der mit seinem gefrorenen Gesicht und seinen buntscheckigen Umhüllungen einem dieser beängstigenden Götzenbilder in manchen heidnischen Tempeln ähnelte. Nachdem er den berühmten Lama des westlichen Himmels eine Weile gemustert hatte, flüsterte der Räuber dem tibetischen Kaufmann noch ein paar Worte zu, gab seinen Begleitern ein Zeichen, und alle sprangen in ihre Sättel, galoppierten davon und waren bald hinter den Bergen verschwunden. «Wir wollen heute nicht weiterziehen, sondern hier unser Lager aufschlagen», sagte der tibetische Handelsmann. «Die Golok sind Räuber, doch ihr Herz ist großmütig. Wenn sie sehen, dass wir uns furchtlos in ihre Gewalt begeben, werden sie uns nicht angreifen … Außerdem», fügte er hinzu, «glaube ich, dass sie die Macht der Lamas des westlichen Himmels fürchten.» Wir folgten seinem Rat und schlugen das Lager auf.

Als eben unsere Zelte standen, erschienen die Golok wieder auf dem Hügelkamm und sprengten so stürmisch wie zuvor zu uns herab. Aber nur der Hauptmann kam ins Lager, während die anderen in einiger Entfernung warteten. An den Tibeter gewandt, mit dem er vorher gesprochen hatte, sagte er: «Ich möchte eine Erklärung für eine Sache, die ich nicht verstehe. Ihr wisst, dass wir auf der anderen Seite des Berges lagern, und doch wagt ihr, eure Zelte hier aufzuschlagen, ganz in der Nähe. Wie viele seid ihr also in eurer Bande?» – «Wir sind nur achtzehn, und ihr seid siebenundzwanzig, wenn ich nicht irre. Aber tapfere Männer rennen nicht weg.» – «Ihr wollt also den Kampf?» – «Wenn nicht einige Kranke unter uns wären, würde ich Ja sagen, denn ich habe den Golok schon bewiesen, dass ich keine Angst vor ihnen habe.» – «Du hast mit den Golok gekämpft? Wann war das? Wie heißt du?» – «Das war vor fünf Jahren, bei der Sache mit dem Gyanak-Khampo. Hier ist ein kleines Andenken.» Dabei streifte er den rechten Ärmel zurück und zeigte die Narbe einer langen Säbelwunde. Der Räuber lachte und fragte sein Gegenüber noch einmal nach dem Namen. «Ich heiße Rala Tschembe. Den Namen kennst du doch?» – «Ja, alle Golok kennen ihn. Es ist der Name eines tapferen Mannes.» Mit diesen Worten stieg er vom Pferd, zog einen Säbel aus dem Gürtel und überreichte ihn dem Tibeter. «Da, nimm diesen Säbel. Es ist mein allerbester. Wir haben oft genug miteinander gekämpft. Wenn wir uns in Zukunft begegnen, dann als Brüder.» Der Tibeter nahm den Säbel an und gab ihm als Gegengeschenk einen schönen Bogen und einen Köcher, die er in Peking gekauft hatte.

Als sie sahen, wie ihr Häuptling mit dem Häuptling der Karawane fraternisierte, stiegen auch die übrigen Golok ab, banden ihre Pferde mit den Zügeln paarweise aneinander und kamen herüber, um mit den armen Reisenden, die endlich aufatmeten, freundschaftlich Tee zu trinken. Alle diese Räuber waren äußerst liebenswürdig. Sie fragten nach den Khalkha-Mongolen [2], die sie erwarteten, da sie ihnen im vergangenen Jahre drei Mann getötet hätten, für die sie Rache nehmen wollten. Auch die Politik kam aufs Tapet. Die Golok erklärten, sie seien große Freunde des Dalai Lama und geschworene Feinde des Kaisers von China. Deshalb überfielen sie die Gesandtschaft auf dem Weg nach Peking; der Kaiser sei es nämlich nicht wert, Geschenke vom Dalai Lama zu erhalten. Hingegen lasse man sie auf der Heimreise gewähren, denn es sei in Ordnung, dass der Kaiser dem Dalai Lama Geschenke sende. Nachdem sie dem Tee und dem Tsampa der Karawane zugesprochen hatten, wünschten uns die Räuber eine gute Reise und kehrten in ihr eigenes Lager zurück. Alles brüderliche Getue hielt uns indessen nicht davon ab, in der Nacht ein Auge offen zu halten. Unsere Ruhe wurde jedoch nicht gestört, und am nächsten Morgen zogen wir in Frieden unseres Wegs. Unter den zahllosen Pilgern, die die Reise nach Lhasa unternommen haben, können sich nur wenige rühmen, die Räuber so nahe gesehen zu haben, ohne dass es sie Hab und Gut oder das Leben gekostet hat.

Diese Gefahr war demnach glücklich überstanden, aber wie wir hörten, erwartete uns nun eine andere, die sehr viel größer wäre, wenn auch anderer Art. Wir begannen nämlich den Anstieg auf die große Kette des Tant-La-[Dang La-]Gebirges. Es hieß, auf seiner Hochebene würden die Kranken sterben und die Gesunden krank werden. Den erfahrenen Männern schien der Tod von M. Gabet ausgemachte Sache. Sechs Tage lang klommen wir mühsam bergan. Eine Kette erhob sich amphitheaterhaft über die andere, und endlich erreichten wir die Hochebene, vielleicht den höchsten Punkt der Erdoberfläche.[3] Der Schnee dort wirkte wie eine Inkrustation, ein Teil des Erdbodens. Er krachte unter den Füßen, die aber keine Spur eindrückten. Die einzige Vegetation bildete der gelegentliche Büschel eines niedrigen, spitzen, glatten Grases, das im Innern holzig und so hart wie Eisen ist, aber nicht brüchig, sodass man es als Nadel zum Matratzennähen benützen könnte. Die Tiere waren dermaßen ausgehungert, dass sie wohl oder übel mit diesem fürchterlichen Futter vorlieb nehmen mussten. Man hörte es zwischen ihren Zähnen knacken. Sie konnten nur wenig davon fressen und mussten es mit Gewalt ausreißen; ihre Lippen bluteten.

Vom Rand dieser herrlichen Hochfläche sahen wir auf die Spitzen und Nadelberge mehrerer Gebirgsstöcke hinab, deren Ausläufer am Horizont verschwanden. Nie hatten wir etwas gesehen, das sich mit diesem grandiosen und gigantischen Schauspiel vergleichen ließe. Zwölf Tage lang wanderten wir auf den Höhen des Dang La und hatten doch niemals schlechtes Wetter. Die Luft war ruhig, und es gefiel Gott, uns alle Tage warmen, freundlichen Sonnenschein zu schicken, der die Kälte der Atmosphäre milderte. Aber die Luft war in jener Höhe ungemein dünn, und mächtige Adler, die der Karawane folgten, fanden jeden Tag ein paar Kadaver vor. Es stand geschrieben, dass auch die kleine Karawane der französischen Missionare dem Tod ihren Tribut entrichten sollte, aber er begnügte sich mit unserem kleinen schwarzen Maultier. Wir ließen es mit Bedauern und Resignation zurück. Die Prophezeiung bezüglich M. Gabets erfüllte sich nicht. Diese fürchterlichen Berge bekamen ihm im Gegenteil sehr gut. Wir fanden unseren Mut wieder und gaben uns der Hoffnung hin, der Allmächtige würde uns erlauben, am Ziel unserer Reise anzukommen.

Der Abstieg vom Dang La dauerte lange, aber in schnellem Tempo. Vier volle Tage gingen wir abwärts wie auf einer Riesentreppe, bei der jede Stufe ein Berg ist. Unten fanden wir überaus prächtige Mineralquellen. Zwischen ungeheuren Felsen hatte die Natur eine große Anzahl Becken ausgehöhlt, in denen das Wasser sprudelte wie in einem großen Kessel über einem lodernden Feuer. An manchen Stellen dringt es durch die Felsspalten und schießt in vielen kapriziösen Strahlen nach allen Seiten. In einzelnen Becken ist das Aufwallen manchmal so stark, dass wie von einem mächtigen Pumpwerk in Bewegung gesetzt große Wassersäulen aufsteigen. Von diesen Quellen erhebt sich immerfort dichter Dampf in die Luft und bildet ein weißliches Gewölk. Alles Wasser ist schwefelhaltig. Nachdem es sich blubbernd in seinen riesigen Granitbecken getummelt hat, kocht es über und fließt in ein kleines Tal ab, wo es einen großen Bach bildet, der über ein Bett gelbgoldener Kiesel strömt. Das heiße Wasser behält aber seinen flüssigen Zustand nicht lange bei. Schon eine halbe Wegstunde von der Quelle ist es zu Eis geworden. In den Gebirgen Tibets findet man heiße Quellen zuhauf, und die Lama-Ärzte schätzen ihre Heilkraft und verordnen das Wasser gern zum Baden und zum Trinken.

Vom Dang La bis Lhasa fällt das Gelände in einem fort ab. Die Kälte lässt an Strenge nach, je tiefer man kommt, und die Vegetation wird immer kräftiger und verschiedenartiger. Eines Abends schlugen wir unser Lager auf einer großen Ebene auf, wo es wunderbar üppige Weiden gab, und da unser Vieh schon eine ganze Zeit lang hatte hungern müssen, beschlossen wir, die Gelegenheit zu nutzen und zwei Tage Rast zu machen.

Als wir am nächsten Morgen in unserem Zelt ruhig unseren Tee bereiteten, bemerkten wir in der Ferne einen Trupp Reiter, die in vollem Galopp auf unser Lager zugesprengt kamen. Der Anblick ließ uns das Blut in den Adern erstarren. Nach einer Schrecksekunde eilten wir zum Zelt von Rala Tshembe und riefen: «Golok! Golok! Da kommt ein großer Haufen Golok!» Die tibetischen Kaufleute, die gerade ihren Tee tranken und ihren Tsampa kneteten, lachten und luden uns ein, Platz zu nehmen: «Frühstückt mit uns», sagten sie, «hier gibt es keine Golok mehr, die man fürchten müsste. Die Reiter da sind Freunde. Wir kommen jetzt in bewohntes Land. Hinter den Hügeln zur Rechten stehen viele schwarze Zelte, und die Reiter, die ihr für Golok gehalten habt, sind Hirten aus dieser Gegend.» Diese Worte beruhigten uns, und mit der Ruhe kehrte auch unser Appetit wieder, sodass wir die Einladung zum Frühstück gerne annahmen. Kaum hatte man uns einen Napf Buttertee eingegossen, da waren die Reiter auch schon vor dem Zelt. Es waren wackere Leute, die gekommen waren, uns Butter und frisches Fleisch zu verkaufen. Ihre Sättel sahen aus wie Metzgerbänke, denn es hingen lange Teile von Lämmern und Zicklein zu beiden Seiten herab. Wir erstanden acht Hammelkeulen, die wir in ihrem gefrorenen Zustande leicht mit auf die Reise nehmen konnten. Sie kosteten uns ein Paar alter Pekinger Stiefel, ein Pekinger Feuerzeug und den Sattel unseres kleinen Maultiers, der glücklicherweise auch aus Peking war … Denn die Tibeter, insbesondere die Nomaden, legen großen Wert auf alles, was aus Peking kommt. Deshalb schreiben die Kaufleute, die mit der Gesandtschaft reisen, auf sämtliche Packstücke sorgfältig «Waren aus Peking». Auch auf Schnupftabak sind die Tibeter ganz versessen. Alle fragten sie uns, ob wir nicht Pekinger Schnupftabak hätten. M. Huc war der einzige Schnupfer in unserer Gesellschaft, hatte aber acht Tage vorher seine letzte Dose aufgebraucht und sich seitdem mit einer grässlichen Mischung aus Staub und Asche beholfen. […]

Seit zwei Monaten dazu verdammt, von mit Tee angefeuchtetem Gerstenmehl zu leben, schien der bloße Anblick von Hammelfleisch unsere Mägen anzuregen und unsere ausgemergelten Gliedmaßen zu stärken. Den ganzen Rest des Tages betätigten wir uns kulinarisch. Als Gewürz hatten wir nur ein wenig Knoblauch, und der war so gefroren und eingetrocknet, dass er in seiner Schale kaum aufzufinden war. Wir pellten unseren ganzen Vorrat ab und steckten ihn in zwei Hammelkeulen, die wir in unserem großen Kessel kochten. Argal gab es in dieser gesegneten Ebene so reichlich, dass wir ein munteres Feuer machen konnten, um unser unschätzbares Abendessen zu kochen. Die Sonne ging gerade unter, und Samdadschiemba, der die Hammelkeulen mit dem Daumennagel geprüft hatte, hatte gerade verkündet, dass sie gar seien, als wir aus allen Richtungen den Ruf «Feuer! Feuer» (*me yod*) hörten. Im Nu sprangen wir aus dem Zelt. Das Feuer hatte am Lagerplatz trockenes Gras erfasst, verbreitete sich reißend schnell und drohte unsere Leintuchzelte zu erfassen. Mit Filzteppichen bewaffnet bemühten sich alle Reisenden, die Flammen zu ersticken oder zumindest von ihren Zelten fern zu halten, und das mit Erfolg. Das Feuer, von allen Seiten gejagt, bahnte sich einen Ausweg aus dem Lagerplatz und züngelte in die Wüste hinaus, wo es sich vom Wind getrieben über die Weideflur ausbreitete, die es in seinem Lauf verzehrte. Wir meinten, wir hätten nun nichts weiter zu befürchten, doch der Ruf «Rettet die Kamele! Rettet die Kamele!» erinnerte uns sogleich daran, wie wenig wir von einem Wüstenbrand verstanden. Alsbald bemerkten wir, dass die Kamele nicht wie die Pferde und Rinder vor den Flammen flohen, sondern sie stoisch erwarteten. Darum eilten wir unseren eigenen zu Hilfe, die dem Feuer noch nicht allzu nahe waren. Das Feuer war jedoch fast so schnell dort wie wir. Bald waren wir von Flammen umzüngelt. Es half nichts, dass wir auf die Kamele losschlugen. Sie bewegten sich keinen Zoll, standen nur phlegmatisch da und glotzten uns mit einem Ausdruck an, als wollten sie fragen, mit welchem Recht wir sie beim Weiden störten. Man hätte sie totprügeln mögen. Das Feuer verzehrte das Gras so schnell, dass es sie bald erreichte. Es erfasste ihr dickes Fell, und wir mussten uns mit den mitgebrachten

Filzdecken auf sie stürzen und es an ihrem Körper ausdrücken. Drei führten wir nur leicht angesengt aus den Flammen, das vierte war bis auf die nackte Haut abgesengt und angekohlt.

Eine Weideflur von über zwei Kilometern Länge und einem Kilometer Breite war in Asche gelegt. Die Tibeter waren außer sich vor Glück, dass sie das Feuer so schnell aufgehalten hatten, und wir waren genau so glücklich, als wir das ganze Ausmaß des Unglücks erfuhren, das uns gedroht hatte. Hätte das Feuer nämlich weiter um sich gegriffen, so hätte es die schwarzen Zelte erreicht, und in diesem Fall hätten uns die Hirten unweigerlich alle umgebracht. Nichts mildert den Zorn dieser armen Wüstensöhne, wenn die Weiden, ihre einzige Lebensgrundlage, zu Asche verwandelt werden, gleich ob durch Bösartigkeit oder Ungeschick. Es wäre fast das Gleiche gewesen, wie ihre Herden zu vernichten.

Als wir die Reise fortsetzten, war unser versengtes Kamel zwar noch nicht tot, aber dienstunfähig, und die anderen drei mussten seine Last mit übernehmen. Jedoch war diese seit dem Aufbruch vom Kokonor erheblich leichter geworden. Unsere Mehlsäcke waren fast leer. Und seit dem Abstieg aus dem Tang La hatten wir uns auf eine Ration von zwei Tassen Tsampa pro Tag und pro Mann setzen müssen. Vor unserer Abreise hatten wir zwar unseren Bedarf berechnet, aber keine Berechnung hatte vorhergesehen, wie unsere beiden Kamelführer aus Gleichgültigkeit, Dummheit oder Bosheit unsere Vorräte verschwenden würden. Glücklicherweise aber näherten wir uns jetzt einer großen tibetischen Station, wo wir unsere Vorräte auffüllen konnten.

Einige Tage lang zogen wir durch eine Reihe von Tälern, in denen wir hin und wieder schwarze Zelte und große Herden von Yaks sahen, und schlugen unser Lager schließlich bei einem großen tibetischen Dorf auf. Es liegt am Ufer des Na-Ptchu [Nag Chu]; die Mongolen nennen ihn Khara-ussu, und beide Namen bedeuten Schwarzwasser. Das Dorf Nakchu ist die erste nennenswerte Station auf dem Weg nach Lhasa. Es besteht aus einigen Lehmhäusern und einer großen Zahl schwarzer Zelte. Die Anwohner treiben keinen Ackerbau. Obwohl sie ständig an einem Ort leben, sind sie Hirten wie die nomadischen Stämme und lediglich mit Viehzucht beschäftigt. Man erzählte uns, vor alten Zeiten habe ein König vom Kokonor Krieg gegen die Tibeter geführt, sie unterworfen und den Soldaten seines Heeres den Bezirk Nakchu geschenkt. Obwohl diese Mongolen jetzt in den Tibetern aufgegangen sind, sieht man neben den schwarzen Zelten immer noch einige mongolische Jurten.

Die nach Lhasa ziehenden Karawanen müssen einige Tage in Nakchu verweilen, um sich auf ein anderes Transportsystem umzustellen, denn die Kamele können auf dem von nun an unbeschreiblich felsigen Wege nicht weitergehen. Als Erstes wollten wir darum unsere Tiere verkaufen, aber sie waren so elend und so mitgenommen, dass keiner sie wollte. Schließlich machte uns eine Art Tierarzt, der zweifellos ein Rezept hatte, sie ihrem jämmerlichen Zustand zu entreißen, ein Angebot, und wir verkauften ihm die drei für fünfzehn Unzen Silber und gaben ihm das angesengte obendrauf. Das Silber reichte gerade, um die Miete für sechs Langhaarochsen zu zahlen, die unser Gepäck bis Lhasa tragen sollten.

Das Nächste war, den Lama aus den Rashico-Bergen zu entlassen. Wir rechneten großzügig mit ihm ab und teilten ihm mit, dass er, wenn er nach Lhasa kommen wollte, sich von nun an andere Begleiter suchen müsse. So wurden wir diesen Halunken endlich los, dessen übles Verhalten unsere Schwierigkeiten auf dem Weg verdoppelt hatte.

Unser Gewissen nötigt uns, alle Personen, die der Weg etwa durch Nakchu führen könnte, vor den dortigen Dieben zu warnen. Die Bewohner dieses tibetischen Dorfes bestehlen jede durchziehende mongolische oder sonstige Karawane auf das schändlichste. Bei Nacht schleichen sie sich geschickt in die Zelte der Reisenden und schleppen alles fort, was nicht niet- und nagelfest ist; selbst am helllichten Tag üben sie ihr leidiges Handwerk mit einer Abgebrühtheit, einer Geistesgegenwart und einer Geschicklich-

«Einige Tage lang zogen wir durch eine Reihe von Tälern, in denen wir hin und wieder schwarze Zelte und große Herden von Yaks begegneten» – Nomadenzelte mit Rauchsäulen auf dem tibetischen Hochplateau, skizziert von Wsewolod Roborowskij

keit aus, um die sie der gewandteste Pariser Spitzbube beneiden könnte.

Wir kauften einen Vorrat an Butter, Tsampa und Hammelkeulen und brachen dann nach Lhasa auf, das nur noch etwa fünfzehn Tagesreisen entfernt war. Unsere Reisegefährten waren Mongolen aus dem Königreich Kharchin[4], die eine Wallfahrt nach Mongke-chot unternahmen, dem «Ewigen Heiligtum», wie die Tataren Lhasa nennen, und ihren großen Shaberon dabeihatten, das heißt einen Lebenden Buddha, den Vorsteher ihres Klosters.[5] Dieser Shaberon war ein junger Mann von achtzehn Jahren mit angenehmen und verbindlichen Umgangsformen; sein Gesicht trug einen offenen Ausdruck, der scharf von der Rolle abstach, die er für gewöhnlich zu spielen hatte. Im Alter von fünf Jahren war er zum Buddha und Oberlama der Buddhisten von Kharchin erklärt worden, und jetzt wurde er in eines der großen Lamaklöster von Lhasa geschickt, um dort die Gebete und andere seiner Würde entsprechende Dinge zu studieren. Ein Bruder des Königs von Kharchin und mehrere Lamas von Rang bildeten sein Gefolge. Der Titel eines Lebenden Buddha schien dem armen Jüngling geradezu lästig. Offensichtlich hätte er lieber gelacht, geplaudert und sich zwanglos amüsiert; und unterwegs hätte er sich lieber auf seinem Pferd getummelt, als würdig zwischen den beiden Reitern zu bleiben, die ihm als Ehrenwache nie von der Seite wichen. [...] Wenn er manchmal in unser Zelt kam, war ihm erlaubt, seine offizielle Gottheit abzulegen und offen der menschlichen Gattung anzugehören. Sehr gern ließ er sich von Europa erzählen und befragte uns verständnisvoll über unsere Religion, die ihm anscheinend sehr gefiel. Als wir ihn fragten, ob er nicht lieber ein Anbeter Jehovas als Shaberon wäre, antwortete er, dass er davon nichts verstehe. Er mochte es nicht, wenn wir ihn über seine früheren Lebensstufen und Inkarnationen befragten. Er wurde rot, wenn man ihm solche Fragen stellte, und sagte schließlich, wir täten ihm weh, wenn wir mit ihm von diesen Dingen redeten. Der arme Kerl fand sich in eine Art religiöses Labyrinth verstrickt, von dem er nicht das Geringste verstand.

Obwohl der Weg von Nakchu nach Lhasa im allgemeinen felsig und sehr beschwerlich ist, namentlich wo er die Koiran-Bergkette [Nyenchen Tanglha] berührt, wird einem leichter und leichter ums Herz, je weiter man kommt. Denn man ist wieder in immer dichter bewohntem Land. Die vielen schwarzen Zelte, mit denen die Landschaft getüpfelt ist, die vielen Pilger, die nach Lhasa ziehen, die unzähligen Inschriften auf den Steinen, die auf beiden Seiten der Straße aufgeschichtet sind, die kleinen Karawanen von Langhaarochsen, die man in regelmäßigen Abständen erblickt – alles hilft, die Mühen der Reise leichter zu machen.

Einige Tagesreisen vor Lhasa verliert sich nach und nach der bis dahin rein nomadische Charakter der Bewohner. Schon schmücken einige bebaute Felder die Einöde. Unauffällig treten Häuser an die Stelle schwarzer Zelte. Schließlich gibt es gar keine Hirten mehr, und man findet sich unter Ackerbauern.

Am fünfzehnten Tage nach unserer Abreise von Nakchu kamen

wir nach Pampou [Phenpo], das die Pilger wegen seiner Nähe zu Lhasa als den Vorhof der heiligen Stadt betrachten. Es ist eine schöne Ebene, die von einem breiten Flusse durchzogen wird, aus dem Kanäle abgeleitet sind, die der ganzen Ebene zu Fruchtbarkeit verhelfen. Phenpo ist nicht eigentlich ein Dorf, aber überall sieht man weiß gekalkte Bauernhäuser mit Terrassen davor liegen. Um jedes stehen hohe Bäume, und aus jedem ragt ein kleiner Turm wie ein Taubenhaus, von dem bunte Fähnchen mit tibetischen Inschriften flattern. Da wir über drei Monate lang durch eine schreckenerregende Wüstenei gereist waren, wo es nur wilde Tiere und Räuber gab, erschien uns die Ebene von Phenpo als das herrlichste Land der Welt. Auf unserer mühseligen Reise waren wir selber so sehr zu Wilden geworden, dass uns jedes Anzeichen von Kultur in Ekstase versetzte. Alles erfüllte uns mit Entzücken: jedes Haus, jeder Baum, jeder Pflug, jede Furche. Am auffallendsten aber schien uns, wie warm es in dieser Ebene war. Obwohl wir Ende Januar hatten, lag auf den Flüssen und Kanälen nur eine dünne Eisschicht am Rande, und fast kein Mensch trug Pelz.

In Phenpo musste sich unsere Karawane noch einmal umorganisieren. Die Yaks werden hier gewöhnlich durch kleine, aber sehr robuste Esel ersetzt, die gewohnt sind, Lasten zu tragen. Da wir für das Gepäck der Lamas aus Khartchin eine ganze Menge Esel brauchten, dauerte es zwei Tage, bis wir sie beschafft hatten. Wir selbst benutzten die Gelegenheit, unser Äußeres ein wenig in Ordnung zu bringen. Unsere Haare und Bärte waren so struppig gewachsen, unsere Gesichter so geschwärzt vom Rauch der Zelte, so aufgesprungen vom Frost, wir sahen so abgemagert, so verwahrlost aus, dass wir bei einem Blick in den Spiegel uns selber bedauerten. Die Bekleidung entsprach dem Übrigen.

Die Bewohner von Phenpo sind überwiegend wohlhabend und darum lustige, sorglose Menschen. Abends versammeln sie sich vor den Gehöften, tanzen und singen dazu. Zum Schluss des ländlichen Festes bewirtet der Bauer die ganze Gesellschaft mit einem scharfen Getränk, das aus gegorener Gerste bereitet wird. Es ist eine Art von Bier, dem nur der Hopfen fehlt.

Nach zwei Tagen stand die Eselkarawane, und wir brachen auf. Zwischen uns und Lhasa lag nur noch ein Berg, aber der war der schroffeste und anstrengendste unserer ganzen Reise.[6] Die Tibeter und Mongolen erklimmen ihn mit großer Andacht, denn sie glauben, dass jedem, der den Gipfel erreicht, alle Sünden vergeben werden. Auf jeden Fall legt er dem Bergwanderer eine lange und harte Bußübung auf. Wir waren nachts um eins aufgebrochen, kamen jedoch erst um zehn Uhr auf die Passhöhe. Fast die ganze Strecke hatten wir zu Fuß gehen müssen.

Als wir die endlos gewundenen Pfade hinabstiegen, war der Sonnenuntergang nahe. Nunmehr kamen wir in ein riesiges Tal und erblickten zu unserer Rechten Lhasa, die berühmte Metropole der buddhistischen Welt. Die Mengen hundertjähriger Bäume, die die Stadt wie mit einem Gürtel aus Laub umgeben, die großen weißen Häuser mit ihren flachen Dächern und ihren Türmen, die zahlreichen Tempel mit vergoldeten Dächern, der Buddha La, über den der Palast des Dalai Lama emporragt[7] – alles das verleiht Lhasa ein majestätisches und imposantes Aussehen.

Es war der 29. Januar 1846, achtzehn Monate, nachdem wir aus dem Tal der schwarzen Gewässer aufgebrochen waren.

Endlich, nach achtzehn Monaten, waren wir am Ziel unserer Reise. Ihre Mühseligkeiten und Gefahren hatten wir überstanden; jetzt hatten wir Schwierigkeiten anderer Art zu durchstehen. […]

Am Morgen nach der Ankunft nahmen wir uns einen Führer und suchten eine Mietwohnung. Die Häuser Lhasas sind meist groß und mehrgeschossig und haben ein flaches, sanft abfallendes Dach, damit der Regen abfließen kann. Die Mauern sind weiß gekalkt, nur die Einfassungen der Fenster und Türen sind rot oder gelb gestrichen. Die reformierten Buddhisten schätzen diese beiden Farben besonders. Sie sind ihnen sozusagen heilig und heißen darum auch Lamafarben. Die Häuser sind immer sehr sauber, da sie alle Jahre frisch gestrichen werden und darum wie neu wirken; aber im Innern sind sie schmutzig, verräuchert, übelriechend, und alle Gerätschaften liegen in scheußlicher Unordnung durcheinander. [...]

Lhasa ist keine große Stadt. Ihr Umfang beträgt höchstens neun Kilometer. Anders als chinesische Städte hat sie keine Ringmauer. Wie wir hörten, soll früher eine vorhanden gewesen sein, die aber in einem Krieg der Tibeter mit den Indern von Bhutan vollständig zerstört wurde. Jetzt ist von ihr keine Spur mehr erhalten. Außerhalb der Stadt liegen viele Gärten, deren große Bäume sie mit Grün umgeben. Die Hauptstraßen sind gut angelegt, sehr breit und, zumindest wenn es nicht regnet, einigermaßen sauber; die Vorstädte aber sind ekelhaft und unsäglich schmutzig. Die Häuser bestehen aus Bruchsteinen, Backsteinen und einige aus Lehm, aber da sie alle so sorgfältig weiß gekalkt sind, lässt sich von außen das Baumaterial nicht erkennen. In einer Vorstadt liegt ein Viertel, in dem alle Häuser aus Yak- und Schafhörnern erbaut sind. Diese originellen Gebäude sind außerordentlich stabil und sehen ganz nett aus. Da die Yak-Hörner glatt und weiß sind und die Hammelhörner rau und schwarz, lassen sich beide endlos kombinieren und bilden alle Arten phantastischer Muster; die Lücken zwischen den Hörnern sind mit Mörtel gefüllt. Diese Häuser sind die einzigen, die nicht geweißt werden, sodass sie ihr wildes, phantastisches Aussehen behalten. Man muss wohl nicht hinzusetzen, dass die Einwohner Lhasas Unmengen von Yak- und Hammelfleisch essen; ihre Hörnerhäuser beweisen es.

Die bemerkenswertesten Gebäude sind jedoch die buddhistischen Tempel. [...] Sie sind größer, reicher und üppiger mit Gold verziert als die Tempel in anderen Städten des Landes. Der Palast des Dalai Lama verdient in jeder Hinsicht den Ruhm, den er in der ganzen Welt genießt. Etwa anderthalb Kilometer nördlich der Stadt erhebt sich ein kegelförmiger Felshügel inmitten der weiten Talebene wie eine Insel aus einem See. Er führt den Namen

Buddha La (Göttlicher Berg), und auf diesem großen Sockel, der das Werk der Natur ist, haben die Anbeter des Dalai Lama einen prachtvollen Palast errichtet, in dem ihre Lebende Gottheit leibhaftig residiert. Dieser Palast ist eine Ansammlung mehrerer, verschieden großer und verschieden ausgeschmückter Tempel; der in der Mitte besitzt vier Geschosse und überragt alle anderen. Seine Kuppel wie auch die Säulen im Innenhof sind vergoldet. Hier wohnt der Dalai Lama. Von diesem hohen Heiligtum sieht er an hohen Festtagen, wie seine Verehrer in Scharen aus der Ebene heranziehen und sich am Fuße des heiligen Berges niederwerfen. Die übrigen Paläste, welche um den großen Tempel gruppiert liegen, dienen einer Menge Lamas aller Klassen als Wohnungen; es ist ihr Amt, den Lebenden Buddha zu bedienen und ihm Ehre zu erweisen. Von Lhasa bis zum Potala führen zwei schöne Baumalleen. In ihnen sieht man täglich viele fremde Pilger ihren buddhistischen Rosenkranz beten und Lamas vom Hofe in prächtiger Tracht auf reich herausgeputzten Pferden reiten. Um den Potala herrscht jederzeit viel Bewegung, aber im allgemeinen sind alle hier ernst und still; jedermanns Geist scheint versunken in religiöse Gedanken.

Im Innern der Stadt verhält sich die Bevölkerung ganz anders: Es herrschen Geschrei, Aufregung und Gedränge, und alle sind sie damit beschäftigt, zu kaufen und zu verkaufen. Unaufhörlich locken Handel und Andacht eine große Menge Fremder nach Lhasa und machen die Stadt zu einem Treffpunkt aller asiatischen Völker; in den Straßen drängen sich unausgesetzt Pilger und Händler. [...] Auf den Straßen hört man die Tibeter unaufhörlich Gebete murmeln oder Lieder singen; ihr Charakter ist großzügig und offen; sie sind tapfere Kämpfer und nehmen mutig den Tod auf sich; sie sind genauso fromm, aber weniger leichtgläubig als die Mongolen. Sauberkeit steht bei ihnen nicht hoch im Kurs, aber trotzdem schätzen sie den Luxus und üppige Gewänder.

Bis hierher und nicht weiter

Captain Hamilton Bower im tibetischen Hochland etwa 300 Kilometer nordwestlich Lhasa, 1891

31. August, Camp 45, 20 Meilen, 4768 m. Früh am Morgen kam ein Bettellama zu unseren Zelten herüber, um ein Almosen zu erbitten und wohl auch um zu spionieren. Er sagte, wir seien über die Wege falsch informiert, der nach Süden führe nach Tashilhunpo, und um nach Lhasa zu gelangen, müsse man durch eine Einkerbung in den ostwärts gelegenen Bergen. Da das eher mit meinen eigenen Beobachtungen übereinstimmte, kam ich zu dem Schluss, dass er die Wahrheit sprach, und so machten wir uns in dieser Richtung auf den Weg. Das Tal war mit schwarzen Zelten übersät, und überall grasten Herden von Schafen und zahmen Yaks.

1. September, Camp 46, 17 Meilen, 4683 m. Nach dem Abbruch unseres Camps kamen wir durch einen schmalen Engpass, der sich zu einem breiten Tal mit einem riesigen See öffnete. Als wir uns diesem näherten, holten uns drei Reiter ein, von denen einer eine Art Anführer schien. Er wollte alles über uns wissen. Unsere chinesischen Pässe genügten ihm nicht. Dann forderte er uns auf, Rast zu machen, während er mit seinen Vorgesetzten verhandele. Ich lehnte ab und erklärte, wir hätten die Straße nach Lhasa nur eingeschlagen, weil wir uns Provisionen verschaffen müssten, denn tatsächlich sei es unsere Absicht, nach China zu kommen, und wenn er uns unseren Bedarf verschaffe, würden wir in östlicher Richtung weiterreisen und nördlich an Lhasa vorbeiziehen. Damit aber war er nicht einverstanden und sagte, er habe aus Lhasa gehört, dass man eine englische Invasion über das tibetische Hochplateau erwarte und unsere Gruppe im Verdacht habe, die Vorhut zu sein.

2. September, Camp 47, 18 Meilen, 4814 m. Kurz nachdem wir das letzte Camp verlassen hatten, fanden wir uns am Ufer eines großen Flusses, der in den See floss. Obwohl er sich über viele Äste verteilte, dauerte es lange, bis wir eine Furt gefunden hatten, und dann gelangten wir nur unter Schwierigkeiten hinüber, und unser ganzes Bettzeug und Gepäck wurde nass. Ein Stück weiter war ein anderer Fluss, der fast genauso schwer zu überqueren war, denn der Grund war steinig und die Strömung stark. Als wir drüben waren, bogen wir in ein nach Süden gelegenes Tal und schlugen das Lager auf. Während wir die Zelte aufstellten, kam eine Gruppe Männer heran, alle mit Schwert und Luntenflinte bewaffnet, überholte uns und kampierte. Ihnen folgten mehrere andere, die auf der anderen Seite kampierten, sodass wir vollständig eingekeilt waren. Ich schickte zwei Leute, zu fragen, was sie wollten, und erhielt die Antwort, es sei dies ihr Land, und sie bewegten sich darin umher – eine Antwort, an der man unmöglich Anstoß nehmen konnte.

Camp 48, 12 Meilen, 4928 m. Nach einer Nacht mit sehr starkem Regen zogen wir das Tal weiter hinauf. Als wir unterwegs an dem Nomadenlager vorbeikamen, stürzten sie alle hervor und streckten uns die riesigen Zungen heraus.

Am nächsten Morgen erschien ein großer Herr, begleitet von einem kleineren Licht. Er ging zum Zelt der Dokpas (tibetischen Nomaden) und schickte vier Männer herüber, um uns zu befragen, wer wir seien und was wir im Lande zu suchen hätten. Ich ließ ihm ausrichten, dass er sich gefälligst selber herbemühen möge, wenn er das wissen wollte, da ich mich nicht von Dienern verhören ließe. Als er meine Botschaft erhalten hatte, kam der große Herr in Begleitung des kleineren Lichts und eines Dutzends Gefolgsleute in unser Lager herüber. Ich nahm sie mit in mein Zelt und ließ sie auf Yakhdans (Lasttierkoffern) Platz nehmen, worauf sie das Gespräch übergangslos mit der Frage eröffneten: «Wer seid ihr, und was wollt ihr hier?» Ich antwortete: «Wir sind Engländer, wir kommen aus Ladakh, reisen nach China, und hier ist unser Pass. Nach Lhasa wollen wir nicht, sondern sind nur nach Süden abgebogen, um Provisionen zu beschaffen. Gib uns Proviant und einen Führer, und wir setzen unsere Reise nach Osten fort.»

Sie antworteten, dass sie gezwungen seien, uns aufzuhalten, wenn wir den Versuch machen sollten, die Reise fortzusetzen – sonst würden sie geköpft. Wenn wir uns zur Wehr setzten und sie töteten, so wäre das auch egal, denn sonst würden sie in Lhasa hingerichtet. Davon ließen sie sich nicht abbringen, und ich habe nicht den leisesten Zweifel, dass sie uns gewaltsam aufzuhalten versucht hätten, wenn wir trotzdem weitergezogen wären. Darum hielt ich es für besser, mit ihnen eine Abmachung zu treffen, und nachdem wir umständlich über jeden Punkt diskutiert hatten, wurde ein Vertrag aufgesetzt. Wir sollten in östlicher oder westlicher Richtung drei Tagesreisen weit an einen Ort gebracht werden, wo es reichlich Wasser und Gras gab. Dort sollten wir fünfzehn Tage warten, bis die Angelegenheit in Lhasa geklärt war.

Beide Männer waren den Dokpas intellektuell und körperlich hoch überlegen. Sie trugen die gleiche schmuddelige rote Kleidung wie Lamas. Über der Schulter hatten sie Gurte, auf denen 18 mal 10 Zentimeter große Miniaturschreine aufgereiht waren, die Gebete und dergleichen enthielten. Das Haar trugen sie weit zurückgekämmt in reich mit Türkisen geschmückten Zöpfen, ganz anders als es sonst in Tibet üblich ist, wo der Zopf nur ein Anhängsel eines Strubbelschopfs bildet, der nie mit Bürste, Kamm, Seife oder Wasser in Berührung kommt. Sie redeten geringschätzig über die Vorstellung, dass China die Herrschaftsgewalt in Tibet habe, und versicherten, Tibets einziger Herrscher sei der Depa Zhung (das Regierungszentrum in Lhasa – manchmal wird auch der Dalai Lama so genannt).[1] Abends fiel ein starker Regen, und da kein trockener Argal zu finden war, konnten wir nichts kochen und mussten schließlich eine Zeltstange verfeuern.

5. September, Camp 49, 23 Meilen, 4738 m. In die gleiche Richtung wie wir selbst zog eine riesige Karawane, die aus etwa 400 Yaks, 50 Pferden und mehreren tausend Schafen bestand. Auf unsere Fragen sagte man uns, dass es sich um eine Gruppe von Kaufleuten handele, chinesische Untertanen, die anderthalb Monate entfernt zu Hause waren, Waren in dieses Land gebracht und gegen Vieh eingetauscht hätten, welches sie nun zurücktrieben. Einige aus der Gefolgschaft der tibetischen Beamten, die herangekommen waren, erzählten eine andere Geschichte. Ihnen zufolge handelte es sich um Chukpas (Räuber), die das Vieh nicht durch Handel in ihren Besitz gebracht hatten, und je weiter weg wir lagerten, umso besser. Wir befolgten den Rat, und als die Wölfe im Schafspelz Halt machten, marschierten wir noch acht Meilen weiter und lagerten am Ufer eines Flusses, der sich in einen großen See ergoss. In jeder Richtung waren zahlreiche schwarze Zelte zu sehen.

6. September, Camp 50, 30 Meilen, 4707 m. Einige Meilen hinter Lager 49 überquerten wir eine schmale Landbrücke zwischen zwei Seen, von denen der nördlich gelegene riesig war, während der südliche eine höchst unregelmäßige Form hatte. In alle Himmelsrichtungen verliefen seine Arme in Täler hinein, und über seine Oberfläche verstreut lagen teils recht große Inseln. Er war unvergleichlich schön. Vom Süden her warf ein schneebedeckter kegelförmiger Gipfel seinen Schatten über ihn, doch der Hauptunterschied zu anderen tibetischen Seen bildete die Klarheit seines Wassers. Gras wächst bis an sein Ufer hinab, und Möwen und Seeschwalben, wie sie zu jedem klaren Süßwasser gehören, wirbelten schreiend in der Luft umher und verliehen dem Ganzen Leben und Bewegung, im Gegensatz zu der totenstillen Einsamkeit, die über den Salzseen liegt. Es ist in Tibet so gut wie unmöglich, den richtigen Namen eines Orts oder Sees in Erfahrung zu bringen, denn jeder Tibeter lügt, sofern er keinen guten Grund sieht, die Wahrheit zu sagen. Manchmal habe ich ein Dutzend Leute einzeln nach dem Namen eines Sees befragt und ein halbes Dutzend verschiedene Antworten bekommen.

Camp 51, Gagalinchin, 28 Meilen, 4749 m. Im Gespräch mit einem der Karawanentreiber behauptete ein Tibeter, der See, den wir manchmal kurz und manchmal in seiner vollen Größe zu sehen bekamen, werde von den Mongolen Tengri Nor und von den Tibetern Tengri Tso genannt, doch ich fürchte, er log.

Stündlich wurde unsere Eskorte größer. Aus allen Seitentälern kamen Trupps und schlossen sich unseren Begleitern an. Obwohl sie uns vielleicht nicht gerade als Ehrenwache zugedacht waren, hielt ich es für das Beste, sie als eine solche anzusehen, und schmeichelte mir mit der Vorstellung, wir würden wie vornehme Gäste behandelt. Sie waren eine wunderlich aussehende Gesellschaft, mit langen Flinten, die in eine gabelförmige Stütze ausliefen. An einer Zinke war eine rote Fahne angebracht, die sie sich über die Schulter schlangen. Gerade Schwerter in mit Silber und Türkisen verzierten Scheiden, die ihnen kreuzweise vorne im Gürtel steckten, Gebetsmühlen in der Hand, Gewänder aus schmutzigem Schaffell, burleske Hüte, struppiges Haar, Zöpfe, kurze Steigbügel und winzige Stuten – alles das ergab ein Bild, das ich gerne fotografiert hätte. Ich tat es nicht, um keinen Verdacht zu erregen.

Von unserem Camp aus verlief in Richtung Süden eine Straße nach Lhasa, auf der ständiger Verkehr in beiden Richtungen herrschte. Eine Gruppe sagte, sie gingen dem hochrangigen Würdenträger entgegen, der uns befragen sollte. Da mein Pass auf Chinesisch Turkestan und dessen südliche und westliche Gebirge lautete, sah ich voraus, dass man uns, wenn man ihn läse, nach Chinesisch Turkestan lassen würde und nirgendwohin sonst. Die Tibeter schickten uns mehr Vorräte herüber, eine Tafel Ziegeltee, zwei Pfund Butter und zwei Säcke trockenen Mist, aber kein Mehl oder Sattoo[2], da das nicht gekommen war. Sie kamen aber am Tag darauf, und außerdem erhielten wir ein Stück tibetischen Käse, der vielleicht nahrhaft war, aber überhaupt nicht schmeckte. Ein Würdenträger, den ich zum Lager des Zhung (Beamten) hinüberschickte, um Brennmaterial zu holen, berichtete bei der Rückkehr, der Alte habe angedeutet, er erwarte zum Lohn für seine Mühe, uns einen Führer zu besorgen, eine kleine Gefälligkeit. Froh, dass er zivilisiert genug war, das Wesen einer Gefälligkeit zu verstehen,

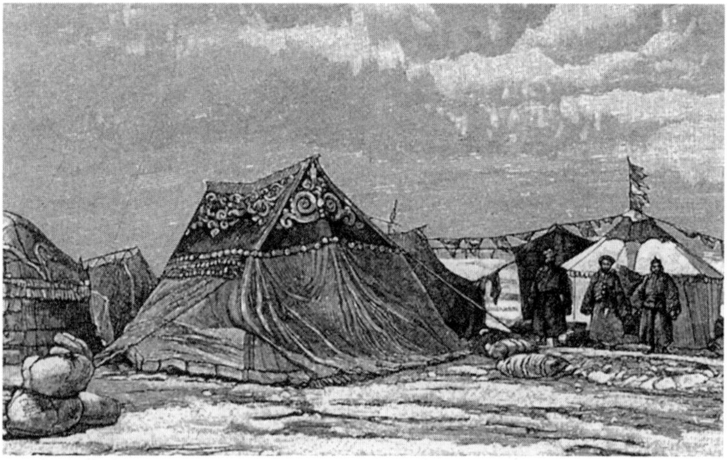

«Irgendwelche Staatsbeamte wurden zu mir entsandt, beschworen mich, dies zu unterlassen, drohten, mir jenes anzutun» – Beamte aus Lhasa, die die unerwünschte Eindringlinge Bonvalot und d'Orléans zur Umkehr zu nötigen sollen, nach einem Foto von Henri d'Orléans

schickte ich die Nachricht, dass er in dieser Hinsicht von mir nichts zu befürchten habe.

Am Abend stattete uns der Zhung einen Staatsbesuch ab und wollte unbedingt erfahren, wo wir auf die ersten Einwohner getroffen wären. Offenbar war die Ankunft von Europäern nicht so schnell gemeldet worden wie verlangt, und er wollte die Übeltäter bestrafen. Doch da wir ladakhische Kleidung trugen und die Leute hier Fremde lieber nur von fern ansehen, war es kein Wunder, dass man uns nicht als Europäer erkannt hatte.

Am nächsten Tag statteten wir dem Zhung und dem Kushok (Wiedergeborenen) Lama den aufgeschobenen Besuch ab. Obwohl ihr Lager keine fünfhundert Meter entfernt war, wäre es würdelos gewesen, zu Fuß zu gehen, und da es so gut wie ein Adelsdiplom ist, auf einem Maulesel zu sitzen, wurden die beiden, die noch am anständigsten aussahen, gesattelt, und auf ihnen ritten wir hinüber zum Zelt des Zhung, das zwischen etwa einem Dutzend gewöhnlicher schwärzlicher Nomadenzelte stand. Die ganze Gesellschaft kam heraus und starrte uns an. Als wir abstiegen, erschien der Zhung und führte uns in das Zelt, dessen eine Hälfte, die aus grobem Sacktuch bestand und oben offen war, offenbar die Küche und das Dienstbotenquartier bildete, während die andere Hälfte aus dünnem Kattun mit ihren Teppichen und Kissen anscheinend den Salon vorstellte. Kaum hatten wir Platz genommen, begann ein mühsames Gespräch. Die Unterhaltung mittels Dolmetscher ist nie besonders lebhaft, war diesem Fall aber Schwerarbeit, da der Zhung sich nicht festzulegen getraute und darum nur äußerst lakonische Antworten gab.

Am 20. September kam der Mann zurück, der nach Lhasa geschickt worden war. Er brachte etwas Tabak, roten Pfeffer usw. und auch einen Brief, der von einem Verwandten eines der Karawanentreiber geschrieben worden war, einem kleinen Händler in Lhasa, und in dem dieser uns empfahl, das Land so schnell wie möglich auf demselben Weg zu verlassen, auf dem wir gekommen waren, oder wir hätten böse Folgen zu gewärtigen. Ich maß dem Brief keine weitere Bedeutung bei, da ich annahm, er sei auf Veranlassung der Behörden in Lhasa geschrieben worden, um uns einzuschüchtern.

Während der ganzen Wartezeit traf man Vorbereitungen für die Ankunft der hohen Herren, die aus Lhasa erwartet wurden. Teppiche und Artikel zum Schmücken der Zelte kamen aus Shildut, einem Ort im Westsüdwesten, und Lebensmittel aus Lhasa. Am 24. September traf der Erste ein, prächtig herausstaffiert mit einem gelben Seidengewand und einem scharlachroten Schirm. Er schickte mir sofort die Botschaft, dass ich noch drei Tage warten müsse, da er nicht befugt war, die Sache allein zu regeln. Jedoch sei ein Kollege schon unterwegs und könne jeden Tag da sein. Ich antwortete, dass ich gerne warten würde – bei dem Zustand der Tiere blieb mir gar nichts anderes übrig – und hoffte, er würde mich besuchen kommen und eine Tasse Tee mit mir trinken.

Am 27. September tauchte der erwartete Kollege auf, der Kushok von Nakchu, und schickte jemanden, der mich zu seinem Zelt beorderte. Ich erwiderte, dass er zu mir kommen solle, denn da ich drei Wochen auf ihn gewartet hätte, sei das das Mindeste, was er tun könne. Ganz wie erwartet kam er wirklich; seine Nachricht war nur ein Versuch gewesen, zu sehen, ob ich mich herumkommandieren ließ. Wie alle hohen Würdenträger ritt er auf einem Maulesel und hielt sich einen knallroten Schirm über den Kopf. Dieser verwunderte meinen Burschen, der nicht erkennen konnte, ob er gegen den Sonnenschein oder den Regen gedacht war, denn im Augenblick gab es beides nicht. Das andere hohe Tier aus Lhasa und zwei alte Freunde begleiteten ihn. Mein Zelt war auf ihren Empfang vorbereitet; ordentlich aufgereiht standen Yakhdans mit roten Decken da, die als Sitze dienen sollten. Kaum dass wir saßen, begann die Geschäftsverhandlung mit der Frage: «Wer seid ihr, und wo kommt ihr her?» Ich antwortete, wir seien englische Reisende und hätten eigentlich weiter nördlich unseres Wegs ziehen wollen, aber da uns der Proviant ausgegangen sei, hätten wir uns nach Süden gewandt, im Vertrauen darauf, dass wir dank der Freundschaft zwischen der englischen Regierung und der von Lhasa jede Hilfe erhalten würden. Sie antworteten, dass allen Fremden das Betreten Tibets verboten sei; dass sie uns nur eines erlauben würden, nämlich schleunigst genau so zurückzukehren, wie wir gekommen waren; und was die Freundschaft zwischen den beiden Regierungen angehe, so sei sie kein Grund, warum die Bevölkerung beider Nationen nicht zu Hause bleiben sollte. Ich sagte, wir brauchten gar nicht weiter zu reden, wenn für sie nur eine Rückkehr auf dem Herweg in Frage kam.

Das Palaver dauerte fast den ganzen Tag, und da keine Seite nachgeben wollte, trennten wir uns ohne Ergebnis. Am nächsten Tag kamen sie wieder und versuchten aufs neue, uns zur Rückkehr auf dem Herweg zu bewegen, aber als sie feststellten, dass es zwecklos war, schlugen sie vor, wir sollten über Tashilhunpo nach Rutok zurückgehen. Als ich auch das ablehnte, boten sie für die ganze

Gruppe freien Transport und freie Verpflegung bis zur britischen Grenze an. Ich aber sagte, ich würde mich direkt nach Lhasa begeben und die Frage dort erörtern, wenn man uns hier nicht weitergehen ließe. Die Idee verblüffte sie, und sie drohten, uns den Weg in die heilige Stadt mit Waffengewalt zu verlegen – sie hätten einige tausend Mann, die nur auf ihre Befehle warteten. Zur Antwort prahlte ich mit den Qualitäten unserer Hinterlader. Es war alles nur Bluff. Keine Seite wollte kämpfen, und wieder zogen sie ab, ohne dass sich am Status quo etwas geändert hatte. Vorher luden sie uns für den nächsten Tag zum Essen ein, und wir nahmen die Einladung gerne an.

Als wir in ihrem Lager eintrafen, wurden wir hineingeführt, auf erhöhte Teppiche gesetzt und mit Tee bewirtet. Sie tranken ihn nach tibetischer Art mit Salz und Butter, aber nachdem sie von unseren Dienern erfahren hatten, wie man ihn in Europa trinkt, bekamen wir normalen. Vor der Mahlzeit wandte sich das Gespräch unserer Reiseroute zu. Sie behaupteten wieder, sie würden bei der Rückkehr nach Lhasa geköpft, wenn sie uns durchließen, während ich dabei blieb, dass ich keinen Meter zurückgehen würde. Bevor ich ging, lud ich sie für den nächsten Tag zum Essen ein, und wir gingen unter vielen Verbeugungen hinaus. Sie waren angenehme und kluge Männer, aber äußerst stur.

Beim Essen am Tag darauf bot ich ihnen ohne Umschweife eine Belohnung für ihre Mühe an, und schließlich willigten sie ein, einen Brief an den Depa Zhung aufzusetzen und um die nötige Genehmigung nachzusuchen. Später aber schickten sie jemanden mit der Nachricht, sie würden uns auf einer nördlich an Zhabten Gonpa[3] vorbeiführenden Straße nach China ziehen lassen, wenn wir acht Tagesreisen zurückgingen und ihnen tausend Rupien zahlten. Ich lehnte den Vorschlag ab und sagte, für tausend Rupien müssten sie schon mehr tun.

Am nächsten Tag besuchten wir sie in ihren Zelten, und während wir gekochtes Hammelfleisch aßen und Tee tranken, stellten sie viele Fragen über England und waren bass erstaunt, dass es von Wasser umgeben sei und man auf Schiffen dorthin gelange. Sie hatten keinerlei Ahnung, was ein Schiff ist, und fragten, ob es die ganze Strecke am Boden des Wassers entlang fahre. Einer fühlte sich krank und beschrieb alle möglichen seltsamen Symptome, an denen er litt. Dr. Thorold gab ihm ein paar Cockle's-Allheilpillen, bei deren Entgegennahme er sich erkundigte, ob er nach der Einnahme auf der linken oder rechten Seite schlafen solle. Dr. Thorold antwortete, auf der rechten. Zu sagen, es sei egal, hätte nichts genützt.

Nach dem geselligen Teil wandte sich das Gespräch unserem künftigen Reiseweg zu. Sie begannen ein wenig nachzugeben und verstanden sich schließlich zu einem Handel: Wir sollten acht Tagesreisen zurückgehen und dann auf einer nördlicheren Strecke nach Osten reisen. Der Kushok sollte uns zwölf Tagesreisen lang begleiten und dann vier Männer als Führer stellen. Wir sollten 20 Pferde, 980 Kilo Tsampa, 30 Schafe, 27 Kilo Butter, 499 Kilo Gerste und 9 Paar Ba-bu (weiche tibetische Stiefel) erhalten. Dafür würde ich ihnen achthundert Rupien aushändigen.

4. Oktober, Camp 52, 11 Meilen. Nach fast einem Monat Aufenthalt in Camp 51 (4748 m) bei Temperaturen von -7 bis 2 Grad waren wir wieder unterwegs. Während der langen Pause war das Wetter schrecklich gewesen. Immer wieder war am Tag wie in der Nacht Schnee gefallen. Was tagsüber fiel, schmolz sofort, aber nachts blieb er liegen, bis die Sonne aufging, und verschwand dann rasch. Jetzt aber versicherte uns der Lama, dass wir gutes Wetter vor uns hätten, denn er habe ein Kraut verbrannt, das ein Mittel gegen schlechtes Wetter sei. Er gab uns auch ein paar Talismane, die aus Samenkörnern und dem tönernen Miniaturmodell eines menschlichen Schädels bestanden, und sagte, wenn sich der Himmel je bewölkte, müssten wir so einen nur ins Feuer werfen, und im Nu würde der Himmel wieder klar.

Sternensteppe

Nikolaj Prshewalskij unterwegs vom Kokonor zu den Quellen des Gelben Flusses, 1884

Von dem Augenblick an, da wir das Hochplateau erstiegen hatten, zeigte sich der extremen Unfruchtbarkeit der Gegend zum Trotz die märchenhaft vielfältige Tierwelt Tibets in ihrem ganzen Reichtum. So sahen wir wilde Yaks, Kulane und Antilopen. Von neuem enthüllte sich vor uns das Bild einer urwüchsigen Fauna, die der Mensch noch nicht gestört hat. Jetzt, nach dem langen Winter, waren die Tiere stark abgemagert. Einige begannen gerade zu haaren, sodass ihre Felle für unsere Sammlung nicht zu brauchen waren. Als Proviant trieben wir von Qaidam her eine kleine Herde von Schafen mit, deren Fleisch unvergleichlich besser und nahrhafter ist als das des Wildes. Darum auch war den Kosaken das Jagen untersagt worden, und wir selber verzichteten nach Möglichkeit ebenfalls darauf.

Nachdem wir an dem hohen tafelförmigen Berg Urundushi vorbeigezogen waren, überschritten wir eine schmale Kette regellos aufgetürmter Berge und gelangten darauf an den Ostausgang eines ausgedehnten sumpfigen Beckens. Die Mongolen nennen es Odon-tala (‹Sternensteppe›), die Chinesen Xinsuhai (‹Sternenmeer›).[1] Beide Namen verdanken ihre Entstehung den zahlreichen Quellen, die hier aus dem Boden hervorsprudeln und einen Menschen, der das Becken von einem Berg aus betrachtet, an Sterne erinnern, die über das Himmelsgewölbe verteilt sind. Es war der erste große Erfolg unserer jetzigen Reise. Außerdem hatten wir ein erhebliches geographisches Problem gelöst.

Das Becken ist etwa 20 Kilometer breit und zieht sich etwa 70 Kilometer weit von Südosten nach Nordwesten. Seine gesamte Fläche, einst der Boden eines ausgedehnten Sees, ist mit einer großen Zahl von Sümpfen, Quellen und kleinen Seen bedeckt. Die absolute Höhe beträgt nach unserer barometrischen Bestimmung 4270 Meter. An der Stelle, wo alle Gewässer von Odon-tala zusammenfließen, wird der berühmte Gelbe Fluss geboren. Beim Austritt aus dem Becken nimmt er von Norden her sogleich einen kleinen Nebenfluss auf, teilt sich in mehrere Arme mit schneller Strömung, jeder 3 bis 4 Meter breit und im Frühjahr 30 bis 50 Zentimeter tief, stellenweise auch mit Wasserwirbeln von 90 bis 120 Zentimeter Tiefe, wendet sich dann nach Osten und ergießt sich nach etwa 25 Kilometern in einen großen See. Hinter diesem liegt weiter östlich ein zweiter großer See, den der Fluss gleichfalls durchströmt.[2]

Auf dem Gipfel des niedrigen Bergs am Nordostrand des Beckens, dort wo aus dem Zusammenfluss der zwei Hauptströme der Gelbe Fluss entsteht, ist aus Steinen ein kleiner Obo errichtet worden, und hier bringt man den Geistern, die die Quellen des großen chinesischen Flusses speisen, alljährlich Opfer dar. Dazu werden vom Gouverneur von Xining ein Beamter im Generalsrang und einige niedere Beamte abkommandiert. Sie begeben sich nach Qaidam, nehmen die ortsansässigen Fürsten oder ihre Bevollmächtigten mit und ziehen im Juli oder Anfang August nach Odon-tala. Gleichzeitig strömen auch die Mongolen von Qaidam und in noch größerer Zahl die Tanguten aus den angrenzenden Gebieten zu dem Opferberg. Nachdem sich die Gesandtschaft ein wenig von den Mühen des Wegs erholt hat, besteigt sie den heiligen Berg, stellt sich neben dem Obo auf und verliest ein auf gelbes Papier geschriebenes und mit der Unterschrift des Bogdo-Khan[3] versehenes Gebet, das aus Peking geschickt wurde und in dem die Geister von Odon-tala inständig angefleht werden, dem Gelben Fluss das Wasser zu spenden, das etwa hundert Millionen Chinesen ernährt. Sodann werden die Opfer dargebracht: ein weißes Pferd, eine weiße Kuh, neun weiße Hammel, drei Schweine, die ausgenommen hergebracht wurden, und einige weiße Hühner. Die Tiere werden geschlachtet, das Fleisch wird unter die Pilger verteilt, und diese verzehren es. Damit endet die Zeremonie. Die Gesandtschaft verbringt noch ein oder zwei Tage in Odon-tala und kehrt dann heim. Als Reisespesen werden für sie aus Peking 1300 Tael[4] Silber geschickt.

Noch in den frühen Morgenstunden des 29. Mai durchwateten wir mehrere seichte Arme des neugeborenen Huang He und schlugen an seinem rechten Ufer, drei Kilometer unterhalb seines Austritts aus Odon-tala, unser Lager auf. So waren unsere lange währenden Bemühungen endlich von Erfolg gekrönt: Mit eigenen Augen sahen wir jetzt die geheimnisvolle Wiege des großen chinesischen Stroms und tranken Wasser aus seinen Quellen. Unsere Freude war grenzenlos.

Ein Trommeln

«Sir John Mandeville» irgendwo in Innerasien zwischen dem mythischen Reich des «Priesterkönigs Johannes» am Altai und dem «Paradies» des «Alten vom Berge», also des Oberhaupts der Assassinen genannten Terroristensekte im Norden Persiens, um 1350

Nicht weit weg davon liegt linker Hand, zum Flusse Pison [Ganges] hin, etwas sehr Merkwürdiges. Zwischen den Bergen erstreckt sich etwa vier Meilen weit ein Tal. Einige nennen es das Verzauberte Tal, einige das Tal der Teufel, einige das Tal der Gefahren. In diesem Tal hören die Menschen bei Tage wie bei Nacht oft ein lautes Stürmen und Donnern, und ein Grummeln und Rumoren und einen lauten Lärm wie von Trommeln, Kesselpauken und Trompeten, als feiere man ein großes Fest. Das Tal ist voller Teufel und ist es stets gewesen. Und die Ortsansässigen dort sagen, es sei eine der Pforten zur Hölle. In diesem Tal gibt es Gold und Silber im Überfluss. Darum betreten es viele Ungläubige, und viele Christen gleichfalls, um von dem Schatz zu nehmen, der sich dort befindet;

doch nur wenige kommen wieder heraus, namentlich von den Ungläubigen, doch von den Christen gleichfalls, denn wer es aus Habgier betritt, wird sogleich von den Teufeln erwürgt und ist verloren.

Und mitten in dem Tal ist unter einem großen Felsen ein Teufelskopf und Teufelsantlitz, gar schrecklich und grauenhaft anzusehen, und er zeigt nur den Kopf bis zu den Schultern. Aber es gibt keinen Menschen auf der Welt, Christ oder Nichtchrist, der so beherzt ist, dass er bei seinem Anblick nicht vor Entsetzen erbebte und glaubte, vor Schreck sterben zu müssen, so furchtbar ist es anzusehen. Denn es blickt jeden so scharf mit fürchterlichen Augen an, die sich in einem fort hin und her bewegen und wie Feuer funkeln, und regt und bewegt sich so oft auf verschiedenerlei Weise und mit so schrecklicher Miene, dass sich ihm niemand zu nähern wagt. Und aus ihm kommen Rauch und stinkendes Feuer und so viel Scheußlichkeit, dass kein Mensch es in der Nähe aushält.

Ein guter und glaubensfester Christenmensch jedoch kann das Tal ohne Gefahr betreten. Denn man nimmt ihm erst die Beichte ab und zeichnet ihn mit dem heiligen Kreuz, sodass die bösen Geister keine Macht über ihn haben. Aber obwohl für ihn keine Gefahr besteht, kommt er doch nicht ohne Schrecken hindurch, wenn er die Teufel sichtbar und leibhaftig um sich herum erblickt, wie sie ihn in der Luft und auf dem Boden immer wieder angreifen und bedrohen und mit Donnerschlägen und Gewittern erschrecken. Und am meisten fürchtet er, dass Gott Rache nehmen könnte für das, was der Mensch wider seinen Willen gesündigt hat.

Hinter den Eisspitzen die Geisterstadt

Gabriel Bonvalot, auf der Suche nach der «Südstraße» vom Kunlun-Gebirge in Richtung Lhasa auf dem Jangtang, dem menschenleeren nordtibetischen Hochplateau, Winter 1889/90

20. Dezember – Jeder Schritt macht einem klar, dass dies kein Land ist, in dem Menschen leben könnten, denn seine Einsamkeit ist zu groß und die Kälte zu stark. Die Lungen pumpen entweder gar nicht oder zu sehr, und wenn man den Mund beim Gehen nicht bedeckt hält, entzündet sich die Luftröhre. Die meisten unserer Männer husten des Nachts, und alles wird so trocken, dass unsere Finger- und Zehennägel bei der geringsten Berührung abbrechen, während Holz wie Glas zerspringt. Der Bart wächst nicht, aber verliert seine Farbe, die Hände werden rissig, die Haut springt auf, und die Lippen schwellen. Keiner von uns entgeht der Höhenkrankheit, deren Bekämpfung großer Energie bedarf, denn sie raubt einem alle Kraft, und die Erfahrung hat mich gelehrt, dass die einzige Art, für eine normale Blutzirkulation zu sorgen, darin besteht, sich mit wohlgefülltem Magen schnell zu bewegen. Mit leerem Magen dagegen fällt jede Bewegung schwer, denn man hat sofort kalte Füße und starke Kopfschmerzen.

Es ist schwer, sich vorzustellen, wie leicht man sich auf diesem Hochland verirrt, wo der Mensch jeden Sinn für Größenverhältnisse verliert, da sein Blick über immense Räume wandert, ohne dass er in bestimmter Entfernung auf Bäume, Häuser, Menschen oder Tiere trifft, deren Größe ihm bekannt ist. Durch den unaufhörlichen unbewussten Vergleich solcher Dinge erst hat er seinen Sinn für Entfernungen erworben. Hier in der Wüste haben wir ihn im Laufe weniger Wochen verloren. Alles, was man sieht, ist sich so ähnlich: Ein Hügel ist wie der andere; je nach Tageszeit glitzert ein zugefrorener Teich entweder in der Sonne oder verschwindet ganz, sodass man nicht erkennt, ob er groß oder klein ist; ein kleiner Vogel auf einem Erdklumpen sieht aus wie ein wildes Tier, das gelegen hat und sich erhebt; eine Krähe, die mit ihrer Beute im Morgennebel davonfliegt, wirkt wie ein riesiger Condor, der ein Lamm in seinen Klauen trägt, während sie, wenn sie sich bei Sonnenuntergang auf einem Felsen putzt, so groß wie ein Yak oder ein Bär wirkt. Und so wird der Mensch, der die Karawane oder das Lager aus den Augen verloren hat, ständig getäuscht. Seine Augen sind vom Rauch des Argal, der Kälte, dem Wind und von ihrer Überbeanspruchung gereizt, und Trugbilder führen ihn in die Irre. Wenn das Licht nachlässt oder der Himmel sich bezieht, verliert er jede Orientierung.

6. Februar – Nachdem wir entlang einer Bergkette ostwärts gezogen waren, änderten wir die Richtung nach Südost, kamen an die Straße, die wir zeitweise aus den Augen verloren hatten, und bauten unser Lager in einem Tal nahe bei einigen Zelten auf, wo wir von Menschen und Hunden recht unfreundlich empfangen wurden. Es gelang uns jedoch, etwas Argal zu bekommen; aber Milch erhielten wir keinen Tropfen, da die Yaks keine gaben. Es wird jedoch höchste Zeit, dass uns die Tibeter etwas guten Willen entgegenbringen, denn unser alter Kamelführer Imatch ist am Ende. Er kann nicht mehr stehen und nur noch auf den Knien kriechen. Wir müssen ihm aufs Pferd helfen, und gestern sagte er, wir sollten ihn zurücklassen, er sei verloren und könne uns nicht länger von Nutzen sein.

8. Februar – Gestern Nacht wehte ein heftiger Westwind, und heute Morgen klagen unsere Leute über Kopfschmerzen und Ohrensausen, während Imatch und die anderen Kranken kläglich stöhnen. So brechen wir niedergedrückt zum Pass auf, dessen Höhe von einem Obo bezeichnet ist.

Die Tibeter haben zweifellos Befehle erhalten, denn seit Tagesanbruch sind die Herden auseinander getrieben worden, und wir gelangen nicht in die Nähe der Pferde. In den Zelten, an denen wir vorbeikommen, sind nur Alte, Frauen und Kinder; die Männer haben sich mit ihren Waffen davongemacht. Es ist klar, dass um uns Leere geschaffen werden soll, und obwohl wir in unserem Umgang mit den Einheimischen bisher sehr rücksichtsvoll waren, müssen wir jetzt zu anderen Mitteln greifen.

Am Fuß des Passes sahen wir drei Männer Tsampa essen, den sie auf einem Argal-Feuer kochten. Wir gingen hin und baten um ein Pferd für einen Kranken. Sie taten, als verstünden sie uns nicht, und schenkten dem Geld, das wir ihnen boten, keinen Blick. Doch da die Pferde in der Nähe waren, nahmen wir uns eines für Parpa und hielten die Leute mit den Revolvern auf Abstand.

9. Februar – In der Nacht wurden uns die Schafe gestohlen, die wir von den ersten Tibetern gekauft hatten. Wenn wir frisches Fleisch brauchen, sind wir nunmehr entschlossen, es uns zu nehmen.

Der Pass ist 5275 Meter hoch und der Abstieg leicht. Er führt in ein Tal, wo wir zum ersten Mal weiße Zelte mit bewaffneten Männern sehen. Als sie uns bemerken, rennen sie sofort, um ihre frei laufenden Pferde zu holen. Am Fuß des Passes sehen wir, ebenfalls zum ersten Mal, eine große Menge in Steine gemeißelter Gebete. Es ist darum klar, dass wir uns der heiligen Stadt nähern.

Als wir einen anderen Pass ersteigen, sehen wir trotz Dunst und Staub eine Ecke des großen Sees unter uns und viel weiter im Süden einige weiße Gipfel, die aus einer mächtigen Kette emporzuragen scheinen, die möglicherweise der Ningling Tangla [Nyenchen Tanglha] ist. Wir nähern uns einer Gruppe von Bergen, die Pässe sind zahlreicher, und die Straße folgt Tälern, die zwei bis drei Kilometer weit sind.

Der Westwind macht uns sehr zu schaffen, aber trotzdem scheint das Ende des Winters nahe, denn wir haben zwei Vogelschwärme gesehen, Tauben und Spatzen. Wildesel und Antilopen gibt es reichlich, und wir bemerken etliche kleine Seen, die langsam austrocknen; ihre Ufer sind weiß von Salz.

10. Februar – Jetzt sind wir in einer Steppe, die an vielen Stellen mit Steinen und hier und da mit Gras bedeckt ist. Beim Aufstieg zu einem weiteren Pass stoßen wir erneut auf deutliche Kamelspuren vom letzten Jahr.

11. Februar – Wir durchqueren ein Tal, das während der Regenzeit ein Salzsumpf ist, und erhalten Besuch von einem tibetischen Häuptling, der uns beschwipst vorkommt. Er trägt einen roten Umhang und gleichfarbige Schuhe und hält eine silberbeschlagene Gebetsmühle in der Hand, die er unablässig dreht. Den weiten Weg hat er gemacht, um uns auf Mongolisch zu sagen: *«Tengri mo sen, ta mo sen, sha mo sen.»* Das heißt: «Himmel nicht gut, Pferd nicht gut, Stadt nicht gut.» Dann galoppiert er davon – und hat uns lediglich mitgeteilt, dass in seiner Heimat ein paar mongolische Pilger verweilt haben mussten, von denen er ein paar Worte ihrer Sprache gelernt hat.

In der Nähe weiden einige Schafe, und da die Leute hier davonlaufen, wann immer wir ihnen nahe kommen, beschließen wir, einige auf eigene Faust zu schlachten. Die Alte, die sie hütet, läuft mit schrillen Schreien davon. Vernünftigerweise hat Rachmed einige hübsche fette Lämmer ausgesucht. Auf dem felsigen Boden am See erblicken wir das Lager einiger Männer mit sechs Pferden nahe dabei, und Prinz Henri und ich beschließen, einen Versuch zu machen, sie zu fangen. Die Tibeter stieben ohne ihre Waffen davon, die sie zu einem Haufen zusammengelegt hatten, aber nicht schnell genug, um uns zu hindern, eins von ihren Pferden, ihren Anführer und einen seiner Männer zu fangen. Wir feuern ihnen ein paar Revolverschüsse nach, die ihre Flucht nur beschleunigen.

Der Alte, den wir gefangen genommen haben, sitzt verdutzt da und streckt flehend die Zunge heraus. Er hat etliche Beutel mit Proviant bei sich und bietet uns, um uns milde zu stimmen, einige Handvoll pulverisierten Käse, Tsampa und Trockenfleisch an. Wir lehnen ab, und er sitzt da und murmelt Gebete und schaut ängstlich zu uns herüber. Als unsere übrigen Männer da sind, erklären wir ihm, dass wir darum Pferde wollen, weil einige unserer Männer nicht mehr laufen können, und dass wir einen anständigen Preis zahlen würden, während er zufrieden den Daumen emporstreckt, wenn wir ihn «apa» und «popeunn» [buspun?] nennen, Vater und Bruder.

Ein Reiter mit einem roten Wimpel am Lauf seines Gewehrs kommt. Er sagt, er sei der Besitzer der Schafe, die Rachmed geschlachtet hat, und wir bieten ihm sogleich Tee an, den er aus einem in seinem Pelz verborgenen Napf trinkt. Inzwischen haben wir einen Silberbarren hervorgeholt und zeigen ihn ihm. Er bittet, ihn prüfen zu dürfen; und als wir ihm sagen, dass der Stempel, den er bemerkt hat, «Peking» lautet, scheint er beruhigt und wiederholt «Petsin, Petsin». Trotzdem prüft er das Geld noch einmal, als wir ihm den Preis seiner Lämmer abgewogen haben, ehe er es in einen kleinen Beutel steckt, den er um den Hals trägt. Als wir ihm einen kleinen Spiegel reichen, begreift er zunächst dessen Zweck nicht; aber als der Häuptling, unser Gefangener, sich darin erblickt, lacht er fast wie ein Idiot und erklärt seinem Freund dessen Geheimnis; der ist auch sehr belustigt. Der Gefangene selbst ist nicht weiter beunruhigt und bittet, an Ort und Stelle schlafen zu dürfen. Nur die Hunde sollten wir bitte fern halten und ihm auch einen Spiegel schenken. Das versprechen wir und bezahlen ihm das Pferd, dass wir neben unseren Zelten anbinden.

13. Februar – Unsere Hunde bellten die ganze Nacht, und aus der Ferne bellten andere zurück, während in dem Halbdunkel, das dem Tage vorangeht, klagend die Wölfe heulten. Gerade als ich zu dieser Zeit das Zelt verlasse, kommt Rachmed, um zu sagen, dass Imatch soeben gestorben sei. Als ich ihn gestern gefragt hatte, wie es ihm gehe, hatte er «Besser» gesagt und, obwohl er kaum Luft bekam und sein Gesicht geschwollen war, seinen Tee gern getrunken. Rachmed berichtete: «Als die Wölfe heulten, rief Imatch: ‹Parpa, gib mir Wasser, ich habe Durst›, und Parpa antwortete: ‹Das Wasser ist gefroren, aber ich mache Feuer und schmelze ein

«Imatch ruft die Kamele der Karawane herbei» – nach einem Foto von Henri d'Orléans

Stück Eis, damit du etwas zu trinken hast.› Als das Eis geschmolzen war, trank Imatch ohne Hilfe, aber mit Mühe, und sagte, wie froh er sei, seinen letzten Durst zu stillen. Dann streckte er sich aus und begann ein wenig zu stöhnen. Plötzlich richtete er sich hoch, kroch auf den Knien aus dem Zelt und kehrte dann auf sein Lager zurück. Wir machten Tee, und als er fertig war, boten wir ihm eine Tasse an. Aber er konnte schon den ersten Schluck nicht bei sich behalten, stellte die Tasse zurück und rief uns alle herbei: ‹Timur, Issa, Abdullah, Parpa, Rachmed!› Wir versammelten uns um ihn, und er stützte sich auf den Ellbogen und sagte unter Seufzern: ‹Ich komme nicht ans Ziel. Allah führt mich nicht weiter. Lebt wohl. Ich bin mit euch allen sehr zufrieden. Ihr habt gut für mich gesorgt. Lebt wohl. Ich bin am Ende!› Er fiel zurück, und gleich war sein Geist entflohen.»

Imatch war seit Djarkent bei uns, seit der sibirischen Grenze. Wir mochten ihn alle. Auch wenn seine Sprache grob war, war er gutherzig, mutig und arbeitete schwer. Sorgte gut für seine Kamele.

Der arme Kirgise wird seine heimatliche Steppe nicht wiedersehen. Wir legen ihn in die Erde, eingewickelt in die Filzmatte, die ihm als Bett gedient hat, das Gesicht nach Südosten, und unsere Männer bringen Steine und Erde, um seinen Körper zu bedecken, während unter Seufzern und Tränen Gebete rezitiert werden.

Dann brechen wir auf zum Nam Tso [Tengri Nor]. Unserem Gefangenen zufolge, dem wir die Freiheit wiedergeben, Geschenke machen und die gestern erbeuteten Waffen überlassen, soll er jenseits der Hügel liegen, über die unsere Straße führt.

Als wir auf der Passhöhe ankommen, erblicken wir den Nyenchen Tanglha und den östlichen Zipfel des Sees und klettern auf die umliegenden Höhen, um weiter sehen zu können. Zwischen Klippen im Westen, von denen Vorgebirge abfallen und Golfe und Buchten bilden, glitzert zu unseren Füßen der See wie ein schöner silberner Spiegel, oval wie ein Ei. Länger fesselt der Nyenchen

«Ihr Aussehen war wenig beruhigend: eine Gabelflinte über die Schulter geschlungen, rechts und links zwei lange Säbel am Gürtel, dichtes schwarzes Haar, das ihnen in langen Strähnen auf die Schultern fiel, blitzende Augen und ein Wolfspelz als Mütze auf dem Kopf» – bewaffnete tibetische Reiter, nach einem Foto von Henri d'Orléans

Tanglha unsere Aufmerksamkeit. Die Bergkette breitet vor uns ihre schneebedeckten Gipfel aus, alle etwa gleich hoch, und genau in der Mitte sehen wir, alle anderen überragend, vier hohe Eisspitzen, die die Tibeter verehren, denn hinter ihnen liegt Lhasa, der «Grund der Götterwesen», die Stadt der Geister.

Während wir nach Süden ziehen, scheint sich der See nach Südwesten hin zu öffnen; und solange uns der Nebel die Sicht auf sein fernes Ufer verdeckt, könnten wir ihn für ein endloses Meer halten. Die Abendsonne fällt auf das Eis und lässt es funkeln wie Edelsteine; und wir begreifen, warum man ihm den Namen ‹Himmelssee› gegeben hat.

Die Stimmen der Wüste

Marco Polo auf der südlichen Seidenstraße zwischen Qarqan und Sazhou (Dunhuang), um 1274

Von Qarqan aus reitet man fünf Tage lang durch Sand und findet nichts als schlechtes und bitteres Wasser. Dann gelangt man an einen Ort, wo es frisches Trinkwasser gibt, in die Stadt Lop, die in der Provinz Lop gelegen ist. Sie bildet die Eingangspforte zur großen Wüste, und hier ruhen die Reisenden aus, bevor sie sich weiter wagen.

Lop ist eine große Stadt am Rand der Wüste, welche die Wüste Lop genannt wird und zwischen Ost und Nordost liegt. Sie untersteht dem Großkhan, und die Menschen beten Mohammed an. Nun ist es so, dass alle, die vorhaben, die Wüste zu durchqueren, in dieser Stadt eine einwöchige Rast einlegen, um sich und ihren Tieren Erholung zu gönnen; danach rüsten sie sich dann für die Reise und nehmen für Mensch und Tier einen Monatsvorrat Proviant mit. Kaum haben sie die Stadt hinter sich gelassen, befinden sie sich auch schon in der Wüste.

Diese Wüste dehnt sich so lang, dass es heißt, es würde ein ganzes Jahr dauern, von ihrem einen Ende an das andere zu reiten. Von dieser Stelle aus, wo sie am schmalsten ist, braucht es einen Monat, sie zu durchqueren. Sie besteht ganz und gar aus Hügeln und Tälern aus Sand, und es findet sich darin nicht das Geringste zu essen. Aber nach einem Ritt von einem Tag und einer Nacht findet man süßes Wasser, genug für vielleicht fünfzig bis hundert Personen mitsamt ihren Tieren, für mehr aber nicht. Über die ganze Breite der Wüste findet man dergestalt Wasserstellen, das heißt, an etwa achtundzwanzig Orten findet man gutes Trinkwasser, aber nicht in großer Menge; und darüber hinaus findet man an vier Stellen brackiges Wasser.

Tiere gibt es hier keine; denn es gibt kein Futter für sie. Aber von dieser Wüste erzählt man Wundersames, nämlich dies: Wenn Reisende des Nachts unterwegs sind und einer zufällig zurückbleibt oder einschläft oder dergleichen und dann versucht, seine Reisegefährten wieder einzuholen, so hört er Geister miteinander sprechen und hält sie für seine Gefährten. Manchmal rufen ihn die Geister beim Namen; und so wird ein Reisender oft in die Irre geführt, sodass er seine Reisegesellschaft nie wieder findet. Und auf diese Weise sind schon viele umgekommen. Manchmal hören die verirrten Reisenden so etwas wie das Trappeln und Dröhnen einer großen Menschenkavalkade abseits der tatsächlichen Wegstrecke, und da sie das für ihre eigene Reisegesellschaft halten, folgen sie dem Geräusch; und bei Tagesanbruch stellen sie fest, dass sie genasführt worden sind und sich jetzt in einer üblen Lage befinden. Selbst tagsüber hört man jene Geister miteinander sprechen. Und zuweilen hört man auch den Klang verschiedener Musikinstrumente und noch häufiger den Klang von Trommeln. Darum bleiben die Reisenden auf dieser Reise für gewöhnlich nahe beieinander. Auch tragen alle Tiere Glocken um den Hals, sodass sie nicht so leicht verloren gehen können. Und zur Schlafenszeit wird ein Signal aufgestellt, um die Richtung des Marsches anzuzeigen.

So spielt sich die Durchquerung der Wüste Lop ab.

Nachdem man dreißig Tage lang wie beschrieben durch diese Wüste gereist ist, kommt man in eine Stadt, die Sachiu [Sazhou] heißt und zwischen Ost und Nordost liegt; auch sie gehört dem Großkhan und liegt in einer Tangut genannten Provinz. Die Einwohner sind großteils Götzenanbeter, aber es gibt auch einige nestorianische Christen und einige Sarazenen.

Wo der Sand den Strom verschluckt

Nikolaj Prshewalskij, unterwegs von Korla in Ostturkestan den Fluss Tarim hinunter zu seinem Ende im Lop Nor, November 1876

Wir erreichten den Tarim bei der Einmüdung des Ugen-daria [1], der hier 17 bis 21 Meter breit ist. Der Tarim selbst ist an dieser Stelle noch ein sehr beträchtlicher Fluss, 100 bis 120 Meter breit und nicht weniger als sechs Meter tief. Sein Wasser ist klar und sehr schnell. Er fließt in einem einzigen Bett und erreicht an dieser Stelle seinen nördlichsten Punkt; von hier aus fließt er erst in südöstlicher, dann in fast südlicher Richtung, bis er sich erst in den Kara-Buran-See und dahinter in den Lop Nor [2] ergießt.

Entlang des rechten Ufers des unteren Tarim und nicht weit vom Fluss liegen kahle, sechs bis zwanzig Meter hohe Hügel aus Treibsand. Diese Sandeinöde erstreckt sich hinunter bis zur Einmündung des Tarim in den Kara-Buran-See, dann den Charchan-daria [3] hinauf in südwestlicher Richtung fast bis zur Stadt Keriya [Yutian] und in der anderen Richtung weit den Tarim hinauf bis zur Einmündung des Ugen-daria. Das gesamte Land zwischen dem rechten Tarim-Ufer und den Oasen am Fuße des Kunlun-Gebirges im Süden, so heißt es, ist Treibsand und absolut unbewohnbar. Am linken Ufer des Tarim herrscht der Sand nicht derart vor. Hier besteht der Boden aus lockerem salzhaltigem Lehm, der manchmal vollkommen kahl ist, manchmal bewachsen mit Tamariskenbuschwerk und gelegentlichem Saxaul. Diese Pflanzen binden mit den Wurzeln die lockere Erde, während die Zwischenräume der ganzen Gewalt des Windes ausgesetzt sind, der den Treibsand um die Büsche herum aufhäuft, bis sich unter jedem von ihnen ein zwei bis vier Meter hoher Hügel gebildet hat …

Keine Wiesen, kein Gras, keine Spur von Blumen. Eine ödere Landschaft ist kaum vorstellbar – die Pappelwälder[4], deren nackten Boden nur im Herbst vertrocknetes und verwelktes Laub bedeckt, verdorrte Äste und daniederliegende Bäume, die den Weg versperren, Röhricht, das unter dem Fuße knackt, salziger Staub, der einen von jedem Zweig aus, den man beiseite schiebt, entgegenweht. Dann wieder stößt man auf große Flächen toter Pappeln mit abgebrochenen Ästen und abgeblätterter Rinde, leblose Stämme, die nie vermodern, aber langsam zerkrümeln, um schließlich unter Schichten von Flugstaub begraben zu werden.

Doch so trostlos diese Wälder auch sind, die Wüste dahinter ist noch trostloser. Die Eintönigkeit der Landschaft ist nicht zu überbieten. Wohin man sich auch wendet, der Blick fällt auf eine unschöne Ebene, die mit großen Grabhügeln übersät zu sein scheint, welche tatsächlich jedoch mit Tamarisken bestandene Lehmhügel sind, zwischen denen sich der Pfad entlangschlängelt und die jede Sicht versperren, und selbst die niedrigen Berge in der Ferne sind durch den staubigen Dunst hindurch, der die Atmosphäre wie mit Nebel füllt, bloß in blauen Umrissen erkennbar. Kein Vogel, kein Tier, nur die gelegentliche Fährte der scheuen Gazelle.

Kara-Buran heißt ‹Schwarzer Sturm›. So nennen die Eingeborenen den See, in den der Tarim sich ergießt, und zwar wegen der hohen Wellen, die sich bei einem Sturm auf ihm bilden; aber auch, weil bei Ost- oder Nordostwind (vor allem im Frühjahr) der Kara-Buran das Salzsumpfland nach Südwesten hin überflutet und so zuweilen die Verbindungen zwischen dem Tarim und dem Dorf Kargilik abschneidet. Der See selbst ist 30 bis 36 Kilometer lang und 10 bis 12 Kilometer breit. Seine Größe hängt jedoch ganz von der Wassermenge ab, die der Tarim mit sich führt. Bei Hochwasser sind seine niedrigen Ufer weithin überflutet, während bei Niedrigwasser der Salzboden an seinen Rändern frei liegt. Er ist nicht viel mehr als einen Meter tief, manchmal auch weniger, obwohl hier und da tiefere Stellen vorkommen und die offene, schilffreie Fläche größer ist als die des Lop Nor.

Bei seinem Austritt aus dem Kara-Buran erscheint der Tarim noch einmal als ein recht bedeutender Strom, wird dann aber schnell immer weniger, dank den zahlreichen Kanälen, durch die die Eingeborenen ihm zu Fischereizwecken Wasser abziehen. Am anderen Ufer schränkt die benachbarte Wüste das bebaubare Land immer weiter ein, entzieht ihm mit ihrem Feueratem jeden überflüssigen Tropfen Feuchtigkeit und bringt ihn in seinem Lauf ostwärts schließlich zum Halt. Der Kampf ist zu Ende, die Wüste hat den Fluss besiegt, das Leben wird verschluckt vom Tod. Doch bevor er endgültig verschwindet, bildet der Tarim aus dem Überlauf seiner letzten Wasser noch ein ausgedehntes verschilftes Sumpfland, das seit alters her als Lop Nor bekannt ist.

Kurz vor dem Einfluss in den Lop Nor, bei dem Dörfchen Abdal, ist der Tarim noch über 40 Meter breit. Seine größte mittlere Tiefe beträgt gut vier Meter, seine Strömungsgeschwindigkeit über 50 Meter pro Minute. Doch unterhalb von Abdal wird er schnell immer kleiner. 20 Kilometer unterhalb ist er nur noch 15 bis 20 Meter breit, noch einmal 20 Kilometer weiter nur noch 6 bis 9 Meter, obwohl seine Strömung auch hier immer noch beträchtlich ist. Die nächsten 20 Kilometer fließt er solchermaßen als Bach weiter, beschreibt mehrere scharfe Kehren und verliert sich dann vollständig im Schilf. Nach Nordosten hin dehnt sich schon vorher verschilftes und größtenteils undurchdringliches Sumpfland. Es ist selbst mit dem kleinsten Kanu unmöglich, sich einen Weg durch dieses Schilf zu bahnen, das stellenweise über sechs Meter hoch steht und dessen Rohre einen Durchmesser von zweieinhalb Zentimetern haben. Dieses Monsterröhricht säumt den Tarim selbst beidseits wie eine Allee, während an den seichteren und ruhigeren Stellen Tannenwedel (*Hippuris*) wachsen. Außer dem Röhricht fanden wir im ganzen Lop Nor Breitblättrige Rohrkolben (*Typha*) und Schwanenblumen (*Butomus*); andere Wasserpflanzen gibt es zumindest früh im Jahr keine.[5]

Unsere Erkundigungen nach den russischen Altgläubigen[6], die sich unlängst am Lop Nor aufgehalten haben sollen, förderten einiges zutage. Leute, welche die Ankunft dieser Fremden miterlebt hatten, die zweifellos auf der Suche nach dem verheißenen Bjelowodije (Weißwasserland) in diese entlegene Ecke Asiens gekommen waren, sagten, die erste, 1861 eingetroffene Gruppe habe aus nicht mehr als zehn Männern bestanden. Nachdem sie die Örtlichkeit erkundet hatten, kehrten zwei von ihnen zurück, und im nächsten Jahr erschienen sie mit einer größeren Gruppe, 160 Männern und Frauen. Sie alle waren beritten und führten ihr Hab und Gut auf Packpferden mit sich; die meisten Männer waren mit altmodischen Musketen bewaffnet, und ein paar verstanden sich darauf, Gewehre zu reparieren und sogar neue anzufertigen; auch Zimmerleute befanden sich unter ihnen. Sie ernährten sich mit Fischfang und von Wildschweinen, die sie unterwegs schossen, hielten sich aber streng an ihre Vorschrift, verbotenes Fleisch zu meiden und nichts zu essen, was sie nicht in ihren eigenen Gefäßen gekocht hatten. Sie wurden als tapfere und hartnäckige Leute beschrieben. Einige siedelten sich am unteren Tarim an, in der Nähe des heutigen Lehmforts, wo sie sich Schilfhütten bauten, in denen sie den Winter zubrachten. Andere siedelten in Kargilik, wo sic ein Haus aus Holz erbauten, das vielleicht als Kirche dienen sollte und vor kurzem von dem Hochwasser des Charchan-daria hinweggespült wurde.

«Der Kampf ist zu Ende, die Wüste hat den Fluss besiegt» – der Lop Nor, 1885 von Nikolaj Prshewalskij fotografiert

Inzwischen waren viele Pferde der Russen krepiert – einige während des Winters, andere auf der Reise, entweder wegen der schwierigen Wegverhältnisse, des ungeeigneten Futters oder der Mückenplage. Den Zuwanderern sagte ihre neue Heimat nicht zu, und im Frühjahr beschlossen sie, zurückzukehren und ihr Glück anderswo zu suchen. Der chinesische Amban von Turfan [Turpan], dem der Lop Nor damals unterstand, gab Befehl, sie mit den nötigen Pferden und Vorräten zu versehen, und einer aus unserer eigenen Eskorte war abgestellt worden, sie zurück nach Ushak-tala [Uxxaktal] auf der Strecke von Karashar [Yanqi] nach Turfan zu führen. An diesem Ort eingetroffen, reisten sie weiter nach Ürümqi, und seitdem ward nichts mehr von ihnen gehört, da der Ausbruch des Dunganen-Aufstands[7] alle Verbindungen mit den Gebieten jenseits des Tianshan kappte.[8]

Michajl Pewzow, auf der Expedition über den Lop Nor zum Kunlun-Gebirge, 1889

Der Lop Nor ist heute eine überwiegend dicht mit Schilf bewachsene Wasserfläche. Dieses Schilf wird an einigen Stellen bis zu acht Meter hoch und zweieinhalb Zentimeter dick. Der See hat eine ovale Form, ist vierzig Kilometer breit und erstreckt sich über hundert Kilometer von Südwesten nach Nordosten. Kuntschikan-Bek, der in fünf Tagen um den See herumgeritten war, erklärte mir, dass er jeden Tag etwa 50 Kilometer zurückgelegt habe. Demnach beträgt der Umfang des Sees annähernd 250 Kilometer. Er berichtete, der Lop Nor sei von endlosen höckerigen Salzsümpfen umgeben, der Boden unfruchtbar und stellenweise bedeckt mit Schalentieren. Es ist sehr beschwerlich, sich auf dieser unebenen, verhärteten Oberfläche fortzubewegen. Möglich ist es nur am Rande des Schilfgürtels, wo der Boden weicher und gleichförmiger ist.

Nahe der Einmündung des Tarim[9], im südwestlichen Teil des Sees, findet man schilffreie Flächen von zehn Kilometern Umfang, die bis zu vier Meter tief sind. Aber so weite offene Wasserflächen sind selten. Zwanzig Kilometer nordöstlich der Flussmündung steht das Schilf schon sehr viel dichter. Offene Wasserflächen findet man hier kaum noch, und wenn, dann sind sie kleiner, und das Wasser ist salziger. Über dreißig Kilometer von der Mündung entfernt kommt man nicht einmal mehr mit kleinsten Booten bis auf den See, auch nicht im Mai bei hohem Wasserstand. Ob es im entfernteren nordöstlichen Teil des Sees noch schilffreie Flächen gibt, ist nicht bekannt, weil die Einheimischen weder im Sommer noch im Winter bei Eis dort hingelangen.

Wie die Bewohner der Gegend übereinstimmend versicherten, verlandet der Lop Nor jedes Jahr mehr. In der Erinnerung der Älteren war der See früher bedeutend größer, und es gab weitaus mehr schilffreie Flächen. In Abdal, einem Ort vier Kilometer oberhalb der Mündung des Tarim, lebte zur Zeit unseres Aufenthaltes ein Hundertzehnjähriger namens Abdul-Kerim, der Zeuge der physischen Wandlungen des Sees geworden war. Wäre er in seiner Jugend fortgegangen und erst jetzt zurückgekehrt, sagte er, so hätte er seine Heimat nicht wiedererkannt. Als Abdul-Kerim jung war, das heißt vor ungefähr neunzig Jahren, war der Lop Nor im südwestlichen Teil schilffrei. Das Schilf bedeckte auch nur einen schmalen Rand des flachen Ufers, während sich gen Nordosten eine offene Wasserfläche erstreckte, so weit man sehen konnte. Der See war unvergleichlich viel tiefer als heute, und an seinem Ufer gab es mehrere Dörfer, von denen nur noch kaum erkennbare Spuren übrig sind. Früher gab es im See auch wesentlich mehr Fische. Selbst Fischotter lebten dort, die es heute schon lange nicht mehr gibt. Schwimm- und Stelzvögel nisteten an seinem Ufer in großer Zahl.

Der Überlieferung nach verlief der Tarim vor zweihundert Jahren nördlicher als heute. Sein altes Flussbett ist noch deutlich zu er-

«Am Ende des Tarim kann man sich selbst mit dem kleinsten Kanu keinen Weg durch das undurchdringliche verschilfte Sumpfland bahnen» – Gabriel Bonvalot und Prinz Henri d'Orléans befahren den unteren Tarim

kennen. Man sieht dort Stümpfe von Bäumen, die einst sein Ufer gesäumt haben. Früher gab es sie reichlich, aber die Bewohner haben sie nach und nach verheizt.

Nahe der Mündung des Tarim erstrecken sich längliche Sandhügel fast parallel zur heutigen Uferlinie. Allen Anzeichen nach sind dies die Uferdünen des alten, ausgedehnten Wasserbeckens. Außerdem findet man weit entfernt vom heutigen Ufer im Salzsumpf an manchen Stellen eine Vielzahl an Schalen von Süßwasserweichtieren, die den See auch heute noch bevölkern.[10] Kuntschikan-Bek erzählte, dass er solche Schalen bei seiner Wanderung um den See auch in großer Entfernung vom Uferschilfgürtel gesehen habe. Schließlich deutet das Vorhandensein des breiten Salzsumpfes rund um den See ebenfalls auf die früheren größeren Ausmaße des Lop Nor hin.

Prinz Henri d'Orléans, während der Tibet-Expedition von Gabriel Bonvalot allein am Lop Nor, November 1889

Die Bewohner des Lop Nor ziehen sich wie die Wasser des Tarim langsam zurück. Ihre Hütten verfallen, ihre Dörfchen verschwinden, die Orte, wo sie einmal standen, werden von riesigem Schilf besetzt, und da auch diesem das Wasser ausgeht, auf das es angewiesen ist, vertrocknet es und welkt. Dann beginnt die langsame, aber sichere Arbeit des Sandes, der kommt und die Ruinen der alten Städte zudeckt, die Überreste der Dörfer, der Häuser aus Lehm oder Holz, das vertrocknete Röhricht, und der über diese ganze Gegend ein riesiges Leichentuch breitet. Schon hat er seine Arbeit zum Teil getan, denn der Lop Nor, den wir heute sehen, ist nicht mehr der zu Prshewalskijs Zeit, und der russische Offizier selbst fand den See nicht mehr, den die alten chinesischen Karten verzeichnen und dessen Existenz die alte Frau bestätigte, mit der wir sprachen. Der Tradition zufolge, die von Generation auf Generation überliefert wird, gab es hier einst ein riesiges Binnenmeer ohne Riedgras und Schilf. Die alten Männer des Stammes haben selber noch große Seen gesehen, aber keine, die sich mit dem See vergleichen konnten, von dem sie sprechen hörten. Einer von ihnen sagt, das Wasser weiche jeden Tag weiter zurück, es werde wohl vom Salpeter aufgesogen. Jedes Jahr bringt der Tarim weniger Wasser, die Seen trocknen aus, und der Sand, der das Schilf immer mehr zuschüttet, vertreibt die Bewohner allmählich nach Karkilik, sodass die Zeit nicht fern ist, wenn der schmale Streifen von Grün, der die Landschaft bildet, die Lop Nor heißt, sich nicht mehr von der Wüste unterscheidet, in die hinein er sich jetzt noch etwa zweihundert Kilometer weit windet.

TEIL 3

Dieter E. Zimmer

«Die erstaunliche Musik der Wahrheit»

Dieses Buch ist ein Experiment, und der Ausgang eines Experiments ist offen. Es konfrontiert «Dichtung» und «Wahrheit», und beide könnten sich gegenseitig desavouieren. Sie können aber auch aneinander ihre unterschiedlichen Stärken erweisen. Wenn sie einander gewachsen sind, beleuchten und erhellen sie sich gegenseitig. Dann wird man der Wahrheit in der Poesie und der Poesie in der Wahrheit ansichtig.

Möglich wird ein solches Experiment durch die spezielle Arbeitsmethode, die Nabokov in diesem Fall gewählt hat. *Die Gabe* (russisch *Dar*, englisch *The Gift*) ist unter Vladimir Nabokovs acht russischsprachigen Romanen der letzte, der umfänglichste und der reichhaltigste. Es ist die Geschichte einer Selbstvergewisserung. Sie handelt von den erst tastenden und dann immer selbstbewussteren Versuchen eines jungen Petersburgers aus großbürgerlichem Hause, den die Revolution ins Berliner Exil verschlagen hat, das Leben trotz der Freudlosigkeit seiner Berliner Umgebung zu bejahen und trotz der Entfremdung von seinem sprachlichen Heimatboden zu einem kraftvollen russischen Schriftsteller zu werden. «Ja, eines Tages werde ich Prosa schreiben, in der ‹Gedanke und Musik vereint sind wie im Schlaf des Lebens Falten›», verspricht der etwa sechsundzwanzigjährige Fjodor Godunow-Tscherdynzew zu Beginn mit einem erfundenen Zitat. Ohne dass der Roman direkt autobiographisch wäre, gingen viele eigene Erfahrungen Nabokovs in ihn ein. Er spielt in den Jahren 1926/29. Geschrieben wurde er hauptsächlich 1934/36: begonnen 1932 in Berlin-Halensee, beendet 1937 in Südfrankreich, zum ersten Mal vollständig gedruckt 1952 in den Vereinigten Staaten, übersetzt ins Englische 1963 und ins Deutsche 1993.

Obwohl *Die Gabe* schweifender wirkt als Nabokovs andere Romane, wurde er wie sie alle genauestens geplant. Von Anfang an stand für ihn fest, dass er die Begabung, die Gabe seines angehenden Dichters nicht nur behaupten dürfte, sondern mit Arbeitsproben zu belegen hätte, und dass diese sich deutlich einerseits von den harmlosen kleinen Jugendgedichten unterscheiden müssten, die Fjodor bis dahin geschrieben hatte, andererseits aber, da es sich eben um keine Autobiographie handelt, auch von allen bisherigen Werken Nabokovs. So kam der Roman zu zwei langen und selbstständigen Einschüben, die anders als alles sind, was Nabokov sonst geschrieben hat. Überraschend, erstaunlich und fremdartig stehen sie nicht nur in der *Gabe*, sondern in Nabokovs ganzem Werk.

Der eine ist eine große Ketzerei, eine polemische Vita des Schriftstellers Nikolaj Tschernyschewskij, einer Ikone des Sozialistischen Realismus, Lenins Lieblingsautor. Sie dient vor allem Fjodors ästhetischer Positionsbestimmung und erbringt den Beweis, dass es ihm als Autor nicht an Mut zu unabhängigen Urteilen fehlen wird.

Der andere Einschub ist noch überraschender, erstaunlicher und fremdartiger. Es ist ein glühend anschaulich geschilderter, neugieriger Ausflug in eine Welt der Wunder und des Abenteuers. Mit ihr gönnte sich Nabokov in seinem kargen und engen Berliner Exil in der Phantasie eine Reise, die er in seiner Petersburger Jugend nur allzu gerne tatsächlich gemacht hätte: nach Innerasien, auf der Suche nach unentdeckten Schmetterlingen, vielleicht in Begleitung des bewunderten russischen Forschungsreisenden Grigorij Grum-Grshimajlo. Gefragt, was aus ihm ohne die Revolution geworden wäre, antwortete Nabokov einmal: «Das Schreiben ist für mich seit eh und je eine Mischung von Schwermut und Hochstimmung, eine Tortur und ein Amüsement – ich hatte jedoch nie damit gerechnet, dass es einmal zu einer Einnahmequelle werden könnte. Hingegen habe ich oft von einer langwierigen und aufregenden Karriere als unscheinbarer Kustos des Schmetterlingskabinetts eines großen Museums geträumt.» Das einzige nennenswerte Honorar, das er während seiner fünfzehn Berliner Jahre erhielt, 7500 Reichsmark vom Ullstein Verlag für die deutsche Übersetzung von *König Dame Bube*, gab er 1929 unverzüglich für eine Sammelreise aus, nicht nach Innerasien, aber immerhin in die Pyrenäen, wo dann allerdings der Wind zu stark wehte für den Schmetterlingsfang. Kurz darauf gab Nabokov in seiner Kurzgeschichte *Pilgram* (1930) seinem alten lepidopterologischen Fernweh erstmals Ausdruck. Dass darin die chinesisch-tibetische Grenzstadt Tatsienlu mit ihren Rhododendren und der französische Missionar Pater Léonard-Louis Déjean neidvoll erwähnt sind, beweist, dass Nabokov bereits damals das obskure Reisebuch des Engländers A. E. Pratt gekannt haben muss. Möglicherweise bildete dieses den Kern, um den sich drei Jahre später dann der andere Einschub in der *Gabe* kristallisierte: Konstantin Godunow-Tscherdynzews letzte Sammelreise nach Innerasien, auf die ihn sein Sohn Fjodor nicht hatte begleiten dürfen und auf der er 1917 spurlos verschwand.

Denn mit diesem Einschub in seinen Roman erfüllte sich Nabokov in seinem eigenen Medium, der Literatur, drei Wünsche auf einmal: Er erträumte sich eine Forschungsreise, wie er sie selber gerne gemacht hätte, er erfand in der Figur von Fjodors Vater den Lepidopterologen, der er selber gerne geworden wäre, und er setzte seinem eigenen Vater ein literarisches Denkmal. Wladimir Dmitrijewitsch Nabokow (1870–1922) war nur Hobby-Lepidopterologe und hat auch keine Entdeckungsreisen unternommen, aber er hat als Jurist, Publizist, Politiker und Mitbegründer der Konstitutionell Demokratischen Partei ein höchst aktives Leben geführt. Während einer politischen Versammlung in der Berliner Philharmonie wurde er am 28. März 1922 von zwei zaristischen Attentätern ermordet, als er seinem Parteifreund Pawel Miljukow, dem das Attentat eigentlich galt, schützend zu Hilfe kam. Sein Sohn hat ihn über die Maßen geliebt; sein Tod war für diesen der schwerste Schicksalsschlag. Mit der Figur Konstantin Godunows gab sich Nabokov die Gelegenheit, indirekt von seiner eigenen Liebe zu seinem Vater zu sprechen und von seinen Schwierigkeiten, sich mit dessen Tod abzufinden. Seine Mutter bestätigte ihm dann auch, dass das Porträt das Wesen des Vaters trotz der Verfremdung bis in die Nuancen genau getroffen habe.

In seinem imaginären Reisebericht – imaginär für Fjodor wie für dessen Autor – folgt der Sohn dem Vater zunächst nur von zu Hause aus in Gedanken (Seite 24), dann reiht er sich im Geist in die Karawane ein und wechselt dabei vom «Er» zum «Ich» (Seite 27), dann wird er offenbar als Reisegefährte akzeptiert und sagt fortan «Wir» (Seite 29), dann kehrt er zurück zu «Ich» (Seite 33), aber dieses «Ich» könnte nun auch der Vater selbst sein und nicht mehr der Sohn (Seite 33). Der erwacht dann (Seite 37) aus seinem Traum. So sehr hat sich Fjodor in seinen Vater und Nabokov in Fjodor hineingefühlt, so lebhaft hat sich dieser die Reise vergegenwärtigt, dass der Leser nicht mehr zu unterscheiden vermag – und nicht mehr unterscheiden möchte –, wer schließlich davon erzählt: Godunow senior oder Godunow junior oder Nabokov. Solches ist die Macht intensiver literarischer Veranschaulichung.

Aber was tut ein Autor, der sich die Aufgabe stellt, von einer Reise zu erzählen, die er nicht gemacht, Weltgegenden zu schildern, und zwar mit Forscherblick, die er nie gesehen hat? Die konventionelle Antwort wäre: Dann muss er eben alles erfinden. Wie das geht, hat zur gleichen Zeit der britische Romancier James Hilton mit seinem Roman *Lost Horizon* (*Irgendwo in Tibet*, 1934) demonstriert. Hilton brauchte einen möglichst weltabgelegenen und unbekannten Schauplatz und wählte die einsamste und ödeste Gegend in ganz Eurasien, das Kunlun-Gebirge im Norden Tibets. Für die Beschreibung der Landschaft begnügte er sich mit ein paar Allerweltsattributen: unzugänglich, menschenleer, Hochgebirge, schlechtes Wetter. Dort errichtete er sich ein Lamakloster, das er mit alten reichen europäischen Sektierern bevölkerte und tibetisch Shangri-La («Mond im Herzen») nannte. Dass ihm die Unglaubwürdigkeit aus jeder Seite trieft, verhinderte nicht, dass der Roman zu einem Weltbestseller wurde und es heute einen Shangri-La-Tourismus gibt, bei dem mehrere Orte im Südwesten Chinas, weitab vom Kunlun, um die Ehre wetteifern, das echte Shangri-La zu sein. Wenn dort jemals ein Leser Hiltons hinfahren sollte, könnte er nur seufzen: Das habe ich mir aber alles ganz anders vorgestellt.

Derlei kam für Nabokov überhaupt nicht in Frage. Zwar hatte in seiner Ästhetik immer die Phantasie das Primat. Zwar hielt er es für eine «vulgäre Absurdität», dass seriöse Kunst «einfach und aufrichtig» zu sein habe – sie sei vielmehr das genaue Gegenteil: Täuschung. «Kunst ist dort, wo sie am größten ist, phantastisch trügerisch und komplex.» Aber hier – nicht nur hier, aber hier in besonderem Maß – musste er die ganze Kunst der Täuschung aufbieten, um den Anschein der Wahrheit zu erzeugen, oder bescheidener ausgedrückt: der objektiven Richtigkeit. Der aber ergibt sich nie aus Abstraktionen und Verallgemeinerungen. Er ergibt sich nur aus einzelnen konkreten, «sinnlichen» Beobachtungen und Erfahrungen. Nabokov interessierten in der Kunst immer vor allem diese Einzelheiten: ohne Detailrichtigkeit keine Kunsttäuschung. Er hätte es nicht ertragen, in eine geschilderte Landschaft den falschen Baum, den falschen Vogel, den falschen Schmetterling zu versetzen oder sich mit vagen Allgemeinbegriffen wie ‹Baum›, ‹Vogel› oder ‹Berg› zu begnügen. Sein Leben lang wertete er es als Ausweis minderer Kunst, wenn ein Autor sich damit beholfen hatte. Er war ein phantastischer Autor, aber einer mit dem Naturell und Blick eines Naturforschers. An der Prosa von Grigorij Grum-Grshimajlo rühmte er mit Fjodor, dass sie «voll der erstaunlichen Musik der Wahrheit» sei, «weil sie nicht von einem unwissenden Dichter, sondern von einem genialen Naturforscher geschrieben wurde». Fjodor gibt sein Vorhaben einstweilen auf, als er argwöhnt, dass er diese erstaunliche Musik der Wahrheit nicht synthetisch hervorbringen könne. Erst als ihm zum Schluss der Vater im Traum erscheint und das Geschriebene gutheißt, schwinden die eigenen Zweifel an der Musik der Wahrheit, der Richtigkeit der Poesie.

Also musste Nabokov genau das tun, was Fjodor von seiner Mutter geraten wird: Er musste sich die fehlenden Kenntnisse aus allen erdenklichen Quellen beschaffen, die konkreten Beobachtungen seiner erfundenen Reise von denen abschauen, die sie wirklich unternommen hatten. Als er im Winter 1932/33 in seinem Untermietzimmer in der Nestorstraße 22 mit Anfällen schwerer Interkostalneuralgie monatelang zu Bett lag, ließ er sich, wie sein Biograph Brian Boyd berichtet, von Freunden aus der Staatsbibliothek und der Universitätsbibliothek (für die sein Freund Joseph Hessen, Chefredakteur der Emigrantenzeitung *Rul*, einen Benutzerausweis hatte) alle erreichbaren Bücher über Tschernyschewskij und Zentralasien bringen. In diesen fand er die benötigten konkreten Details: manchmal nur einen einzelnen Begriff, einen Sachverhalt, manchmal eine kurze Episode. Wie wir nachgewiesen haben, extrahierte er aus mindestens siebzehn Quellen etwa hundert konkrete Einzelheiten. Daraus destillierte er eine Art Essenz der innerasiatischen Entdeckungsreisen im späten 19. Jahrhundert – eine poetische Essenz, in der aber jedes Detail richtig ist. Wer sie damals als Reiseführer mitgenommen hätte, hätte sie auf Schritt und Tritt bestätigt gefunden.

Wer will, kann das Ganze eine Collage nennen, aber es ist mehr, mehr als eine Aneinanderreihung von Fundstücken. Nabokov hat die Fakten unangetastet gelassen, aber sich das Material so stark anverwandelt, dass daraus ein quasi eigener Expeditionsbericht wurde. Er hat es nicht «poetisiert»: nicht geschönt, nicht sentimentalisiert, nicht gefällig gemacht, nicht mit symbolischen Bedeutungen aufgeladen, weder seichten noch tiefsinnigen. Er bringt seinen Leser nie in Versuchung, die Eskapade für eine Vergnügungreise zu halten, auch nicht für eine juvenile Erlebnisreise.

Die größte Manipulation besteht in einer gewaltigen Beschleunigung. Jene Forschungsexpeditionen waren nicht nur mühselige und gefährliche, sondern außerordentlich langwierige und langsame Unternehmungen – jeden Tag schleppte sich die Karawane dreißig, zwanzig, fünfzehn Kilometer weiter, und das zwei oder drei Jahre lang. Bei Nabokov entfällt die ganze alltägliche und langweilige Mühsal: der ständige Gerstenbrei, die dauernde Suche nach trinkbarem Wasser, nach Viehmist und nach Tierfutter, die ewig gleichen Probleme mit Führern und Dolmetschern und schlappmachenden Last- und Reittieren, die vielen leeren Tage, an denen gar nichts passierte, sondern nur Messungen vorgenommen und protokolliert werden mussten. Mit einer Schnitttechnik wie im Film springt Nabokovs Expedition von Wunder zu Wunder und verweilt bei keinem – wobei die Wunder gerade keine großartigen übernatürlichen Begebenheiten sind, sondern scharf beobachtete Nebensächlichkeiten, die für ihn keine sind und deren Wunder vor allem in ihrer Fremdartigkeit besteht.

Die zweite große Veränderung besteht in der vollständigen Eliminierung aller allgemeinen Reflexionen und Schlussfolgerungen, wie sie sich in den Büchern der Forschungsreisenden reichlich finden. In einem raschen Wechsel von Nah- und Ferneinstellungen lässt Nabokov ein filmisches Panorama aus nichts als «sinnlichen» Bildern an Fjodor und dem Leser vorüberziehen.

Die dritte Veränderung schließlich ist die Tilgung fast aller menschlichen Kontakte während der Reise. Es ist, als sei Konstantin Godunow alleine durch Asien gereist und habe auch kaum Ärger mit lokalen Beamten und Militärs gehabt, die den Forschungsreisenden ständig Genehmigungen verweigerten oder sich teuer abkaufen ließen. Fjodor begründet diese Leere um seinen Vater damit, dass ihn allein seine Entomologie interessierte, nicht aber Ethnographie. Diese soziale Abstinenz ermöglicht es Nabokov, seine Figur in manchem, vor allem der Unruhe und Zielstrebigkeit, dem großen russischen Forschungsreisenden Prshewalskij nachzubilden, aber fast ganz ohne dessen dauernde Invektiven gegen die einheimischen Bevölkerungen auszukommen. Sie macht zudem klar, dass Konstantin Godunow kein gewöhnlicher Forscher ist, in der Lage, die Strapazen einer solchen Reise heiter zu ignorieren, weil sie allein einem höheren geistigen Interesse dient, das voll auf seine Kosten kommt: der Naturerkenntnis.

Die realen Forschungsreisenden waren keine solchen Puristen. Es war eine gemischte Gesellschaft: Wissenschaftler, allerdings sehr vielseitige, meist Geograph, Geologe, Mineraloge, Klimatologe, Botaniker, Zoologe, Ethnologe in einer Person; Jäger; Missionare; Abenteurer; einfach Neugierige, die einem verbotenen Land, einer verbotenen Stadt nicht widerstehen konnten. Manchmal waren sie mehreres davon auf einmal. Auch geheime Kundschafter waren darunter, denn es handelte sich um ein Gebiet unter einer prekären chinesischen Oberherrschaft, an dem von Norden her das russische Zarenreich und von Süden, von Indien her England großes Interesse hatten. In Russland und England waren sie zu ihrer Zeit berühmte und hoch geachtete Männer, heldenhafte Bezwinger des Unbekannten. Ihre Berichte wurden ihnen auch von den Intellektuellen aus der Hand gerissen und werden bis heute nachgedruckt. In Deutschland dagegen erlosch eigenartigerweise das brennende Interesse an der Erkundung Zentralasiens nach der Zeit der Berliner Geographen Ritter und Richthofen. Die meisten russischen, englischen und französischen Reiseberichte wurden nie übersetzt, und die seinerzeit übersetzt wurden, waren bald vergessen, mit Ausnahme von Huc und natürlich Sven Hedin, der seine großen Erfolge jedoch eher als Jugendschriftsteller errang, als eine Art Kara Ben Nemsi der innerasiatischen Wüsten, der im Unterschied zu Karl May «wirklich da gewesen war». Dass Hedin gleichzeitig ein seriöser Geograph war, ist seinen populären Aventüren kaum anzumerken.

Als ich durch Zufall – in Verfolgung jenes rätselhaften tibetischen Schmetterlings *Thecla bieti* an der Decke des Zimmers, in dem Fjodor im Traum seinem Vater wiederbegegnet – auf das obskure China-Tibet-Buch des englischen Naturforschers A. E. Pratt stieß, das sich als höchst ergiebige Quelle erwies, und daraufhin den Plan fasste, systematisch die gesamte innerasiatische Reiseliteratur jener Zeit nach Nabokovs Quellen zu durchsuchen, erwartete ich eine Menge ziemlich langweilige Lektüre. Und war dann überrascht, dass viele dieser Bücher, die in Deutschland wahrscheinlich seit hundert Jahren kein Mensch mehr entliehen hat, alles andere als langweilig waren, teilweise viel interessanter, als ich in meiner Jugend Sven Hedin gefunden hatte. Sie lieferten hier nun zufällig Kommentare zu Nabokovs imaginärer Reise, aber sie wären es wert gewesen, auch um ihrer selbst willen gelesen zu werden, und das nicht allein, weil es von Interesse ist zu erfahren, wie sich Europas erste Begegnungen mit jener immer wichtiger werdenden Terra incognita abgespielt haben.

Frisch geblieben sind die Berichte von jenen Expeditionen vor allem darum, weil diese heute niemand mehr machen könnte. Ihr Reiz ist der des ersten Blicks. Vieles von dem, was jene waghalsigen Reisenden sahen, hatte noch kein Europäer, manchmal überhaupt noch kein Mensch gesehen, und da sie es nur unter größten, langwierigen und lebensgefährlichen Strapazen zu sehen bekamen, waren sie sich dessen voll bewusst und brachten es in ihrer Prosa zum Ausdruck. Alles konnte für den Forschungsreisenden des späten neunzehnten Jahrhunderts wichtig sein, er hatte gar nicht Augen genug für alles, und er musste es sich einprägen und aufschreiben, denn die Fotografie war gerade erst erfunden worden und musste noch mobil und druckbar gemacht werden. Auf diese Weise neu ist für den abgebrühten und mit Kameras versehenen Traveller von heute nichts mehr.

Dennoch liest man jene alten Reiseberichte heute mit gemischten Gefühlen. Etliche jener neugierigen und ruhmreichen Entdecker waren, im Einklang mit ihrer Zeit, auch europäische Chauvinisten, heute würde man leichtfertig sagen: Rassisten, obwohl sie nichts gegen irgendwelche Rassen hatten, aber sehr wohl gegen bestimmte fremde Kulturen. Besonders der große Prshewalskij, der ein Menschenfeind war, ergeht sich immer wieder in seitenlangen Schimpfreden über die Mongolen, die Tibeter und besonders die Chinesen. Es ist richtig, dass die Abneigung auf Gegenseitigkeit beruhte und er ihnen nicht willkommen war. Auf Schritt und Tritt scheint er behindert, belogen und ausgenommen worden zu sein, sodass er seine Expeditionen teilweise nur mit der Androhung von Waffengewalt voranbringen konnte. Hedin scheint sich zuweilen nicht wie ein neugieriger Besucher, sondern wie ein Feldherr gefühlt zu haben und nannte eins seiner Bücher rundheraus *Eroberungszüge durch Tibet*. Genau das fürchteten die Tibeter und nicht nur sie: dass diese wissenschaftlichen Expeditionen nur das Terrain für eine militärische Eroberung rekognoszieren sollten. Warum hätten sie die Reisenden auch willkommen heißen sollen? Wie hätten die Europäer wohl reagiert, wenn irgendwo in ihren Randgebieten aus undurchsichtigen Gründen eine schwer bewaffnete chinesische oder mongolische Patrouille erschienen wäre, um Wild zu jagen, Bergen neue Namen zu geben und alles geheimnisvoll zu vermessen? Reine wissenschaftliche Neugier im europäischen Sinn – ein Hunger nach objektiven Fakten – war den «entdeckten» Völkern noch fremd und unbegreiflich, und das wiederum konnten die Forscher nicht begreifen und schon gar nicht akzeptieren. Im übrigen hätte sich Prshewalskij seine Sache selbst leichter gemacht, wenn er je auf den Gedanken gekommen wäre, dass die eigene Kultur auf der Welt nicht der Maßstab aller Dinge sein kann – mit etwas multikulturellem gutem Willen also. Sein Diszipel Koslow war da von anderem Schlag: Er schimpfte nicht von vornherein über die Einheimischen, interessierte sich für ihre Kultur und gerade für das Fremde an ihr – und scheint darum recht gut mit ihnen zurechtgekommen zu sein.

Der ungefilterte und bisweilen skrupellose Eurozentrismus, der viel von dieser Entdeckungsliteratur durchzieht und sogar noch leicht auf Godunow-Tscherdynzew abfärbt, hat für den Leser, der sich nicht anstecken lässt, jedoch auch sein Gutes. Sie sind offen und deutlich, diese Entdecker. Sie winden sich nicht politisch korrekt. Sie verklausulieren ihre Berichte nicht rücksichtsvoll, wo ihnen etwas missfällt. Kein heutiger Reiseschriftsteller könnte sich eine solche Beschreibung leisten: «Der Tee wird auf denkbar ekelhafte Weise zubereitet; das Gefäß, in dem er gekocht wird, wird nie gereinigt und ab und zu mit Argal ausgerieben, das heißt getrocknetem Pferde- oder Kuhmist. Um den Ziegeltee mürbe zu machen, der manchmal hart wie Stein ist, wird er einige Minuten lang auf heißen Mist gelegt, der dem ganzen Getränk sein Aroma verleiht» (Prshewalskij über Teezubereitung in der Mongolei). Ein heutiger Reiseführer, der sich immerhin nicht einfach ganz ausschweigt, drückt sich dagegen so aus: «Natürlich werden Sie eine Chance haben, diese Delikatesse zu kosten. Aber Sie sollten keine heimischen Hygienemaßstäbe anlegen und werden diese Erfahrung wahrscheinlich nicht jeden Tag wiederholen wollen.» Dagegen wirken Beschreibungen wie die Prshewalskijs geradezu befreiend. Besonders im Falle Tibets hat die westliche Sympathie für ein unterdrücktes Volk im Verein mit einer hemmungslosen Esoterisierung dazu geführt, dass man keinem heutigen Bericht mehr zutraut, die Wahrheit über das dortige Leben zu sagen. Kann aber das Gegenteil von eurozentrischer Überheblichkeit nur die Selbstverleugnung sein? Bekommt es den interkulturellen Beziehungen nicht besser, wenn beide Seiten sich nach ihren eigenen Maßstäben offen die Meinung sagen dürfen?

So löst die Gegenüberstellung von Dichtung und Wahrheit, von Subjektivität und Objektivität, in diesem Fall nicht nur einige literaturwissenschaftliche Rätsel. Sie zeigt auch die Relativität historischer Wahrheit auf und stellt den Leser vor heikle aktuelle Fragen.

Nabokovs Quellen

Für seinen fiktiven Reisebericht aus Zentralasien kann Nabokov eine große, aber immerhin überschaubare Zahl von russischen, englischen, französischen und deutschen Büchern herangezogen haben. In der Bibliographie am Schluss dieses Bandes (S. 311–318) sind die in Frage kommenden aufgeführt. Viele von ihnen waren Raritäten, standen ihm aber in den dreißiger Jahren in Berliner Bibliotheken zur Verfügung, vor allem in der Staats- und in der Universitätsbibliothek, wo sie teilweise noch heute vorhanden sind. Einige haben ihm wahrscheinlich nur allgemeinen Hintergrund geliefert; diese lassen sich nicht ermitteln. Anderen aber hat er konkrete spezifische Details entnommen, die sich nur an dieser einen Stelle finden – einen bestimmten einzelnen Gegenstand, einen bestimmten Sachverhalt, eine bestimmte Formulierung. Auf diese spezifischen Entsprechungen kommt es an. Sie erlauben es, eine Quelle als gesichert zu betrachten. Auf diese Weise wurden 17 Quellen gesichert. Sie sind in der Bibliographie fett hervorgehoben.

Beispiele: So gut wie alle Reisenden in diese Gegenden waren am großen Blaumeersee, dem Kokonor, und berichten darüber, aber nur einer, Grum, erwähnt dort den Ort ‹Tanegma›. Fast alle berichten von der Ausrüstung ihrer Expedition, aber nur Prshewalskij erwähnt einmal die Mitnahme von Cognac, nur Grum die von Erbsmehl, nur Bower eine Spezialmischung von Jodoform und Vaseline für die wunden Rücken der Lasttiere. Alle erwähnen die in der Regel schwarzen Zelte der tibetischen Nomaden, aber nur bei einem verschwinden sie geheimnisvoll über Nacht, bei Savage Landor. Es gibt in Nabokovs imaginärem Reisebericht etwas über 100 Stellen, die er wahrscheinlich aus der Literatur entlehnt hat. In den folgenden Anmerkungen werden 96 von ihnen auf gesicherte Quellen zurückgeführt. Die genaue Zahl der gesuchten Entsprechungen kennte man erst, nachdem sie sämtlich gefunden wären. Vorher nämlich kann man nicht wissen, wie «groß» eine entlehnte Stelle ist, ob sie aus einem einzigen Begriff, einem Sachverhalt oder einer ganzen Episode besteht. Die wenigen konkreten Stellen, zu denen keine Entsprechung gefunden werden konnte (die Lagernacht mit dem Kamel auf der Asche, die Felle der Pferde im Pappelschatten), können aus mehreren Einzelheiten zusammengesetzt sein, jede aus einer anderen Quelle, oder aber auf ein oder zwei unentdeckt gebliebenen Quellen beruhen. Sie könnten aber auch tatsächlich Nabokovs eigene Kreationen sein. Dass und wie man Nachtfalter mit Zuckerwasser ködert, wusste er zum Beispiel aus eigener Erfahrung.

Nabokovs fiktiver Forschungsreisender Konstantin Godunow, so heißt es, habe zwischen 1885 und 1917 sieben große Expeditionen nach Innerasien unternommen. Sein Sohn wollte ihn auf seiner letzten begleiten. Er überblendet die früheren in seinem Bericht so, dass sie wie eine einzige und letzte anmuten. Schon den geographischen Namen in Nabokovs Text kann man die ungefähre Route dieser Reise durch Ostturkestan, die Mongolei, Westchina und Tibet entnehmen. Mit den genauen Ortsangaben der jeweiligen Quellentexte lässt sich die Route weiter präzisieren. Danach führte sie von Taschkent nach Karakol in Kirgisistan und von dort aus am Nordrand des Tianshan entlang durch die südliche Dsungarei, bei Barkol hinüber in die Wüste bei Hami, aus Ostturkestan (heute die chinesische Westprovinz Xinjiang) weiter in die Provinz Gansu, in die mittlere Gobi und durch die Wüste Badain Jaran zurück zum Kokonor, in die Nanshan-Gebirge zwischen Jiayuguan und Xining, nach Kangding (damals Tatsienlu) im Westen Sichuans, den Yangtze hinunter bis Yishang, nach Tibet hinauf bis in die Gegend von Nakchu und Lhasa, in das Quellgebiet des Huang He und über den Jangtang, das nordtibetische Hochplateau, wieder hinunter nach Ostturkestan zum Lop Nor, wo die Reise so zu versickern scheint wie der Fluss Tarim.

Wir sind nicht die Ersten und die Einzigen, die sich auf die Suche nach Nabokovs Quellen begeben haben. Er selber hat mit einem wörtlichen Zitat eine offenkundige Spur gelegt: zu Grigorij Grum-Grshimajlo (Seite 31). Wiederholte Hinweise auf Prshewalskij und Hedin legen es nahe, dass auch sie zu den Quellen gehörten.

Brian Boyd weist im ersten Band seiner Biographie (1990, deutsch 1999) nachdrücklich, aber ohne nähere Angaben auf Nikolaj Prshewalskij hin, in dem er das Modell für Konstantin Godunow erkennt.

Die Slawistin Irina Paperno von der Universität Kalifornien in Berkeley untersuchte 1986 in einem Vortrag und 1992 in einem Aufsatz, «wie Nabokovs *Gabe* gemacht ist» («How Nabokov's *Gift* Is Made», *Stanford Slavic Studies* 4 [2], 1992, S. 295–322), und erklärte, Fjodors ganzes Buch über die letzte Reise seines Vaters sei aus dokumentarischem Material zusammengesetzt, belegte das aber mit nur vier Textstellen,

Grums Beschreibung des Kokonor und Prshewalskijs Seiten über den Lop Nor.

Die Hamburger Slawistin Annelore Engel-Braunschmidt verknüpfte in den Anmerkungen zu ihrer deutschen Übersetzung der *Gabe* (Reinbek: Rowohlt, 1993) eine Stelle mit Prshewalskijs Buch über seine erste Reise zum Lop Nor und fünf mit Grums dreibändigem Werk.

Der Slawist Omry Ronen von der Universität Michigan verwies das «kirgisische Märchen» (Seite 48) richtig in den Kreis der mittelalterlichen Alexandersagen, leitete es aber wohl zu Unrecht vom babylonischen Talmud her («Nine Notes to *The Gift*», Lawrence, KS: *The Nabokovian*, 44, Spring 2000, S. 20–26).

In den Anmerkungen zu *Dar/Die Gabe* in der russischen Jahrhundertausgabe (St. Petersburg: Simposium, 2000) verzeichnete der Slawist Alexander Dolinin von der University of Wisconsin dann nicht weniger als 45 Entsprechungen zwischen Nabokovs Text und den Büchern russischer Forschungsreisender, 6 davon allerdings zweifelhafter Natur: 16 zu Grum, 13 zu Prshewalskij, 6 zu Roborowskij, 5 zu Koslow, 2 zu Pewzow, 2 zu Potanin und dazu eine zu Huc.

Als Herausgeber der deutschsprachigen *Gabe* hatte ich 1993 geahnt, dass noch manche andere Stelle ihre Quelle haben könnte und eine Kommentarnotiz verdient hätte, aber es war damals nur eine Vermutung, die auch falsch sein konnte, sodass eine Suche ins Leere laufen würde. Die Vermutung verdichtete sich erst 1998, als ich 1998 im Rahmen meiner Beschäftigung mit Nabokovs Schmetterlingen, deren Ergebnis schließlich mein *Guide to Nabokov's Butterflies and Moths* (2001) war, auf das China-Buch von A. E. Pratt stieß, das sich als eine höchst ergiebige Quelle erwies, die überraschenderweise auf einen Schlag etliche alte Rätsel der *Gabe* löste. Gleichzeitig bestätigte sich die Vermutung im Zuge meiner Recherchen für den Bildband *Nabokovs Berlin* (Berlin: Nicolai, 2001), bei denen ich überrascht feststellte, dass Nabokov keine einzige der vielen konkreten Berliner Einzelheiten seiner russischsprachigen Werke erfunden hatte, selbst solche nicht, die phantastisch anmuteten und die er bequem hätte erfinden können.

Den vermuteten Quellen aber war nur durch detektivische Kombination, eine systematische Durchsicht der gesamten in Frage kommenden, teilweise schwer erreichbaren Literatur – und mit viel Glück auf die Spur zu kommen. Die Aufgabe erwies sich als wesentlich interessanter und unterhaltsamer als befürchtet, das Finderglück war auf unserer Seite, und bald begann sich eine «Stelle» nach der anderen zu lichten. Als mir 2002 die Slawistin Sabine Hartmann zu Hilfe kam und die russischsprachige Reiseliteratur zu untersuchen begann, wussten wir nichts von Dolinins Anmerkungen zur Simposium-Ausgabe, sonst hätten wir unsere Suche möglicherweise abgebrochen. So kommt es, dass die meisten Funde in den russischsprachigen Texten zweimal gemacht wurden. In der Wissenschaft gilt das Gesetz der Priorität; was zählt, ist allein der Zeitpunkt der Veröffentlichung. Unser gemeinsamer Aufsatz, der alle Fundstellen auflistete, vermerkt darum für jede einzelne, wer sie als Erster veröffentlicht hat (Dieter E. Zimmer/Sabine Hartmann: «‹The Amazing Music of Truth›: Nabokov's Sources for Godunov's Central Asian Travels in *The Gift*», Davidson, NC: *Nabokov Studies*, 7, 2002/2003, S. 33–74).

Anmerkungen zu Nabokovs fiktivem Reisebericht

Der Text stammt aus Vladimir Nabokovs Roman *Die Gabe*, russ. *Dar*, engl. *The Gift* (1933–1937), übersetzt von Annelore Engel-Braunschmidt, Reinbek: Rowohlt, 1993, S. 166–169, 172–174, 182–209, 210–212, 214–228, 573–579, sowie «Die Schmetterlingsschriften des Konstantin Godunow-Tscherdynzew» in *Eigensinnige Ansichten*, Rowohlt: Reinbek, 2004, S. 513, 514–515, 520–522.

Seite 14

1 *Fischer … Ménétriès … Eversmann*: Gotthelf I. Fischer von Waldheim (1771–1853), deutsch-russischer Naturforscher und Sammler, Begründer des Moskauer Naturkundemuseums und der Kaiserlichen Naturforschergesellschaft. – Édouard Ménétriès (1802–1862), französischer Entomologe und Forschungsreisender, Begründer und Leiter des Zoologischen Museums in St. Petersburg, «Russlands erster professioneller Entomologe». – Eduard Friedrich von Eversmann (1794–1861), deutsch-russischer Arzt und Naturforscher, Professor für Zoologie an der Universität Kasan, einer der ersten Entomologen, die nach Zentralasien (Buchara) reisten.

2 Der russische «Fünfwerst»-Maßstab (*pjatiwerst masschtab*) rechnet 5 Werst (5,335 km) auf 1 Djuim (russischer Zoll, 23 mm). Das entspricht einem Maßstab von ca. 1:232 000.

3 Die Wüste Gobi (deren nördliche, mongolische Teile eher als Steppe zu qualifizieren sind, wie der russische Forschungsreisende Wladimir Obrutschew zu betonen nicht müde wurde) heißt mong. Gov ‹Wüste›, ‹Steppe› und Gobi ‹Wasserloser Ort›, chin. Shamo ‹Sandwüste› oder Hanhai ‹Trockenes Meer›.

4 *Spuler … Rebel … Hofmann … Seitz*: Arnold Spuler (1869–1937), Entomologe, Anatomieprofessor an der Universität Erlangen, bearbeitete die 3. Auflage von Ernst Hofmanns Handbuch *Die Groß-Schmetterlinge Europas* (Stuttgart: Schweizerbart, 1901–1910). Hans Rebel (1861–1940), Zoologieprofessor in Wien, bearbeitete die 9. Auflage des meistverbreiteten deutschen Schmetterlingshandbuchs des 19. Jh.s, *Fr. Berges Schmetterlingsbuch* (Stuttgart: Schweizerbart, 1910). Adalbert Seitz, Zoologe in Darmstadt, gab ab 1906 die 16

Bände seines unvollendeten Monumentalwerks *Die Groß-Schmetterlinge der Erde* heraus (Stuttgart: Lehmann/Kernen, 1906–1954).

Seite 15

1 Alter volkstümlicher Name der Papilioniden, insbesondere der Schwalbenschwänze.

2 *Pieriden*: die Schmetterlingsfamilie der Weißlinge und Gelblinge.

3 *Microzegris pyrothoe* (Eversmann, 1832), ein Weißling mit orangenen Flügelspitzen, dem mitteleuropäischen Aurorafalter ähnlich, verbreitet auf den Steppen von Südostrussland bis Westchina.

4 *Romanoffs* olga: Ungültiges Synonym von *Colias caucasica* (Staudinger, 1871), ein Gelbling, der sich in isolierten Kolonien zwischen dem Südbalkan und dem Westkaukasus findet. ‹Romanoff› ist Großherzog Nikolaj Michajlowitsch Romanow (1859–1919), ein Enkel von Zar Nikolas I. und Förderer der Entomologie, der u. a. Grum-Grshimajlos Reisen finanzierte.

5 *Dshigit*: verwegener schneller Reiter (in den Turksprachen des Kaukasus und Zentralasiens).

6 *Chajpudirsk*: in Nordrussland an der Barents-See. *Brenthis* ist eine (seither aufgesplittete) Gattung von Perlmutterfaltern, mit einigen Arten extrem weit im Norden.

7 *Moltrecht, Aim*: Arnold Moltrecht (1873 – nach 1944), russisch-baltendeutscher Augenarzt und Entomologe, Erforscher der Schmetterlingsfauna an Amur und Ussuri, den Nabokov 1926 in Berlin persönlich kennen und schätzen gelernt hatte. Aim ist ein abgelegener kleiner Ort im äußersten Osten Sibiriens, an der Maja, einem Nebenfluss der Lena. Der fiktive Mohrenfalter, der Godunows Namen trägt, müsste wissenschaftlich *Erebia godunovi* (Moltrecht, 1903) heißen.

Seite 17

1 *Meleager*: alter Name für den Braungefleckten Bläuling *Polyommatus* (ehemals *Lycaena*) *daphnis* (ehemals *meleager*) (Denis & Schiffermüller, 1775).

2 *Adonisfalter*: der Himmelblaue Bläuling, *Polyommatus bellargus* (Rottemburg, 1775).

3 *bojarischniza*: volkstümlicher russischer Name für den Baumweißling *Aporia crataegi* (L., 1758).

4 *Rubus*: Himbeere und verwandte Sträucher.

Seite 18

1 *Tutt*: James William Tutt (1858–1911), englischer Schuldirektor und Entomologe, Verfasser u. a. eines gründlichen achtbändigen Werks über die Schmetterlinge Großbritanniens.

Seite 19

1 *Berliner Museum*: Nabokov dürfte weniger das Naturkundemuseum in der Invalidenstraße im Sinn gehabt haben als das ihm vertrautere Museum des Deutschen Entomologischen Instituts in der Dahlemer Goßlerstraße, heute in Eberswalde.

Seite 20

1 *Namen* – Quelle u. a.: Prshewalskij 1883, S. 111: «Weder der eine noch der andere schneebedeckte Gebirgskamm war von der hiesigen Bevölkerung mit einem Namen bedacht worden; gewöhnlich werden nur bestimmte Berggebiete und die Hauptgipfel benannt. Ich nahm mir an Ort und Stelle das Recht des Erstentdeckers und nannte den schneebedeckten Gebirgskamm, der sich in Richtung der Hauptachse des Nanshan entlang zog, Humboldt-Gebirge und den anderen, der im rechten Winkel dazu verlief, Ritter-Gebirge, zu Ehren dieser beiden großen Wissenschaftler, die so viel zur Erforschung der Geographie Zentralasiens beigetragen haben.» Die heutigen chinesischen Namen dieser beiden Gebirge sind Danghe Nanshan und Tergun Daba Shan. Konstantin Godunow und sein Autor setzen sich also deutlich ab von der Praxis anderer Forschungsreisender. Ende des 19. Jh.s erhielten etliche Gebirge Nord- und Nordosttibets die (längst wieder in Vergessenheit geratenen) Namen europäischer Reisender: Columbus, Crevaux, Humboldt, Marco Polo, Prshewalskij, Richthofen, Ritter … Aber in seinen Memoiren *Erinnerung, sprich* (Kap. 3.1) berichtet Nabokov auch dies: «Mein Urgroßvater Nikolaj Alexandrowitsch Nabokow nahm 1817 als junger Marineoffizier mit den zukünftigen Admiralen Baron von Wrangel und Graf Litke unter der Führung von Kapitän (später Vizeadmiral) Wassilij Michajlowitsch Golownin an einer Expedition teil, die (ausgerechnet) Nowaja Semlja kartographierte, wo der ‹Nabokow-Fluss› nach meinem Vorfahren benannt wurde.»

2 *Forschungsreisender als Arzt und Hexer* – Quelle u. a. Prshewalskij 1875,

S. 293–295: «Die Zudringlichkeit der Bewohner des Landes war die schwerste Last, die wir auf unserer Reise vom ersten bis zum letzten Schritt zu tragen hatten … In der Bevölkerung befestigte sich die Meinung, dass ich ein großer Heiliger sei. Diese Annahme war uns teilweise sehr nützlich, da uns der Ruf eines Heiligen die Reise erleichterte; andererseits konnte ich mich aber auch nicht dem Erteilen von Segen, Wahrsagen und anderen unsinnigen Forderungen entziehen … Gleichzeitig wurde mir die Rolle eines Arztes aufgedrängt, dessen Titel ich übrigens schon während der ersten Monate unserer Reise erhalten hatte. Die Ursache zu dieser Annahme war, dass wir Pflanzen sammelten, und einige glücklich vollzogene Heilungen vom Fieber mittels Chinin überzeugten die Mongolen vollends von meinen ärztlichen Fähigkeiten. Nun wanderte mein Ruf als geschickter Arzt mit mir durch die ganze Mongolei, Gansu, Kokonor und Qaidam. In diesen beiden Gegenden erschienen besonders viele Kranke mit den verschiedensten Übeln, besonders viele Frauen. Da ich keinerlei medizinischen Kenntnisse besaß, wendete ich gewöhnlich den größten Scharlatanismus an …»

3 *chinesische Kleidung* – Quelle: möglicherweise das Frontispiz von Hedins populärem Reisebuch *Abenteuer in Tibet* (1916/dt. 1919 ff.), das den Verfasser als mongolischer Pilger verkleidet zeigt. Auch A. E. Pratt posierte in seinem Buch in chinesischer Tracht.

4 *Schießübungen* – Quelle u. a. Prshewalskij 1883, S. 8 (S. 95 dieses Bandes).

Seite 21

1 *Lhasa*: Vom späten 13. bis zum frühen 20. Jahrhundert haben, soweit bekannt, Europäer nur 14-mal tibetischen Boden betreten, und nur sieben kamen bis nach Lhasa. Im ganzen 19. Jh. waren es nur drei: 1811/12 der Engländer Thomas Manning und 1846 die französischen Missionare H. E. Huc und Joseph Gabet. Alle anderen, die es versuchten (am begierigsten Nikolaj Prshewalskij und Sven Hedin), wurden von den Tibetern Hunderte von Kilometern vor der Stadt höflich, aber bestimmt gestoppt und zurückgewiesen, regelmäßig mit dem Argument, die tibetischen Beamten würden geköpft, wenn sie die europäischen Reisenden nicht aufhielten. Denen blieb dann nur noch übrig, über ihren Rückweg zu verhandeln, denn zunächst wur-

den sie immer aufgefordert, den gleichen Weg zurück zu nehmen, den sie gekommen waren, und das wäre oft ein Ding der Unmöglichkeit gewesen. Etwaige chinesische Pässe nützten ihnen wenig. Eine dieser Zurückweisungen beschrieb Bower 1894 (S. 200–208 dieses Bandes). Erst 1904 wurde Tibet durch eine britische Militärexpedition unter Francis Younghusband von Indien aus «geöffnet», doch blieb Lhasa für Westler noch jahrzehntelang eine verbotene Stadt. Konstantin Godunov wäre also kaum jemals in Sichtweite von Lhasa gelangt. Dass er es offenbar doch geschafft und dann die Stadt nicht einmal betreten haben soll, macht deutlich, dass er sich den Strapazen einer Tibet-Expedition aus völlig anderen Motiven unterzieht als etwa sein Gesprächspartner Sven Hedin.

2 *Lhasas Schmutz* – Quelle: Huc 1850 (S. 197 dieses Bandes). Lhasa soll um 1900 etwa 30000 Einwohner gehabt haben, davon 18000 Lamas.

Seite 22

1 *Wiese, Perserteppich* – Quelle: Grum 1899, S. 361: (*Im Gebirge nördl. Xining*) «Unter solchen Bedingungen gedeihen in dieser Bergregion äußerst vielfältige Wiesenpflanzen. Auf grünem Grund leuchten die unterschiedlichsten Blumen, ... und die meisten waren in voller Blüte und bildeten einen lebenden persischen Teppich.»

Seite 23

1 *Marco Polo verlässt Venedig* – Quelle: Die Beschreibung trifft eine anonyme englische Miniatur im Codex Bodley 264, fol. 218r. Das in der Bodleian Library in Oxford verwahrte Manuskript, entstanden um 1400, enthält eine Fassung des Alexander-Romans sowie Marco Polos Reisen in französischer Sprache unter dem Titel *Li Livres du Graunt Caam*.

2 *Prshewalsk*: eine 1869 von Russen unter dem Namen Karakol gegründete Stadt am Ostende des Sees Issyk-kul in Kirgisien. Von 1889 bis 1921 und von 1939 bis 1991 hieß sie zu Ehren des russischen Forschungsreisenden Prshewalsk. Nikolaj Prshewalskij starb hier am 1. November 1888 an Typhus, nachdem er während einer Fasanenjagd kontaminiertes Wasser getrunken hatte. Er liegt hier begraben, direkt am Seeufer etwa 10 km vom Stadtkern. Ein Grabmal aus grauem Granit mit einem Bronzeadler auf der Spitze erinnert an ihn;

in den fünfziger Jahren erhielt der Gedenkpark auch ein Museum. Prshewalskij hatte vor, von Karakol aus zu einer weiteren Expedition nach Ostturkestan und ins Kunlun-Gebirge aufzubrechen. Deren Führung übernahm nach seinem Tod sein Adjutant Michajl Pewzow.

3 *Taschkent* – Quelle: Roborowskij 1900, S. 38: «... über Buchara nach Samarkand. Von dort aus galoppierten wir auf Postpferden nach Taschkent.»

Seite 24

1 *Pferde, Maulesel, Kamele* – Quelle: Fast alle Forschungsreisenden beschreiben die Ausrüstung ihrer Expeditionen, den Kauf der Tiere, einige auch die Marschordnung. Am engsten lehnt sich Nabokov an Michajl Grum-Grshimajlo an, den Bruder des Expeditionsleiters (Grum-Grshimajlo 1907, S. 63–67 dieses Bandes). Der Kauf der Tiere spielte sich auch bei Roborowskij 1900, S. 39, so ab wie bei Godunow: In Karakol/Prshewalsk wurde «der Kosakenoffizier Bainow mit einem Dshigiten in die umliegenden kirgisischen Dörfer entsandt, um Kamele zu kaufen, die das Gepäck der Karawane tragen sollten. Der Kosakenoffizier Schestakow wurde, ebenfalls mit einem Dshigiten, in die Dörfer geschickt, um Pferde als Reittiere für die Karawane zu besorgen.» Einzelne Ausrüstungsgegenstände aber entnahm Nabokov anderen Quellen: den Cognac Prshewalskij, die Jodsalbe Bower, die Kodak Rockhill oder Wellby.

2 *sartisch*: Die Sarten waren keine ethnische, religiöse oder sprachliche Volksgruppe; es handelt sich um den veralteten russischen Namen für die ganze sesshafte (nichtnomadische) muslimisch-turktatarische Bevölkerung Zentralasiens, insbesondere Russisch Turkestans (Usbekistans) und Chinesisch Ostturkestans. Ihr chinesischer Name war Chanto.

3 *Yakhdan*: persisch ‹Reisekoffer›. In ganz Kaukasien und Innerasien gebräuchliches Wort für die lederbezogenen Kisten, die paarweise Lasttieren aufgeladen wurden.

4 *Cognac* – Quelle: Wie fast alle anderen Forschungsreisenden zählt Prshewalskij am Anfang eines seiner Berichte (1883, S. 4) u.a. auf, welchen Proviant er auf seine Reise von Zajsan nach Tibet mitnahm, und vergisst dabei den Cognac nicht: «Unser Hauptproviant bestand aus lebenden Schafen, Presstee, Reis, Hirse, Gerste, Tsampa und

Maismehl, aus welchen man unter Beimischung von Salz und Hammelfett ein ganz leidliches Brot backen kann, das sich lange hält und leicht zu transportieren ist. Außerdem nahmen wir noch 140 Kilogramm Zucker, ebenso viel gedörrtes Hammelfleisch, eine Kiste Cognac und Sherry und 26 Liter Spiritus mit, diesen für naturwissenschaftliche Präparate.»

5 *Requiem* – Quelle: Roborowskij 1900, S. 41: «Alle Teilnehmer der Expedition versammelten sich und gingen zu dem am See Issyk-kul gelegenen Grab unseres unvergessenen Lehrers Nikolaj Michailowitsch Prshewalskij. Nach einem Requiem am Grab des teuren NMP machten wir uns gestärkten Geistes auf den schweren, ruhmreichen Weg.» Nabokov hat nicht nur diverse Einzelheiten aus den vier Berichten des russischen Forschungsreisenden Nikolaj Prshewalskij entnommen. Auch einige Charakterzüge Prshewalskijs finden sich bei Konstantin Godunow-Tscherdynzew wieder: seine Energie, seine keine Strapazen scheuende Zielstrebigkeit, seine geheimnisvolle Unruhe, die ihn immer wieder erst aus Russland wegtrieb und dann wieder dorthin zurücklockte, sein Desinteresse an den Menschen, die die von ihm zoologisch und botanisch so gründlich erforschten Gegenden bewohnten und von denen er sich in einem fort gestört und behindert fühlte. Ganz zu Anfang der *Gabe* berichtet Fjodor von einer Fieberkrankheit in seiner Petersburger Kindheit, während deren er träumte, er befände sich in einem Park, «in den das Delirium den General Nikolaj Michajlowitsch Prshewalskij mitsamt seinem steinernen Kamel aus dem Alexanderpark in unserer Nähe versetzt hatte und in dem sich dieser auf der Stelle in ein Standbild meines Vaters verwandelte, der sich in jenem Augenblick zum Beispiel irgendwo zwischen Kokand und Aschchabad oder aber auf einem Abhang der Gebirgskette von Xining befand». Prshewalskij entdeckte in Innerasien außer Hunderten von Pflanzen und Tieren das seinen Namen tragende Wildpferd und das Wildkamel. 1892 wurde ihm im südlich der Admiralität gelegenen Alexandergarten ein Denkmal errichtet, an dessen felsigem Sockel ein Bronzekamel ruht.

6 *paradiesisches Grün* – Quelle: Grum 1907, S. 239: (*In der Dsungarei, etwa 100 km nördl. Hami*) «Als wir das Plateau erreicht hatten, sahen wir Hügel von grüner Farbe, die sowohl durch den Bewuchs mit Gras (*Festuca ovina* L.) als auch durch die darunter liegende Gesteinsschicht

hervorgerufen wurde – apfelgrüner epidothaltiger Schiefer; diese Gesteinsschicht herrschte auf der ganzen Hochebene vor.»

7 *Berdan-Gewehr*: Alle russischen Expeditionsleiter des späten 19. Jh.s erwähnen anerkennend ihre Berdan-Büchsen. Es handelte sich um ein von Oberst Hiram Berdan für die Scharfschützen des amerikanischen Bürgerkriegs entwickeltes Gewehr (Kaliber 10,66 mm), das von 1871 bis in die neunziger Jahre in der russischen Armee breite Verwendung fand. Quelle u.a. Prshewalskij 1875, S. 195: «Unter den neuen Waffen zeichnete sich durch ihre Qualität vor allem die Berdan'sche Büchse aus, die bei gehobenem Visier auf mehr als 400 Schritt trägt, was beim Schießen aus nicht vorher gemessenen Entfernungen von größtem Vorteil ist.»

8 *Wiskott*: Prshewalskij hatte dem 18-jährigen Petersburger Museumstechniker Fjodor Eklon das Schießen, Reiten und Präparieren beigebracht. Dieser begleitete ihn auf allen seinen zentralasiatischen Expeditionen außer der letzten, der er die Ehe vorzog. Roborowskij (1897, S. 3) beschreibt, wie Koslow einen jungen Burschen aus Karakol als Präparator ausbildet.

9 *Dengkou* – Quelle: Dengkou ist eine entlegene Kleinstadt in der Inneren Mongolei am großen westlichen Knick des Gelben Flusses (Huang He), zwischen dem Ordos und dem Alashan. Prshewalskij überquerte hier im September 1871 den Fluss und hatte Mühe, sich der Soldaten der Garnison und des lokalen Mandarins zu erwehren, die ihn auszuplündern versuchten. «Zu allem Überfluss wurde auch noch einer unserer Kosaken so krank, dass er sich nicht mehr rühren konnte» (Prshewalskij 1875, S. 154). Es stellte sich jedoch heraus, dass der Kosak vor allem Heimweh hatte. Er musste nach Hause geschickt werden.

Seite 25

1 *steile Hänge, schmale Gesimse* – Quelle: Grum 1896, S. 163: (*Bogdo-ola, ca. 50 km östl. Ürümqi*) «Ein unglaublich steiler Abhang ... Steinerne Platten, so rutschig und glatt, dass man nicht weiß, wie man sich darauf halten soll. Noch schlimmer, die Gesimse sind so eng, dass ...»

2 *Saiga* – Quelle: Grum 1896, S. 239–240: (*In der Dshan-Bulak-Schlucht auf der Nordseite des Bogdo-ola 250 km östl. Ürümqi*) «Die Saiga-Antilope kam hier in so großer Zahl vor, dass wir beinahe täglich entwe-

der auf einzelne Tiere oder auf Herden bis zu fünfzig Stück trafen. Die Saiga-Antilope ist ein Steppenbewohner.» Die schafähnliche Saiga-Antilope *Saiga tatarica* (L., 1758) ist ein typisches Herdentier der winterkalten Steppen Asiens; früher bis nach Europa verbreitet.

3 *durchwateter Wildbach* – Quelle: Grum 1896, S. 32: (*Im Borohoro-Gebirge, ca. 80 km nordöstl. Gulja/Yining*) «Den Dshargali durchquerten wir, aber der Chon-kol führte so viel Wasser, dass wir beschlossen, nicht durch den trüben Strom zu waten, und auf Anraten unseres Führers begannen wir, einen kleinen Pfad entlang des rechten Ufers hinauf zu klettern. Am nächsten Tag verließen wir Chon-kol, bogen scharf in eine seiner Seitenschluchten ab und begannen, den nächsten Gebirgsausläufer auf einem engen und schmalen Pfad zu erklimmen, der uns sehr bald auf eine wunderhübsche ‹dshajlau› führte – eine Alpenwiese.»

4 *Kontrast zwischen Licht und Schatten* – Quelle: Grum 1907, S. 251–252: (*In der südlichen Dsungarei bei der Oasenstadt Guchen/Qitai*) «… zum ersten Mal bemerkte ich einen im übrigen in ganz Zentralasien zu beobachtenden scharfen Kontrast zwischen Hell und Dunkel, der vermutlich eine Folge der äußerst trockenen Luft ist … Im Schatten herrscht eine Finsternis, die alle Details verschluckt, in der Sonne dagegen der unerträgliche Glanz reflektierten Lichts, wodurch alle Farben in einem anderen, grelleren Ton erscheinen.»

Seite 26

1 *Schlucht, tosendes Wasser* – Quelle: Grum 1896, S. 88: (*Am Ulan-Fluss auf der Nordseite des Borohoro-Gebirges, ca. 30 km westlich des Manas*) «Der Fluss hatte eine starke Strömung und kämpfte sich durch die Felsen, die er fortwährend mit Schaumfetzen und Millionen von Spritzern überschüttete. Mit weißem Schaum bedeckt, jagte er in die Ferne … Etwas weiter oben traten aus dem mit Bruchholz vollgestopften Flussbett mächtige Wasserströme hervor und zerschellten an der steinernen Wand mit einem die ganze Schlucht erfüllenden Stöhnen und Gebrüll, sodass man einander in zwei Schritten Entfernung nicht mehr verstand … Die Feuchtigkeit, der Lärm, das hier herrschende Halbdunkel, welches nur ab und zu von einem Sonnenstrahl durchdrungen wurde, der irgendwo aus der Höhe in den Fluss fiel und dort ertrank, die tannenbestandenen Felsen mit ihrem bürs-

tenartiges Aussehen und schließlich die vom Wasser abgeschliffenen und jetzt vom Nebel feuchten Steinbrocken – all das rief seltsame Empfindungen hervor: Bald erschauerte die Seele vor Begeisterung, bald vor Angst ... Ja, ein finsterer, wilder Ort! Man stelle sich unser Erstaunen vor, als der Pfad, der zum Wasserfall führte, scharf in ebenjene Richtung abbog und vor unseren Augen unter der schäumenden Wasseroberfläche verschwand.»

2 *Schwertlilien* – Quelle: möglicherweise Prshewalskij (1878/engl. 1879, S. 130), der aus der Yulduz-Hochebene im mittleren Tianshan berichtet: «Blumen schmückten nur den feuchteren Boden am Ufer der Flüsse, und das nicht eben reichlich. Neben zwei Wicken-Arten blühte hier und da die blaue Iris und das Gefleckte Knabenkraut.»

3 *Maral* – Quelle: Grum 1896, S. 33, 73: (*Im Borohoro-Gebirge nahe Gulja/Yining*) «... und im Kontrast dazu der bunte Winkel einer Alpenwiese, mit Blumen übersät, ganz von Sonnenlicht überflutet, beschattet und eingefasst von dem dunklen Saum eines Tannenwaldes ... Nur die Jagd auf Marale wollte nicht gelingen. Dieser Hirsch ist hier so schreckhaft, dass es nur durch Zufall manchmal gelingt, ihn zu erlegen.» Der Maral ist *Cervus elaphus maral* (Gray, 1850), der Asiatische Rothirsch, verbreitet von Kleinasien bis Innerasien.

Seite 27

1 *Apollofalter*: Gemeint ist wahrscheinlich der Imperatorapollo *Parnassius imperator* (Oberthür, 1883), Spannweite 7 cm, der «kaiserliche Apollo», der sich in den Hochgebirgen Zentralasiens findet. Quelle: Grum (1899, S. 366, 375). Grum hat diesen Falter in der chinesischen Provinz Gansu gefangen: «Die interessanteste Art an diesem Ort war ohne Zweifel der *Parnassius imperator musageta* Gr.-Gr., ein riesiger Schmetterling, der ausschließlich auf Geröllhalden zu finden war ... Ich kletterte die verhärtete Erdkruste steiler und sehr gefährlicher Hänge hinauf, auf der Jagd nach *Parnassius imperator musagata*, der sich nur an solchen Orten aufhielt ...» Auch Pratt berichtet von seinem Fang und von seiner Raupe (S. 145, 148 dieses Bandes).

2 *Sharkoj*, *Bujantujew* – Quelle: Roborowskij 1900, S. 40: Beide sind reale Personen, die Roborowskij in den Jahren 1893–95 auf seiner Expedition aus Karakol begleiteten.

3 *chinesische Gasthäuser* – Quelle: Grum 1907, S. 319–320: (*Im Borohoro-*

Gebirge ca. 280 km ostnordöstlich von Gulja/Yining) «Wie jeder andere Ort, wo Chinesen sich niedergelassen hatten, war Gurtu von einer ganz besonderen Atmosphäre umgeben; infolge des ungewöhnlichen Frostes und der Windstille schwebte gegenwärtig aber eine widerliche, ranzige Mischung aus chinesischem Küchendunst, dem Qualm brennenden Viehmists, Opium und Pferdestall über der Siedlung, ein Geruch, der fest und dauerhaft in die Kleidung jedes Vorbeikommenden eindrang … Viel Lärm und Geschrei, aber überhaupt kein Lachen – dies ist die charakteristische Eigenheit jeder chinesischen Menschenmenge.» Über chinesische Gasthäuser z. B. Prshewalskij 1875, S. 81: «Für die auf diesem Wege (*von Ulaanbaatar über Kalgan nach Peking*) Reisenden sind Gasthäuser erbaut, die wir jedoch kein einziges Mal betraten, da wir lieber in unserem reinlichen Zelt und an der frischen Luft blieben, als in die schmutzigen, übelriechenden Stuben der chinesischen Gasthäuser zu treten. Im Zelt konnte man sich auch leichter der unverschämten Zudringlichkeit der Mongolen und Chinesen entziehen.» S. auch Huc 1850 (S. 120–122 dieses Bandes).

4 *Viehmist*: Getrockneter Mist, mong. ‹Argal›, besonders der von Huftieren, war in den baumlosen Steppen und Wüsten Innerasiens meist das einzige Brennmaterial und spielte bei den Forschungsexpeditionen eine entsprechend große Rolle.

Seite 28

1 *Brücke aus Stangen* – Quelle: Grum 1896, S. 107 (S. 79–81 dieses Bandes).

2 *Wunden, Hufe* – Quelle u. a.: Wellby 1898, S. 87: (*Im Westen Tibets*) «Während dieser erzwungenen Rast vergeudeten wir keine Zeit. Männer und Tiere mussten verarztet, die Hufe neu beschlagen werden …»

3 Nachtfalter – Quelle: Grum 1896, S. 105 und S. 166–167.

Seite 29

1 *Kamel auf der Asche*: Ein mongolisches Märchen erklärt, «warum sich das Kamel immer auf der Asche wälzt» (weil es sich an einer Maus rächen will, von der es einmal überlistet wurde).

2 *durch eine Kluft in eine Steinwüste* – Quelle: Bonvalot 1891, Bd. 1, S. 36–39: (*Auf Prshewalskijs Route durch den Tianshan in Richtung*

Korla, ca. 150 km südwestl. Ürümqi, 1889) «… wir kamen aus der Kluft hervor auf die Steppe … Der Wechsel ist sehr abrupt, denn plötzlich sind wir inmitten von Sand und Steinen und vor einem riesigen Horizont … Dann nähern wir uns dem Ghadik-Fluss … Wo er den Tianshan verlässt, verästelt er sich über eine beträchtliche Fläche, als freute er sich über die Freiheit in der offenen Ebene … Dann begann die Wüste.»

3 *Ammodendren, Lasiagrostis, Ephedra* – Quelle: Alle Reisenden in diesen Gegenden erwähnen diese drei Wüstenpflanzen, aber Prshewalskij (1883/dt. 1884, S. 21–27) widmet ihnen sogar eine zusammenhängende Passage: (*In der südlichen Dsungarei, 1879*) «Bäume gibt es nirgends, nur etwas kümmerliches Strauchwerk. Allein der Saxaul, das Meerträubelkraut (*Ephedra* sp.) und eine Tamariskenart (*Reaumuria soogorica*) begnügen sich mit dem steinigen Boden. Die beiden Pflanzen, die für Innerasien charakteristisch sind, da sie von China bis zum Kaspischen Meer vorkommen, sind der Saxaulstrauch und das Riesenfedergras … Der Saxaul (*Haloxylon ammodendron*) gehört zur Familie der Salzpflanzen. Er hat blätterlose, dem Schachtelhalm ähnliche, waagerecht abstehende Zweige. Die Mongolen nennen ihn ‹Sak›. Seiner Gestalt nach ist er baumartig und bis zu dreieinhalb Meter hoch. Unmittelbar über der Wurzel ist sein Stamm 15 bis 23 Zentimeter dick … Er wächst auf nacktem Sand und steinigem Grund. Neben lebenden Exemplaren ragen auch immer vertrocknete Pflanzen in die Höhe, teilweise abgeknickt, sodass ein Saxaulwald, wenn man ihn denn so nennen kann, sehr unschön anzusehen ist. Dies gilt selbst in der Wüste, denn das beschriebene Gewächs wirft so gut wie keinen Schatten. Dort, wo der Saxaul wächst, ergibt sich das Bild einer von Stürmen geprägten endlosen Landschaft aus Senken und Hügeln, auf deren sandigem Boden nichts anderes wächst. Für die dortigen Nomadenvölker ist der Saxaul jedoch eins der wertvollsten Gewächse, denn er liefert ihnen vorzügliches Brennmaterial und dient den Kamelen als Nahrung … Die andere für die Wüstenbewohner so wichtige Pflanze ist das Riesenfedergras (*Stipa splendens*, ehemals *Lasiagrostis*). Die Mongolen nennen es ‹Deresun›, die Kirgisen ‹Tschij›. Es gehört zu den Gräsern, erreicht aber die kolossale Höhe von 2,1 bis 2,7 Metern … Am besten wächst es auf salzhaltigem Tonboden. Jeder Grasstock nimmt einen Erdhaufen von 30 bis 90 Zenti-

meter Durchmesser ein. Wenn ein ausgewachsener Mann in eine mit Riesenfedergras bewachsene Fläche gerät, kann er nicht darüber hinaussehen und verirrt sich dann leicht. Die Farbe ist grünlich grau, seine lange Blütenfahne oder Rute dagegen etwas bräunlich. In den Riesenfedergrasflächen finden Wölfe, Füchse, Dachse sowie Hasen Schutz, desgleichen Fasane, Wachteln, Lerchen und Rebhühner. Dem Kirgisen gilt das Riesenfedergras als wertvolles Futter für sein Vieh, die Chinesen flechten daraus Sommerhüte und Matten, die Kirgisen drehen daraus Stricke, mit denen sie ihre Filzjurten befestigen.»

4 Vgl. Younghusband 1896, S. 72: (*Am Rand der Gobi*) «Zwei recht ungewöhnliche Ausrüstungsgegenstände waren zwei Fässer, die wir während des Marsches täglich mit Wasser füllten, sodass wir immer etwas in Reserve hatten, wenn wir den Weg nicht fanden und einen Brunnen verpassten oder ihn voller Sand fanden.»

5 *Lehm, Kies* – Quelle: Grum 1899, S. 129 (S. 88 dieses Bandes).

Seite 30

1 *Schnee, Salz, gesuchte Stadt* – Quelle: Grum 1899, S. 130 (S. 88–89 dieses Bandes).

2 *Staubstürme* – Quellen u. a.: Prshewalskij 1875, S. 335: *(In Nordosttibet)* «Die Stürme beginnen gewöhnlich mit mäßigem Winde, der sich nach und nach steigert, gegen Mittag eine furchtbare Stärke erreicht und so bis gegen Sonnenuntergang anhält. Der Himmel beginnt allmählich grau zu werden von dem in der Luft schwebenden Staube, der immer dichter wird und schließlich die Sonne, die schon bei Beginn des Sturms matt wie durch Rauch scheint, gänzlich verdunkelt. Es herrscht nahezu Dämmerung, sodass man aus einer Entfernung von einigen hundert Schritt selbst hohe Berge nicht mehr erkennt. Staub, Sand und kleine Steinchen fliegen wie Schneeflocken bei einem Schneetreiben in der Luft, sodass es unmöglich wird, gegen den Wind die Augen zu öffnen oder zu atmen … Im allgemeinen herrschte in jener Zeit ein solches Wetter, dass sich die Kamele, wenn wir sie auf die Weide ließen, trotz ihres Hungers sogleich auf den Boden legten.» – S. auch Prshewalskij 1883, S. 92 (S. 96 dieses Bandes).

3 *bizarre Umrisse* – Quelle: Koslow 1905, S. 120 (S. 112 dieses Bandes). Vgl. auch Roborowskij 1900, S. 63 (*Im Tianshan*) «In der Ferne, im

Osten, waren die riesigen Berge des Kok-tek zu sehen, dessen Gletscher die Quelle des Flusses Kok-su bilden, an dem wir nur deshalb nicht entlanggingen, weil wir uns nach Norden hin orientierten, zu der Berggruppe Kargaj-tas, die aus Konglomerat bestand, gelbem Zement mit lehmigem Kalkstein, und die phantastischste Umrisse in Form von Schlössern, spitzen Nadeln, Kolonnaden u. a. bildete.» Ebenfalls Prshewalskij 1883, S. 383: (*In den Löß-Schluchten am Oberlauf des Huang He*) «Bei starken Stürmen, Regen- oder Schneefällen kommt es vor, dass ganze Stücke dieser Hänge weggerissen werden, sodass hier die sonderbarsten Formen wie Säulen, Wände, Pyramiden, Türen entstehen …»

4 *Orkan, Landschaft* – Quelle u. a.: Prshewalskij 1879, S. 58: (*Am Tarim*) «Tamarisken und Saxaul halten den lockeren Boden mit ihren Wurzeln zusammen, während die Zwischenräume der vollen Stärke des Windes ausgesetzt sind, der den Flugstaub um die Sträucher aufhäuft, sodass sich unter jedem Hügel von zwei bis über vier Meter Höhe bilden. Solche Hügel bedecken wie im Ordos und im Alashan weite Flächen.»

5 *Ohrenlerchen («Kicherer»), Spatzen* – Quelle: Grum 1890, S. 139: «Zwischen Yandun and Kufi sahen wir auch Ohrenlerchen – *Otocorys elwesi* (Brandt) – und gewöhnliche Spatzen.» *Otocorys elwesi* ist ein obsoleter wissenschaftlicher Name von *Eremophila alpestris* (L., 1758), der Ohrenlerche. Im Sommer bewohnt sie im nördlichen Eurasien und in Nordamerika die Hochgebirge und die felsigen Tundren und Steppen. Ihr Gesang wird von der U. S. National Wildlife Federation so beschrieben: «Ein leises ti-ti. Im Flug gibt sie eine hohe Serie klimpernder Töne von sich.»

6 *abgeschiedene Siedlungen* – Quelle: Aufgrund von Grum 1899, S. 130, ist eine dieser Siedlungen als Kufi (heute Sitian) zwischen Hami und Anxi zu identifizieren (S. 89 dieses Bandes). Auch Prshewalskij (1883, S. 87) erwähnt dieses Kaff: «Der anstrengendste Marsch fand vier Tagesreisen von Hami entfernt zwischen den Stationen Yandun und Kufi statt. Hier mussten wir eine Strecke von 55 Kilometern ohne einen Tropfen Wasser oder einen Grashalm zurücklegen. Wir brachen unmittelbar nach Sonnenaufgang bei +32,5° auf. Ein entsetzlicher Sturm wütete und erfüllte die Atmosphäre mit einem mephitischen Dunst. Trotzdem war die Karawane munter, man hörte das

Lachen und Plaudern der Kosaken. Die Dämmerung sank herab und verhüllte die endlose schreckliche Ebene. Tausende von Sternen funkelten am wolkenlosen Himmel. Aber der Sturm wütete fort, immer mühsamer bewegte sich die Karawane vorwärts, das Lachen und Plaudern verstummte, man hörte nur das schwere Atmen der Kamele. Gegen Mitternacht waren die Kräfte erschöpft, wir machten Halt … Nach einer halben Stunde hörte man nur noch die regelmäßigen Atemzüge der tief erschöpften Schläfer, die bei Tagesanbruch schon wieder marschfertig sein mussten … Endlich gegen zehn Uhr vormittags erreichten wir die Station Kufi – und fanden vier schlechte salzhaltige Brunnen.»

7 *Tangutenüberfall* – Quelle: Hedin 1899, Bd. 2, S. 368–373 (S. 123–128 dieses Bandes). Die Gegend um den Kokonor und ganz Nordosttibet waren berüchtigt für die räuberischen «Tanguten», wie die Mongolen und mit ihnen die europäischen Reisenden die tibetischen Bewohner von Amdo (heute zumeist die chinesische Provinz Qinghai) nannten. Fast alle Reisenden in dieser Gegend wurden irgendwann von ihnen überfallen, Prshewalskij mehrmals. Bei wenigen verlief der Überfall so glimpflich wie bei Hedin, der auch darum Nabokovs Quelle sein muss, weil er an anderer Stelle als Einziger die Farben ihrer Kleidung so beschreibt wie bei Nabokov (1898, Bd. 2, S. 257): «Am Morgen kamen zehn Tanguten in unser Lager, alle mit geraden scharfen Schwertern bewaffnet und in rote und blaue Gewänder und spitze Mützen gekleidet.» Prshewalskij 1875/dt. 1881, S. 338 beschreibt ihre Kleidung so: «Die Kleidung der Tanguten besteht aus Tuch oder Schaffellen. Die Sommerkleidung bilden: ein Rock aus grauem Tuch, der nur bis ans Knie reicht, Stiefel und ein Filzhut, der gewöhnlich grau, niedrig und mit einer Krempe versehen ist. Hemden und Hosen tragen sie nie, sodass sie selbst im Winter den Pelz auf den nackten Leib ziehen … Aber selbst im Winter bleiben der rechte Arm und der entsprechende Teil der Brust immer nackt.»

8 *Mirages* – Quelle: Prshewalskij 1875, S. 377 (S. 118 dieses Bandes). Die beschriebenen Luftspiegelungen beobachtete Prshewalskij in der Gobi auf dem Marsch vom Alashan nach Ulaanbaatar. Noch stärker ist die Übereinstimmung mit Younghusband 1896, S. 92: «Die trügerische Mirage macht die Wasserlosigkeit der Landschaft wett, und die Hügel spiegeln sich in lieblichen Seen klaren, unbewegten Wassers.»

9 *Sandflächen der Gobi* – Quelle: Koslow 1905, S. 126 (S. 112–113 dieses Bandes).

10 *Sonnenuntergang* – Quelle: Prshewalskij 1888, S. 39 (S. 119–120 dieses Bandes). Ähnlich bei Younghusband 1896, S. 110: «Der Sonnenuntergang war wunderbar. Die Wolken hatten einen eigenartig rötlichen Ton. Er war nicht rot, nicht violett, sondern eine Mischung von beidem – dunkel und trotzdem hell leuchtend ... Anderthalb Stunden später, als es schon dunkel war, hing eine sehr helle, phosphoreszierende Wolke über der Stelle des Sonnenuntergangs.»

Seite 31

1 *Sachtleben und Allen*: Die beiden Amerikaner sind keine Erfindung. Es waren zwei frischgebackene Ingenieure der Universität St. Louis, die 1891/92 mit dem Fahrrad von Konstantinopel nach Peking fuhren, dabei zwischen Hami in Ostturkestan und Jiayuguan in Gansu auch die Gobi streiften und ein Buch über ihre abenteuerliche Reise schrieben. Nabokovs Beschreibung ihres Äußeren entspricht dem Frontispiz ihres Buches; tatsächlich legten sie die chinesische Tracht und die Sandalen erst in Peking für das Foto an. Quelle: Allen/Sachtleben 1894 (S. 101–110 dieses Bandes).

2 *Frühling im Nanshan* – Quelle: Grum 1899, S. 301–302: (*Etwa 100 km nördl. des Kokonor, Mitte April*) «Am nächsten Tag führte die erste Hälfte des Weges entlang des hoch ansteigenden Tals des Babao He (ein Anstieg von 3300 bis auf 3900 Meter absoluter Höhe), in dem stellenweise noch Schnee lag. Der Pfad wurde immer wieder von kleineren und größeren Bächen durchschnitten, die trübes Wasser führten, welches sich auch auf dem Weg sammelte. Der aufgetaute Boden gab unter den Füßen der Tiere nach, die nur mit Mühe vorwärts kamen und hin und wieder anhielten, um tief durchzuatmen. Man bedauerte die Pferde und stieg ab, aber zu Fuß den wassergesättigten Berghang entlangzugehen, ist höchst beschwerlich. Zudem rutschte man oft aus und brach in die von Pfeifhasen gegrabenen Gänge ein. Frisches Gras war noch nirgends zu sehen, und das weite vor uns liegende Berg- und Talpanorama war von blasser gelbgrauer Farbe. Nichtsdestoweniger flogen hier schon einige frühe Schmetterlinge – *Pieris butleri potanini*, *Pyrgus bieti* (Oberthür) und *Erebia* sp. Es gelang uns jedoch nicht, sie zu fangen. Aber man konnte den Frühling hier

schon riechen. Die Luft war ungewöhnlich hell und heiter. Das Plätschern des Wassers in den Bächen, das ferne Tosen der Flüsse, das Pfeifen der Pfeifhasen, die unser Näherkommen aufgestört hatte, der herrliche Gesang der heimischen Lerchen und eine dichte Menge von Geräuschen, deren Ursprung schwer zu erklären ist, all das sprach jetzt nachdrücklich von dem nahenden Frühling.» Nanshan («Südgebirge») ist der alte Sammelname für die Gebirgsketten zwischen dem Hexi-Korridor in Gansu und dem Qaidam-Becken in Qinghai; heutiger Name Qilian Shan.

3 *Pfeifhasen* – Quelle u. a.: Prshewalskij 1888, S. 125–127 (S. 136–137 dieses Bandes).

4 *Grum-Zitat* – s. Anm. S. 31 / 2.

Seite 32

1 *Butlers Weißling* – Quelle: Grum 1899, S. 299: (*Im Nanshan ca. 50 km nördlich des Kokonor*) «Man hatte einen besonders weiten Blick vom Gipfel des Yan-shun-si, wo ich unsere Karawane einholte. Am Gipfel des Er-dao blieb ich wieder zurück, um in diesem Jahr den ersten interessanten Schmetterling zu fangen – *Pieris* [= *Baltia*] *butleri* var. *potanini* (Alphéraky, 1888), von dem ich hier vierzig Exemplare nahm.»

2 *Anemonen, Primeln* – Quelle: Grum 1899, S. 337: (*Im Nanshan 40 km nordwestlich Xining*) «Im Tal des Da He fanden wir schon wirklichen Sommer ... Alle Berghänge waren übersät mit Blumen: ... *Primula sibirica* var. *genuina* (Trautw.), *Anemone obtusiloba* (D. Don, 1825).»

3 *Prshewalskijs Gazelle* – Quelle: Grum 1899, S. 310: (*Im Nanshan*) «Endlich wurde von unseren Kosaken die erste Antilope erlegt – die *Gazella przewalskii.*» Grum 1899, S. 316: «Neben den vielen Yakherden, den Ziegen, Schafen und Tabuns, den kleinwüchsigen, aber hübschen tangutischen Pferden, trafen wir manchmal auf Antilopen (*Gazella przewalskii*), die so scheu waren, dass sie unsere Jäger nie näher als 500 Schritt an sich heranließen.» Die Przewalski-Gazelle ist *Procapra* (ex *Gazella, Antilopa*) *picticaudata przewalskii* (Büchner, 1891), eine Unterart der bekannteren Tibetgazelle *Procapra picticaudata* (Hodgson, 1846) in den Wüstensteppen Nordwestchinas. Von dieser unterscheidet sie sich durch die dunkle Mittellinie, die den großen weißen Fleck auf ihrem Rücken teilt.

4 *Strauchs Fasan* – Quelle u. a.: Grum 1899, S. 317: (*Im Nanshan*) «Der Strauch-Fasan hielt sich hier im Gebüsch des Unterholzes auf, aber wir fanden ihn auch im Kiefernwald bis in 3000 m Höhe. So weit oben in den Bergen sind wir sonst nie auf Fasane gestoßen.»

5 *Sonnenaufgänge* – Quelle: Grum 1899, S. 189: (*Im Tal des Flusses Xiyu zwischen Yumen und Jiayuguan in der chinesischen Provinz Gansu*) «Die Berge sind der Rahmen des Bildes: kahl und verschiedenfarbig bilden sie einen Ring, dessen einzige Öffnung den Fluss verschluckt, der dort vor unseren Augen wie in einem Abgrund verschwindet, in der frühen Morgendämmerung, die noch in der Schlucht herrscht, während der Talkessel schon mit Gold überzogen ist und unter den ersten Strahlen der aufgehenden Sonne glänzt. Der Boden der Senke hat im Winter eine eintönige, graue Farbe, jetzt aber ist dieses monotone Kolorit unter Nebelwellen versteckt, die den verstreut entlang des Flusses liegenden Bauernhütten, Dörfern und den Mauern der Stadt Xijinpu phantastische Umrisse verleihen; mal erscheinen sie unverhältnismäßig vergrößert, mal scheint es, als erhöben sie sich über die Erde und schwebten in der Luft. Aber dieses phantastische Bild dauert nur einen Moment. Der Nebel steigt höher, verschluckt Häuser und Zäune, noch sieht man die Wipfel der kahlen Bäume, aber da sind sie auch schon verschwunden, und mit ihnen die Berge, und nur ihre verschwommenen Silhouetten sagen dem Betrachter noch, dass alles, was er gerade gesehen hat, kein Traum war.»

6 *Elstern, Mühle* – Quelle: Grum 1899, S. 319: (*Im Nanshan bei Xining*) «Hier im Dorf, bei der Mühle, fanden wir eine ganze Kompanie schöner Blauelstern (*Cyanopica cyanea* Pall.), von denen zwei, drei Exemplare sofort in die Hände unseres Präparators fielen. Die Tatsache, dass wir die Blauelstern auf den Weidenbäumen gesehen haben, die bei der Mühle wuchsen, widerspricht etwas den Beobachtungen Prshewalskijs, der bemerkt hatte, dass dieser Vogel den Menschen sorgsam meidet.» Chinesische Wassermühlen sind in Grum 1899, S. 350 und Grum 1907, nach S. 6 abgebildet.

7 *Eskorte* – Quelle: Grum 1899, S. 302: (*Im Nanshan*) «Unserer Karawane bot sich an diesem Tag ein eindrucksvolles und originelles Bild: fünfzehn chinesische Infanteriesoldaten, Luntenflinten, Hellebarden und Lanzen, mit etwa zehn ausgerollten riesigen roten und gelbblauen Bannern, fünfzig beladene Pferde und hier und da seltsame

Figuren nicht bunt gekleideter, dafür aber gut bewaffneter Russen; und all das lärmte und rauschte und breitete sich über eine Länge von zwei Kilometern aus, um sich dann erneut vor irgendeiner schwierigen Steigung in einer bunten Menge zu sammeln, der die entgegenkommenden Tanguten und die chinesischen Goldsucher auswichen.»

8 *gefrorene Blumen* – Quelle: Roborowskij 1900, S. 213: (*Im Nanshan, Juni*) «Viele Vertreter der lokalen Flora sind so klein, dass man sie nur nach gründlicher Suche am Boden entdecken kann. Die täglichen Nachtfröste können der an sie angepassten Pflanzenwelt offenbar nichts anhaben. Der Rhabarber beispielsweise ist morgens immer erfroren und nimmt über Nacht ein bestimmtes Aussehen an: Seine Blätter sind dunkel, durchscheinend, fast gläsern und manchmal mit Reif bedeckt. Währen des morgendlichen Frosts brechen sie und zerfallen in kleine Stücke, wenn man auf sie tritt, aber sobald die Sonne sie wärmt, beleben sie sich wieder und sehen frisch und munter aus, als wären sie nicht derartig gefroren gewesen.»

9 *Grashüpfer, Hunde* – Quelle: Grum 1907, S. 124: (*Im Nanshan nördlich des Kokonor*) «Grashüpfer sprangen zur Seite ... die Hunde liefen mit heraushängender Zunge und suchten vergeblich vor der Hitze Schutz in dem kurzen Schatten, den die Pferde warfen.»

10 *Brunnenwasser* – Quelle: Grum 1907, S. 165: (*Im Beishan*) «Das Wasser (des Brunnens) schmeckte und roch unangenehm nach faulen Eiern, d. h. es enthielt Schwefelwasserstoff und eventuell auch schwefelhaltiges Ammonium, was darauf hindeutet, dass der Brunnen mit sich zersetzendem organischen Material angereichert war. Die Verseuchung dieses Brunnens ist offenbar chronisch; Ersowskij erwähnt ihn unter dem Namen ‹Urumqi› und schreibt, dass sein Wasser nach Schießpulver riecht.»

11 *Birke, Eberesche* – Quelle: Prshewalskij 1875, S. 232–233: «Gleich beim ersten Schritte begegnete der Wanderer Bekannten seiner Heimat und nie gesehenen Spezies. Zu letzteren gehört wohl vor allen Dingen die Birke *Betula bojapattra* mit roter Rinde. Sie erreicht eine Höhe von 11 bis 12,5 m ... Die Rinde hängt lose am Stamm und fällt nach und nach ab. Die Tanguten benutzen sie statt Papier zum Einwickeln ... Unsere rote Eberesche *Sorbus aucuparia* und neben ihr eine andere Sorbus-Art mit alabasterartigen Beeren, *Sorbus microphylla*, erreichen eine Höhe von 4 m und sind eine Zierde der Gegend.» *Betula bhojpat-*

tra ist ein ungültig gewordener wissenschaftlicher Name der Birke *Betula utilis* (D. Don, 1825). Der Baum, den Prshewalskij sah, dürfte jedoch eher die Chinesische Rotbirke gewesen sein, *Betula albosinensis* (Burkill, 1899), die erst nach Prshewalskijs Zeit beschrieben wurde. Die Eberesche ist *Sorbus microphylla* (Wenzig, 1874), deren Blätter hell silbergrün sind, sodass der ganze Baum weißlich wirkt.

Seite 33

1 *Kokonor* – Quelle: Grum 1907, S. 11–13: «Den Kokonor in seiner ganzen Größe sah ich erst am nächsten Tag, als ich auf einen hohen Ausläufer der Südkokonor-Berge stieg, den die Tibeter Tanegma nennen. Die riesige Fläche dunkelblauen Wassers setzte sich deutlich von dem goldgrünen Hintergrund der Steppe ab … An dem Bach Hara-mori schlugen wir unser Lager auf. Ich nutzte die Gelegenheit und unternahm eine Exkursion in die Berge, durch das Tal des eben erwähnten Baches stieg ich bis auf die Moränen von Tanegma. Den nördlichen Ausläufer der Tanegma-Gebirgskette umgehend, der den Weg in beinahe geradem Winkel zum See lenkt, stießen wir völlig unerwartet auf eine uns entgegenkommende Herde wilder Esel.» Tib. Tanakma (chin. Heimahe) liegt am Südwestufer des Kokonor, 3060 m ü. M.; dahinter ragt bis auf 4551 m die Gebirgskette Qinghai Nanshan. Der Kiang ist der wilde tibetische Halbesel *Equus hemionus kiang* (Moorcroft, 1841); auch in Kashmir, Sikkim und Sichuan.

2 *Elwes-Schwalbenschwanz* – Quelle: Pratt 1892, S. 9: (*Nahe Yichang in der chinesischen Provinz Hubei*) «Ich hatte das große Glück, eine prächtige neue Art zu fangen, die seitdem den Namen *Papilio elwesi* erhielt.» Es handelt sich um den Schwalbenschwanz *Papilio elwesi* (Leech, 1892). Der Amateurentomologe John Henry Leech war Pratts Auftraggeber, dem er seine chinesischen Fänge ablieferte.

3 *drei Bücher* – Quelle u. a.: Bower 1894, S. 4: «Auf diese Art von Expedition muss man sich unbedingt irgendwelche Literatur mitnehmen, da der Geist nach Nahrung hungert. Da Bücher schwer sind und die Traglast begrenzt, sollte nichts mitgenommen werden, das es nicht wert ist, mehrmals gelesen zu werden. Unsere Bibliothek bestand aus Shakespeare, Napiers *Peninsular War* und Carlyles *Sartor Resartus*.»

4 *eingefrorene Yaks* – Quelle: Huc 1850 (S. 174–175 dieses Bandes).

5 *Tyrann Schiusin* – Quelle: Kapitel 89 des anonymen chinesischen Ro-

mans *Feng-shen yen-i* («Volkserzählungen über die Einsetzung der Götter», 1695, S. 177–179 dieses Bandes). Einen ersten Hinweis auf diese Quelle verdanke ich Akihiko Shinohara, Japan.

Seite 34

1 *Feuer, Löschversuche* – Quelle: Pratt 1892, S. 19: (*In der Stadt Yichang am Yangtze Jiang, als ein Holzlager abbrennt, das für den Neubau einer katholischen Missionsstation gedacht war*) «Als ich zur Szene der Feuersbrunst kam, fand ich zu meinem Erstaunen einen Chinesen eifrig dabei, aus beträchtlichem Abstand zum Feuer Wasser über den Widerschein der Flammen am Dachgesims seines Hauses zu gießen. Nachdem ich mich von der Unmöglichkeit überzeugt hatte, ihm zu beweisen, dass sein Haus nicht brannte, überließ ich ihn seiner nutzlosen Beschäftigung.»

2 *Treffsicherheit im Schießen* – Quelle u.a.: Prshewalskij 1883, S. 76 (S. 95 dieses Bandes). Ebenfalls Prshewalskij 1883, S. 8: «Gut schießen zu können, wurde zu einer Frage höchster Wichtigkeit – sie war die Garantie für unsere Sicherheit in der Tiefe asiatischer Wüsten, der beste aller chinesischen Pässe. Wären wir nicht gut bewaffnet gewesen, wären wir nie ins Innere Tibets und an den Oberlauf des Gelben Flusses gelangt. Wir hätten nicht, wie es im Verlauf der Reise häufig vorkam, ohne um Erlaubnis zu fragen, unserem Weg folgen können, ohne Drohungen und Verbote von Seiten der Chinesen zu hören ... Auf Grund der Erfahrung durch meine mehrjährigen Reisen durch Zentralasien bin ich zu der praktischen Überzeugung gelangt, dass für den Erfolg des Unternehmens unbedingt notwendig sind: Geld in der Tasche und ein Gewehr in der Hand.»

3 *Tatsienlu, Lamas, Gassen* – Quelle: Pratt 1892, S. 138–139 (S. 141 dieses Bandes). Nabokov kann sich aber zusätzlich auch auf die Beschreibung des englischen Geographen William Gill (1880, S. 78–79) gestützt haben, der sich dreizehn Jahre vor Pratt in Tatsienlu aufhielt: «Ein tosender Wildbach teilt die Stadt in zwei Hälften; über ihn führt eine Holzbrücke, und an seinen Ufern stehen eine Menge Bäume. Die Straßen des Ortes sind eng und schmutzig, die Läden minderwertig, und in ihnen finden sich alle Arten sonderbarer wilder Gestalten – einige in grobem Baumwollzeug und hohen Lederstiefeln mit filzigem Haar oder langen Locken, die ihnen über die Schultern

fallen; andere in fettigen Ledermänteln; und die Lamas in Rot, die Schädel kurz geschoren, die ihre Gebetsmühlen drehen und dabei das Universalgebet ‹Om Mani Pemi Hom› murmeln.» (So wird ‹Om mani padme hum› tatsächlich ausgesprochen.)

4 *Kodak* – Quelle: Pratt 1892, S. 151 (S. 147–148 dieses Bandes). Auch Prshewalskij kam die gleiche Geschichte zu Ohren (1875, S. 169–170): «‹Ist es denn wahr›, fragte der Fürst [von Alashan], dass [zur Herstellung fotografischer Abbildungen] Flüssigkeit aus menschlichen Augen in die Maschine getan wird? Zu diesem Zweck haben doch die Missionarinnen in Tianjin Kindern, die sie zur Erziehung zu sich genommen hatten, die Augen ausgestochen. Das Volk hat sich deshalb empört und alle diese Missionare ermordet.» (Im Juli 1870 wurden in Tianjin 20 französische Missionare und drei Russen ermordet.) Viele frühe Reisende erwähnten wie Pratt die Fotoausrüstung, die sie mit sich führten, aber nur Wellby 1898 (S. 2, 65) und Rockhill 1894 (S. 88) sprechen ausdrücklich von *«a kodak»*.

5 *Gebirgskette, Rhododendren* – Quelle: Pratt 1892, S. 177–178 (S. 139 dieses Bandes). Die Gebirgskette ist die des Gongga Shan (tib. Minya Konka), 7556 m, im Daxue Shan.

7 *Imperatorapollo, Puppe* – Quelle: Pratt 1892, S. 183 (S. 148 dieses Bandes).

8 *Tibetbär* – Quelle u. a.: Prshewalskij 1888, S. 167–169 (S. 133–138 dieses Bandes).

Seite 35

1 *neue Schlange* – Quelle: Pratt 1892, S. 241: «Fünf Exemplare dieser schönen Schlange wurden in Yichang von Mr. Pratt beschafft … Sie nährt sich von Mäusen, und das Exemplar, das ich ihr aus dem Magen holte, erwies sich als eine unbeschriebene Art.» Die Schlange war eine 76 cm lange, schwarz-gelbe Viper, *Trimeresurus xanthomelas* (Günther, 1889).

2 *Kiefern, spitzenartige Flechten* – Quelle: Pratt 1892, S. 188 (S. 152 dieses Bandes).

3 *Medizinmänner in der Nähe* – Quelle: Pratt 1892, S. 187–188 (S. 151–153 dieses Bandes).

4 *Rhabarber, Raupe* – Quelle: Pratt 1892, S. 188 (S. 151 dieses Bandes). Nabokov hat sich an dieser Stelle verlesen. Chong Cao hat er für eine

Apposition zu Rhabarber gehalten, während es das zweite Glied einer Aufzählung der hier gesammelten Heilpflanzen war. Die raupenförmige Wurzel ist nicht die des Rhabarbers, sondern die von Chong Cao – und die sieht nicht nur aus wie eine Schmetterlingsraupe, sondern ist eine (s. Anm. 6 auf S. 292). Eine Frage bleibt. Nabokov schreibt, in der Nähe habe sich unter einem Stein die Raupe «eines unbekannten Nachtfalters» gefunden, die der «Wurzel» des vermeintlichen Rhabarbers ähnlich war. Er scheint also gewusst zu haben, dass es sich tatsächlich um die Hülle einer Raupe handelte und nicht um deren Nachahmung durch eine Rhabarberwurzel, und um welche. Der Nachtfalter *Hepialus armoricanus* wurde aber erst 1909 durch Charles Oberthür identifiziert; Nabokov kann ihn also ohne weiteres gekannt haben, Fjodor Godunows Vater auf seinen früheren Reisen aber eher nicht. Nabokov lässt Godunow hier also eine spätere wissenschaftliche Entdeckung vorwegnehmen. Umso sonderbarer sein Lesefehler, denn dann müsste er eigentlich auch gewusst haben, dass Chong Cao ein Pilz ist und nicht eine Rhabarberpflanze.

5 *Tibeter lügen* – Quelle u. a. Bower 1894, S. 82, 134: «Es ist nahezu unmöglich, in Tibet den richtigen Namen eines Ortes oder Sees zu erfahren, da alle Tibeter bei jeder Gelegenheit lügen … Nach einem recht langen Aufenthalt im Osten zögere ich nicht, die Tibeter als die größten Lügner einzustufen.» Ähnlich Prshewalskij 1883, S. 357: «Auf alle unsere Fragen gaben uns die Eingeborenen [in Nordosttibet] entweder offenbare Lügen oder nichts zur Antwort.»

6 *blonde Europäer* – Quelle: Bower 1894, S. 149: «Dann stellte er mir die üblichen Fragen, wo wir herkämen und wo wir hingingen, und plötzlich unterbrach er sich selbst und fragte nach unserem Alter. Als er es erfuhr, war er erstaunt, wie jung wir waren, denn wie die meisten Orientalen, die den Umgang mit Europäern nicht gewohnt sind, konnte er blondes nicht von grauem Haar unterscheiden.»

7 *Mani, Felswände* – Quelle möglicherweise: Huc ²1853, Bd. 2, S. 338–339: «Das Gebet, das die Tibeter bei ihren abendlichen Zusammenkünften singen, ist je nach Jahreszeit verschieden; jenes, das sie mit ihrem Rosenkranz beten, ist dagegen immer das Gleiche und besteht aus nur sechs Silben: *Om, mani, padme, hum*. Diese Formel, von den Buddhisten kurz *mani* genannt, kommt nicht nur aus aller Munde, man findet sie auch überall geschrieben, auf den Straßen, den

Plätzen und im Innern der Häuser. Auf allen Fähnchen, die man über den Türen und auf den Häuserdächern flattern sieht, steht immer ein *mani*, geschrieben in Lantsa-, tibetischen oder mongolischen Buchstaben. Wohlhabende und glaubenseifrige Buddhisten unterhalten auf ihre Kosten Trupps von Lamas, die Steinmetze sind und deren Mission darin besteht, das *mani* zu verbreiten. Diese sonderbaren Missionare schwärmen mit Meißel und Hammer in der Hand aus, um Land, Berge und Wüsten zu durchstreifen und die heilige Formel auf Steine und Felswände zu meißeln.» Vgl. auch Hedin 1909, Bd. 2, S. 204: «Köppen und Grünwedel übersetzen die vier Worte mit ‹O Juwel in der Lotosblume, Amen›. Wohin man sich in Tibet auch wendet, sieht man die sechs heiligen Zeichen eingeritzt oder ausgemeißelt, und überall hört man sie. In jedem Tempel findet man sie in Hunderttausenden, nein, in Millionen von Kopien, denn in den großen Gebetstrommeln sind sie in schmalen Zeichen auf dünnes Papier gestempelt. Auf den Klosterdächern, auf den Dächern privater Häuser und auf den schwarzen Zelten stehen sie auf flatternden Fähnchen. Auf allen Straßen reiten wir täglich an mauerartigen Steinnischen vorbei, die mit Platten abgedeckt sind, in die ‹Om mani padme hum› gemeißelt ist.»

8 *Om mani padme hum* – Quelle u. a.: Hedin 1909, Bd. 2, S. 321–322: «Es konnte nichts anderes sein als die bekannte tibetische Gebetformel ‹Om mani padme hum› (Oh, das Kleinod im Lotos, Amen) … diese leere Formel, die, sei sie an und für sich auch noch so schön, doch sinnlos wird, wenn man sie 4000-mal wiederholt.» Dieses allgegenwärtige Mantra des tibetischen Lamaismus wird von praktisch allen Reisenden notiert, übersetzt und teilweise sehr phantasievoll kommentiert.

9 *Staatsbeamte, Maulesel, gelbe Seide, roter Schirm* – Quelle: Bower 1894, S. 93 (S. 205 dieses Bandes). Auch Prshewalskij (1883, S. 273–277) und Hedin (1913, S. 336–338) haben ihre Zurückweisung auf dem Weg nach Lhasa beschrieben, die sich immer nach dem gleichen Schema abspielte.

10 *Maulesel, Eiszapfen unter den Augen* – Quelle: Bower 1894, S. 123–124: «Unser einziger verbleibender Esel war ein höchst deprimierend wirkendes Tier, während er so vor sich hin trottete, da sein schon von Natur aus etwas trauriger Ausdruck noch von den riesigen, aus gefro-

renen Tränen gebildeten Eiszapfen unter jedem Auge verstärkt wurde.»

11 *Sternensteppe* – Quelle: Prshewalskij 1888, S. 153–158 (S. 209–211 dieses Bandes).

12 *Pässe* - Quelle u. a.: Prshewalskij 1888, S. 492, der letzte Tagesbefehl auf seiner letzten Expedition: «Erinnert euch, wie wir durch den Flugsand des Alashan und Tarim, durch die Sümpfe von Qaidam und Tibet und über die gewaltigen Gebirge zogen, deren Pässe sich über die Wolken erheben.» Aber da alle Reisenden im Tianshan und in Tibet ständig Pässe zu überwinden hatten, die zu den höchsten der Erde gehören, lässt sich diese Stelle kaum einer einzelnen Quelle zuordnen.

Seite 36

1 *Jodoform, Vaseline* – Quelle: Bower 1894, S. 2: «An Medizin nahmen wir eine Eisenbahnapotheke der Armee mit, der wir ein paar Medikamente für Augenkrankheiten, Vaseline und Jodoform hinzufügten; Vaseline und Jodoform machen eine absolut perfekte Salbe für wunde Pferderücken.»

2 *verschwundene Nomadenzelte* – Quelle: Landor 1897, S. 209: «In dem Winkel zwischen Westsüdwest und Ostsüdost konnten wir in der Ferne einen sehr hohen schneebedeckten Gebirgszug sehen, die große Himalaja-Kette, und niedrigere Hügelzüge nur fünf Kilometer von unserm Lager. Der Fluss, den wir soeben überquert hatten, floss in den Tsangpo. Eine große Anzahl schwarzer Zelte stand in Ostsüdost vor uns; unserer Schätzung nach waren sie drei Kilometer entfernt. Als die Sonne unterging, sahen wir sie sehr deutlich und zählten ungefähr sechzig. In ihrer Nähe waren Hunderte schwarzer Yaks zu bemerken. Zu unserem Erstaunen waren sie am nächsten Morgen bei Sonnenaufgang alle verschwunden, und wir konnten auch, als wir in der Richtung marschierten, wo wir sie am Abend vorher gesehen hatten, keine Spuren von ihnen mehr finden. Ich glaube, dass wir es mit einer Luftspiegelung zu tun gehabt hatten.» An sich ist diese Stelle kein starkes Indiz, denn natürlich bemerken in den bewohnten nomadischen Gebieten Tibets sämtliche Reisenden unablässig schwarze Zelte. Nur bei Landor aber sind diese anderentags einmal wie durch ein Wunder verschwunden; Landor steuert sogar eine

Zeichnung dieser Zelte bei. Es gibt aber noch ein ganz anderes Indiz dafür, dass Nabokov das Buch von Landor gekannt hat. In seinem Roman *Pnin* (1956, Kap. 6, Abschnitt 12) macht Professor Pnin einem Kollegen folgenden Vorschlag: «Sie und ich geben nächstes Jahr einige hervorragende neue Seminare, die ich schon lange geplant habe. Über Tyrannei. Über den Schraubstiefel. Über Nikolas den Ersten. Über alle die Vorläufer moderner Brutalität. Hagen, wenn wir von Unrecht sprechen, dann vergessen wir die armenischen Massaker, die Foltern, die Tibet ersonnen hat, die Kolonisten in Afrika ... Die Geschichte der Menschheit ist die Geschichte des Schmerzes!» In dieser Aufzählung überraschen «die Foltern, die Tibet ersonnen hat», denn anders als etwa China war Tibet nicht für raffinierte Foltermethoden bekannt. Der Jesuit Orazio della Penna, der sich 1730 ausführlich mit dem tibetischen Rechtssystem befasst hat, erwähnt an Foltern nur auspeitschen, in kaltes Wasser tauchen und Salz in Wunden schmieren. Landors Reisebericht aber, dessen Wahrheitsgehalt von Anfang an angezweifelt wurde, gipfelt in den ausführlichen und anschaulichen Schilderungen ausgeklügelter Foltern, die dem Autor und seinen Begleitern in Südtibet angetan worden sein sollen. Sie nähren den Verdacht, dass es sich bei dem ganzen Buch um eine wilde sadomasochistische Phantasie handelt. Jedenfalls könnte diese Nabokov so stark beeindruckt haben, dass er fortan Tibet für einen Ort besonders grausamer Foltern hielt.

3 *Lop Nor* – Quellen: Prshewalskij 1878/engl. 1879, S. 56–101; Prshewalskij 1888, S. 285–347; Koslow 1899, S. 209 ff.; Pewzow 1895/1949, S. 229–231 (S. 222–229 dieses Bandes).

4 *Richthofen* – Quelle: die Kontroverse zwischen Prshewalskij und dem eminenten Berliner Geographen Ferdinand Freiherr von Richthofen (1833–1905), der zwischen 1868 und 1872 selber große Teile von China (aber nicht Ostturkestan) geographisch erforscht hatte. Sie ist u. a. in der englischen Ausgabe von Prshewalskijs Bericht über seine Reise an den Lop Nor, erschienen 1879, nur ein Jahr nach der russischen Ausgabe, ausführlich und übersichtlich dokumentiert. Das Buch war in den dreißiger Jahren in der Berliner Staatsbibliothek vorhanden, sodass Nabokov es benutzt haben könnte. Prshewalskij war der erste europäische Forschungsreisende, der im Jahr 1876 den Lop Nor erreichte, sein wissenschaftlicher Entdecker sozusagen.

Kurz nach dem Erscheinen der russischen Ausgabe seines Berichts hielt Richthofen vor der Berliner Geographischen Gesellschaft einen Vortrag, in dem er – auf das respektvollste – zu bedenken gab, dass Prshewalskij möglicherweise gar nicht am Lop Nor gewesen sei, sondern an einem anderen See. Hauptgrund für die Zweifel: Alten chinesischen Karten zufolge wäre der Lop Nor etwa 100 km weiter nördlich zu erwarten gewesen. Prshewalskij beharrte darauf, dass der untere der beiden von ihm am Ende des Tarim gefundenen Seen identisch mit dem Lop Nor sei, und ließ sich bei seinem zweiten Besuch des Ortes 1885 von Einheimischen ausdrücklich bestätigen, dass es weiter im Norden keinen weiteren See gab. Trotzdem war es von Nabokov voreilig, Prshewalskij gegen Richthofen so emphatisch Recht zu geben. 1896 hatte Sven Hedin tatsächlich weiter im Norden einen kleineren See gefunden, aber nicht am Ende des Tarim, sondern des Konche-daria [Konqi He]. Die Wahrheit war komplexer und instabiler, und alle hatten Recht, Prshewalskij, Richthofen und Hedin. Tarim und Konqi änderten oft ihren Unterlauf, vereinten sich dabei zeitweise, zeitweise nicht, und die Seen an ihrem Ende veränderten unter anderem darum in relativ kurzen Zeiträumen ihre Lage und Größe. Der Lop Nor war ein wandernder See, und einen «eigentlichen» Lop Nor konnte es gar nicht geben. Die Einheimischen nannten den finalen untersten See des Tarim gar nicht Lop Nor, sondern, wie auch Prshewalskij schon vermerkte, Kara Koshun. Für sie war ‹Lop Nor› das gesamte salzige und sumpfige Gebiet im Osten der Wüste Taklamakan, in dem Tarim und Konqi verschwanden. (S. auch Anm. 2 auf S. 298.)

5 *Salzgehalt Lop Nor* – Quelle: Prshewalskij 1888, S. 292.

6 *in fünf Tagen um den Lop Nor* – Quelle: Pewzow 1895/1945, S. 229 (S. 227 dieses Bandes).

7 *hohes Röhricht* – Quelle: Pewzow 1895, S. 230 (S. 227 dieses Bandes).

8 *Schalen von Weichtieren* – Quelle: Pewzow 1895/1945, S. 231 (S. 229 dieses Bandes).

9 *Schwanenflug* – Quelle: Koslow 1899, S. 99: «Des Abends klang das harmonische, melodische Geräusch des Schwanenflugs durch die vollkommene Stille ringsum. Vor dem Hintergrund des gelben Schilfs hob sich das matte Weiß der Vögel besonders deutlich ab. Überwinternde Schwäne halten sich in den offenen Sümpfen am öst-

lichen Rande des Lop Nor auf. Morgens kann man diese hübschen Vögel auf der Eisoberfläche sitzen sehen. Gegen Mittag ziehen die Schwäne westwärts auf den See Kara-Buran, angelockt durch reichlich Artemisia und anderes Futter.»

10 *Altgläubige am Lop Nor* – Quelle: Prshewalskij 1878/engl. 1879, S. 77–79 (S. 225–226 dieses Bandes).

11 *Wüste Lop* – Quellen: Koslow 1899, S. 101: (*Südöstl. des Lop Nor*) «Unser Weg führte am alten Ufer des Lop Nor entlang … Hier fällt der steinige Landstreifen steil zur angrenzenden Fläche des Salzsumpfs ab. Die Höhe der sandig-lehmigen Steilhänge beträgt zwischen 20 und 30 Meter. Der Fuß dieser Steilhänge und der Beginn des Salzsumpfes sind die einzige erfreuliche Abwechslung in dieser öden Wüste, denn daran entlang zieht sich ein Streifen mit Pflanzenbewuchs: Binsen, Tamarisken, Beerensträucher. Hin und wieder sieht man bitter-salzige Wasserlachen.» Prshewalskij 1879, S. 81–83: (*Weiter südöstl. Richtung Altun Shan*) «… zuerst eine kahle Kieselebene … ein wirres Netz niedriger Lehmhügel … Flugsanddünen … Lehm, Mergel, Sandstein und Kalkstein herrschen am Rand des Altyn-tag vor … An Wasser herrscht in diesen Bergen großer Mangel, selbst Quellen sind selten, und bei den wenigen, die es gibt, ist das Wasser meist bitter-salzig.»

12 *Roborowskij-Weißling* – Quelle wahrscheinlich: Otto Staudinger, *Catalog der Lepidopteren des palearctischen Faunengebiets*, Berlin: Friedländer, 1901, S. 10. In Staudingers Katalog, den Nabokov zwar nicht schätzte, den gut zu kennen er aber gar nicht umhinkonnte, denn er war zu seiner Zeit die einzige tendenziell vollständige Liste der Schmetterlinge im nördlichen Eurasien, sind «Roborowskijs Weißling» und der von Grum-Grshimajlo mitgebrachte Gelbling *Colias arida* (Alphéraky, 1889) die einzigen Tagfalter überhaupt, als deren Fundort ausdrücklich Lop Nor vermerkt ist. Allerdings konnte Nabokov schon bei Staudinger sehen, dass der Name *Pieris roborowskii* (Alphéraky, 1887) ein überholtes Synonym für *Pieris deota* (Nicéville, 1883) war. Wenn er dennoch den ungültigen Namen verwendete, dann wohl als Hinweis auf eine seiner Quellen, den Bericht des russischen Forschungsreisenden Wsewolod Roborowkij aus dem Jahr 1900.

13 *Steinhaufen* – Quelle: Prshewalskij 1879, S. 86: «Der [nicht mehr benutzte] Weg vom Lop Nor [quer durch Marco Polos ‹Wüste Lop› am

Fuß des Altun Shan] nach Sazhou [Dunhuang] ist an den Pässen und einigen anderen Stellen durch Steinhaufen markiert.» Ebenfalls Koslow 1899, S. 101: «Stellenweise haben sich in der steinigen Ebene deutliche Spuren eines alten Weges erhalten, den schon Marco Polo entlanggezogen war; erhalten haben sich auch die Markierungen, die aus Steinhaufen bestanden.»

Seite 37

1 *erste Wanderer* – Quelle: *Sir John Mandeville's Travels*, 1356, Ausgabe 1900/1964, S. 185–186 (S. 211 dieses Bandes). Mit den ersten Wanderern sind wahrscheinlich die ersten europäischen Missionare gemeint, die Berichte über ihre angeblichen Reisen in den Mittleren und Fernen Osten verfassten. Über ein innerasiatisches Tal mit schreckenerregenden Trommelgeräuschen berichtet ein anonymer Benediktiner, der unter dem Namen «John Mandeville» um 1350 entweder in Nordfrankreich oder England in anglonormannischer Sprache eine Reisebeschreibung verfasste, die schnell zum beliebtesten Reisebuch des späten Mittelalters werden sollte. Selber ist er jedoch höchstens ins Heilige Land gereist. Sein Buch ist eine Kompilation aus mindestens 25 Quellen, eine Sammlung verschiedenster Mythen, Sagen, Wunder und Gerüchte, darunter der Alexander-Roman und der Reisebericht des Minoritenmönchs Odorico de Pordenone, der behauptete, bis nach China und in die Mongolei gelangt zu sein, dessen Geographie aber dermaßen wirr ist, das sie sich auch mit dem mittelalterlichen Weltbild nicht erklären und seinen Report ebenfalls eher als Fiktion erscheinen lässt. Bei Odorico gibt es irgendwo im Inneren Asiens ein Tal der Schrecken, ganz wie später bei «Mandeville», aber die Geräuschkulisse dort besteht lediglich in Zitherspiel. Nur in «Mandevilles» *Vale Perilous* finden sich Trommeln und Kesselpauken. Also dürfte Nabokovs Quelle eher als Odorico der Pseudopilger «Mandeville» gewesen sein. Auch Prshewalskij hat einmal ein solches Schreckenstal beschrieben, aber mit kühlem modernem Blick. Auf seiner vierten Reise notierte er mitten im Hochland Tibets, am Tang-la-Gebirge, wo sein Vorrücken auf Lhasa gestoppt wurde (russ. 1883/dt. 1884, S. 138): «Am Ausgang der Schlucht fanden wir Mineralquellen ... Aus dem Innern der Felsen konnte man ein ständiges dumpfes Dröhnen hören, das Rauschen von Wasser, rhythmisches

Klopfen wie Hammerschläge. An den Seiten der Felsen drängte sich wie aus Röhren übelriechender Dampf hervor. Das Quellwasser hatte trotz der späten Jahreszeit 32 °C.»

2 *Wirbelwinde* – Quelle: Koslow 1899, S. 101: «Wirbelwinde lösten sich mit Luftspiegelungen ab, ‹bösen Geistern›, die aus steinernen Abhängen phantastische Gebilde schafften. Wie sollte man sich da nicht an Marco Polos Bild von den Schrecken der Durchquerung der Wüste Lop erinnern!»

3 *Marco Polos Tod* – Quelle: die englische Marco-Polo-Ausgabe von Sir Henry Yule (1903). Sehr wahrscheinlich hat Nabokov sie benutzt und nicht die spätere, heute maßgebende von Luigi Foscolo Benedetto (*Il Milione*, Florenz 1928), denn seine Schilderung von Marco Polos Durchquerung der Wüste Lop enthält Einzelheiten, die in Yules Ausgabe vorhanden sind, in Benedettos aber fehlen. In seiner Einleitung (S. 54) zitiert Yule die *Imago Mundi* von Iacopo d'Acqui aus dem 14. Jh.: «Und weil viele großartige und seltsame Dinge in diesem Buch [von Marco Polo] sind, die jede Glaubwürdigkeit übersteigen, wurde er von seinen Freunden auf dem Totenbett gebeten, das Buch zu berichtigen, indem er alles tilgte, was über die reinen Tatsachen hinausging. Worauf er zur Antwort gab, er habe nicht einmal *die Hälfte* dessen berichtet, was er wirklich gesehen.»

Seite 42

1 Der von Nabokov sehr geschätzte Petersburger Entomologe Nikolaj Kusnezow (1864–1948) «entdeckte» 1909 auf der Krim den Schwarzmeer-Samtfalter *Pseudochazara euxina*, den Nabokov in seinen Memoiren erwähnt. Er hätte ihn zehn Jahre später dort gern selber gefangen. In seiner Beschreibung vermerkte Kusnezow, dass sich die nächsten Verwandten dieses Falters am Lop Nor fänden.

2 *dritter Verschwörer* – der dritte dürfte Richard South (1846–1932) gewesen sein, Kustos für Lepidoptera am British Museum, der als Fachmann für britische Schmetterlinge an Seitz' Werk mitgearbeitet hat.

3 *vielbändiges Werk* – Gemeint ist Adalbert Seitz' *Die Groß-Schmetterlinge der Erde*, erarbeitet «in Verbindung mit namhaften Fachmännern» und verlegt bei Alfred Kernen in Stuttgart, von dem zwischen 1906 und 1954 sechzehn Bände fertig wurden.

Seite 48

1 *kirgisches Märchen* – Quelle: Ob es solch ein kirgisisches oder kasachisches Märchen gibt (im Russischen wurde ‹kirgisisch› auch für ‹kasachisch› gesagt, da dieses Wort von ‹Kosak› belegt war), konnte nicht ermittelt werden, wohl aber, dass es sich um ein Motiv aus dem Umkreis der Alexander-Sagen handelt, der zumindest in die lateinische Literatur des europäischen Mittelalters, in den Talmud und in einen persischen Alexanderroman gelangt ist. Aus dem *Weg Alexanders zum Paradies* (*Alexandri Magni iter ad paradisum*, 12. Jh.): [Alexander kommt in die Stadt Susa und erhält dort als Geschenk «einen Edelstein von wunderbarem Glanz und seltener Farbe» in der Form und Größe eines menschlichen Auges, zusammen mit der Mahnung, seinen Ehrgeiz aufzugeben und umzukehren. Ein altersschwacher jüdischer Greis namens Papas erklärt ihm in einer langen Rede, dass jener augenförmige Edelstein eine Moral habe:] «‹Dieser Stein ist von mäßigem Umfang, aber von ungeheurem Gewicht, sodass seiner Schwere nichts gleichkommt. Daher soll mir jetzt gleich eine Waage und ein Pfund Gold gebracht werden.› Als dies geschehen war, legte er in die eine Waagschale den Stein und in die andere eine Goldmünze; der Stein senkte sich und zog die Münze in die Höhe. Und als auch noch eine zweite, dritte und vierte Münze, schließlich das ganze Pfund Gold und alles, was überhaupt die Waagschale fassen konnte, hineingelegt wurde, konnte doch der Stein in keiner Weise bewegt werden. Dann suchte man nach einer noch größeren Waage, hängte sie auf und legte viele Zentner Gold in die Waagschale. Aber auch dies zog der Stein sofort empor, als läge dort statt all des Goldes eine leichte Feder ... Da nahm er wieder die kleinere Waage, in die er vorher nacheinander die Goldstücke geworfen hatte, legte jetzt in die eine Schale den Stein und bedeckte ihn mit feiner Erde, in die andere Schale eine Goldmünze; und diese senkte sich sogleich und zog den Stein in die Höhe. Dann nahm er die Münze heraus und legte eine leichte Feder hinein, und auch die wog schwerer als der Stein ... ‹Dieser Stein ist in Wahrheit das menschliche Auge, das, solange es das Lebenslicht genießt, durch den Sturm jeglicher Begierde erregt wird, sich an der Vielfalt neuer Erscheinungen weidet ... Aber sobald es, des Lebens beraubt, den Eingeweiden der mütterlichen Erde übergeben wird, kann es von nichts mehr Gebrauch machen, erfreut sich an

nichts mehr, bittet um nichts, wird durch keine Erregung berührt …› Da eilte Alexander unverzüglich zu dem Greis, küsste ihn … machte allen seinen Begierden und seinem Ehrgeiz ein Ende und widmete sich fortan der Wohltätigkeit …» – Sehr viel weniger wortreich und pedantisch macht es der babylonische Talmud (Tamid, 32b): Alexander Mokdon kam zur Pforte des Gartens Eden. Als man ihn nicht einließ, erbat er ein Souvenir, denn er sei König und ein hoch angesehener Mensch. So gab man ihm einen menschlichen Schädel. Erstaunlicherweise war dieser, als man ihn auf eine Waage legte, schwerer alles Silber und Gold auf der anderen Waagschale. Er war anscheinend durch nichts aufzuwiegen. Er wandte sich an die Weisen, die ihm erklärten, es sei die Augenhöhle des Menschen, die niemals zufriedenzustellen wäre. Da bedeckte er die Augenhöhle mit Erde, und sofort schnellte die Waagschale empor. – Aus dem *Iskandarname (Alexanderbuch)* des persischen Dichters Nezāmi aus Gandje im Südkaukasus (1141–1209): «Als der König ein, zwei Tage ausgeruht und sein Versäumnis an Nahrung und Schlaf nachgeholt hatte, kam ihm jener kleine Stein in den Sinn, den ihm der Engel heimlich anvertraut hatte. Er ließ eine Waage bringen und ihn wiegen. Sein Gewicht war größer als das vieler Steine zusammen … Nun bauten hundert Männer eine Riesenwaage auf und legten Stein und Gegenstein darauf. Da wog er mehr als hundert Felsbrocken; und wer ihn wog, ermattete daran. Doch wie ich hörte, kam nun Chiser aus der Ferne und sagte: ‹Paart diesen Stein mit Staub!› Und als man die Waagschale mit einer Handvoll Staub gefüllt hatte, entsprach ihr Gewicht dem des Steins. Da begriff der König das feine Gleichnis, das ihm sagen wollte: Alles ist von Staub, und Staub stillt schließlich alle Wünsche.» Es ist möglich, dass Nabokov dieses Märchenmotiv aufgegriffen und auf seine Art ausgesponnen hat; aber auch, dass es tatsächlich bis in das Khanat Tschagatai gelangte, welches vom 13. bis zum 16. Jh. auf dem hauptsächlich von Turkvölkern bewohnten Gebiet des heutigen Usbekistan, Kirgisistan und Kasachstan bestand. Es besteht eine subtile und Nabokov zweifellos bewusste assoziative Beziehung zwischen Konstantin Godunow, Nikolaj Prshewalskij und den frühen europäischen Reisenden auf der Suche nach den Wundern des Fernen Ostens, wenn nicht nach dem Paradies, wie Alexander, Marco Polo, Odorico und Mandeville.

Seite 49

1 *Chetu* – Quelle: Pratt 1892, S. 144–145 (S. 144–145, 153 dieses Bandes). Der letzte Ort, bei dem Konstantin Godunow gesehen wurde, ist ein Flecken namens Chetu. Er findet sich auf keiner Karte, aber in dem Buch von Pratt: ein Dorf etwa 16 km westlich von Tatsienlu/Kangding inmitten fast 4600 m hoher Berge an der alten Karawanenstraße (der «Tee-Pferd-Straße») von Sichuan nach Zentraltibet. Der heutige chinesische Name ist Zheduo, der Karawanenweg bis Litang eine gut ausgebaute Asphaltstraße. Eine kurze Beschreibung findet sich bei Kreitner 1893, Bd. 1, S. 265: «Etwa 10 Kilometer südlich von Tatsienlu verlässt der Weg das Tal des schäumenden Hauptflusses und wendet sich in ein enges Seitental nach Westen … Der Weg ist nun eine kurze Strecke recht schlecht, er führt an drei einzeln stehenden, verfallenen chinesischen Hütten vorbei und bringt uns bald darauf zu dem aus vier armseligen Holzhäusern und einem anspruchslosen Kungkuan [einer Herberge für durchreisende Mandarine, in diesem Fall ein Holzschuppen] bestehenden Dorfe Tscheto, welches, auf einer kleinen Talöffnung am Zusammenfluss zweier Gebirgsbäche erbaut, von Chinesen bevölkert ist.» Auch Gill (1880, S. 119–120) beschreibt den Ort: «Wir ritten weiter in das Dorf Chehtoh (Coopers Jeddo), wo wir übernachten wollten, und da unser Gepäck nicht so schnell nachkommen würde, aßen wir beide einen Napf Tsampa … Das Dorf besteht aus etwa vier Häusern, von denen eines ein Gasthaus ist. Von der Straße traten wir in einen großen Allzweckraum – Stall, Schweinekoben und alles Mögliche sonst; eine Weile wurden die Pferde hier angebunden, dann aber woandershin geführt. Der Raum erhielt Licht nur durch die Tür, und Fußboden, Dach und Wände waren mehr oder weniger schwarz. Die Maultiere kamen erst um sechs; alles Geschirr war zerbrochen … Die Maultiertreiber hatten Angst, dass wir sie für den Schaden bezahlen lassen würden, fielen auf die Knie, streckten die Zunge heraus und riefen wiederholt das Wort ‹lasso›, ein Ausdruck des Respekts, der auch ‹sei gnädig› heißt. Unser Abendessen kam erst sehr spät. Zunächst ließen sich keine Kerzen finden, und [unser Führer] sagte, es sei alles ‹Osten und Westen›, ein chinesischer Ausdruck für allgemeine Unordnung.»

2 *winzige Iris* – Quelle: Pratt 1892, S. 186 (Seite 151 dieses Bandes): Bei Chetu bemerkte Pratt «eine sehr schöne blaue Zwerg-Iris».

Seite 58

1 *seine Straße* – Während Fjodors aktuelle Berliner Adresse («Agamemnonstraße») sich aus einer Vielzahl von Indizien eindeutig identifizieren lässt, nämlich als Nabokovs eigene in den Jahren der Niederschrift der *Gab*e (Halensee, Nestorstraße 22), gibt es für seine vorherige zur Untermiete bei den Stobois («Tannenbergstraße»), an die er jetzt im Traum zurückkehrt, nur die Indizien: so weit entfernt wie in St. Petersburg die Gogol- von der Puschkin-Straße (ca. 3 km), Postamt am einen, Kirche am andern Ende. Das trifft einzig auf die Pfalzburger Straße in Wilmersdorf zu. In ihr hat Nabokov nie gewohnt.

2 *Thecla bieti* – Quelle: Pratt 1892, S. 144–145 (S. 145 dieses Bandes). Dies ist ein unscheinbarer kleiner Schmetterling des tibetischen Hochplateaus, ein dem europäischen Eichenzipfelfalter ähnlicher Bläuling. Sein wissenschaftlicher Name ist heute *Esakiozephyrus bieti* (Oberthür, 1886). Es existiert nur eine – mangelhafte – Abbildung von ihm, gezeichnet von seinem «Autor» Oberthür und in dem Monumentalwerk von Seitz reproduziert. Der Artname *bieti* ist nicht etwa ein Anagramm von Tibet, sondern eine Reverenz an den in Tatsienlu tätigen französischen Missionar Bischof Félix Biet (1838–1901), der Charles Oberthür während der fast dreißig Jahre, die er in Tibet und an seiner Grenze zubrachte, regelmäßig Insekten zur Bestimmung nach Rennes schickte, die er und seine Sammler, vor allem die anderen Patres der Missionsstation, in der bis dahin völlig unerkundeten Umgebung Tatsienlus gefunden hatten (s. auch Anm. 1, S. 289 unten, und Anm. 2, S. 290). In Nabokovs Kurzgeschichte *Pilgram* (1930), die von einem frustrierten Berliner Schmetterlingshändler handelt, der zu arm ist, um selber Sammelreisen unternehmen zu können, heißt es: «Grunzend zog Pilgram an dem vergoldeten Kopf der schwarzen Stecknadel, auf der das seidige kleine Lebewesen gekreuzigt war, und nahm das Objekt aus dem Kasten. Es hin und her wendend, betrachtete er das Etikett, das unter dem Leib steckte. ‹Ja – Tatsienlu, Osttibet›, las er, ‹gefangen von den eingeborenen Sammlern von Pater Dejean› (was fast wie ‹Priesterkönig Johannes› klang) – und steckte den Falter genau in das gleiche Stecknadelloch zurück … Pater Dejean, unerschrockener Missionar hoch zwischen den Rhododendronbüschen und im Schnee, wie beneidenswert war dein Los!» (Werkausgabe, Band 13, Reinbek: Rowohlt, 1989, S. 563). Léonard-Louis

Déjean (1846–1906) war einer von Biets Patres in Tatsienlu; auch nach ihm hat Oberthür dankbar einige Schmetterlinge benannt. Nabokov muss also Pratts Buch (auf das er wahrscheinlich durch die Prachtbände von dessen Sponsor, des englischen Entomologen John Henry Leech, aufmerksam geworden war) schon vor 1930 kennen gelernt haben, Jahre bevor er *Die Gabe* konzipierte und dafür systematisch die zentralasiatische Reiseliteratur zu studieren begann. Aber warum sieht Fjodor im Traum die Decke seines Zimmers ausgerechnet mit *Thecla bieti* ausgemalt? Weil Pratt beschreibt, dass er in Chetu/Zheduo 16 km westlich von Tatsienlu/ Kangding eines Morgens 300 Exemplare dieses Falters von dem Mist der Karawanentiere mit dem Forzeps aufgesammelt habe – es ist einer der ganz wenigen Schmetterlinge, die in seinem Buch namentlich genannt werden. In Fjodors Traumlogik haben sich also zu dem Komplex «Tod des Vaters» das Dorf Chetu (wo sein Vater verschollen ist), Biets blauer Zipfelfalter und – über Pater Déjean – der mythische Priesterkönig Johannes miteinander assoziiert.

Anmerkungen

Michajl Grum-Grshimajlo ‹Die Karawane wird organisiert› (Seite 63–67)
Aus Grum 1907, Anhang II, S. 440–448. Autor Michajl Efimowitsch Grum-Grshimajlo. Übersetzung Sabine Hartmann.

1 Wernyj: heute Almaty/Alma Ata in Kasachstan.
2 Kalmückenpferde waren eine kräftige und ausdauernde, halbwild lebende Zuchtrasse aus den Steppen zwischen Wolga und Ural, verwandt den Kirgisen- und Altaipferden. Dunganen ist das europäische Wort für Moslems zumeist türkischer Abstammung auf chinesischem Boden, von den Chinesen selbst Huihui genannt. Das Wort wird heute nur noch für die im späten 19. Jh. auf russisches Territorium geflüchteten Hui gebraucht.
3 sartisch: s. Anm. 2 zu S. 24.
4 Yakhdan (gesprochen Jachdan), persisch ‹Reisekoffer›, ‹Behälter zum Aufbewahren von Eis›. In Mittelasien gebräuchlicher Koffer für Lasttiere, meist mit Leder bezogen; wird paarweise verwendet.
5 Dshigit: In den Turk-Sprachen des Kaukasus und Zentralasiens ein (schneller) Reiter, ein verwegener junger Mann.

Nikolaj Prshewalskij ‹Bezahlen in China› (Seite 68–70)
Aus Prshewalskij 1875, S. 67–69. Bearbeitete Übersetzung Albin Kohn.

1 Lan war das mongolische Wort für die chinesische Gewichtseinheit Tael oder Liang. Sie entsprach 32 bis 39 g, war also eine chinesische Unze. Bezahlt wurde im kaiserlichen China meist mit Feinsilberbarren von einem Tael bzw. Liang Gewicht. 1920 begann China, seine traditionellen Maße und Gewichte auf das metrische System umzustellen; der Prozess wurde in der zweiten Hälfte des 20. Jh.s abgeschlossen, aber in manchen ländlichen Gegenden sollen noch immer die alten Einheiten in Gebrauch sein. Bei der Metrifizierung wurden die früheren, flexiblen Maßeinheiten standardisiert; dabei wurden Tael und Liang unterschiedliche Werte zugewiesen. Das Liang wurde als 50 g neu definiert; das Qian ist ein Zehntel Liang (5 g), das Fen ein Hundertstel Liang (0,5 g). Ein Tael dagegen wurde als 0,75 Liang (37,5 g) festgesetzt. Eine chinesische Unze Feinsilber war Ende des 19. Jh.s 8 Reichsmark und ist heute etwa 8 Euro wert.

2 Das Jin wurde später auf 500 g standardisiert, entspricht heute also einem deutschen Pfund.

3 Die chinesischen Namen dieses jahrhundertealten Kupfer- oder vielmehr Bronzepfennigs mit Quadratloch sind Qian und Li; von Ausländern wurde er immer Cash (gesprochen Käsch) genannt, ein malaiisches Wort. Ein Qian entsprach nach der Metrifizierung einem Tausendstel Liang (0,005 g) Silber. Was die russischen Reisenden phonetisch als ‹Tschoch› wiedergaben, war vermutlich das mongolische Wort für ‹Geldmünze›, in der kyrillischen Umschrift des Mongolischen *ЗООС*, im burjatischen Dialekt *suschtsch*, sonst auch *sükh* (gesprochen Such) oder *joghos*.

Grigorij Grum-Grshimajlo ‹Überseeische Teufel im Himmelsgebirge› (Seite 70–85)

Text 1: aus Grum-Grshimajlo, Bd. 1, 1896, S. 76–95 (leicht gekürzt). Text 2: aus Grum-Grshimajlo, Bd. 1, 1896, S. 107–108. Text 3: aus Grum-Grshimajlo, Bd. 1, 1896, S. 157–162. Alle Übersetzungen Sabine Hartmann.

1 Die Torguten sind eins der vier großen westmongolischen Völker (die drei anderen waren die Dsungaren oder Oiraten, die Dürbeten und die Chosuten). Sie lebten als Nomaden ursprünglich in der nördlichen Dsungarei, wanderten aber Anfang des 17. Jh.s nach Russland in die Steppen an der unteren Wolga ab. Aus Furcht um ihre Unabhängigkeit kehrten die meisten 1771 unter großen Verlusten in ihr Stammland zurück, wo der chinesische Kaiser sie vorwiegend im Ili-Tal in der südwestlichen Dsungarei ansiedelte. Die dort vorher ansässigen Dsungaren waren von Manchu-China zum großen Teil ausgerottet worden; auch ihr Name wurde verboten, die Überlebenden mussten sich seitdem Oloten nennen. Die in Russland verbliebenen Torguten heißen dort Kalmücken, die «Zurückgebliebenen», haben ihre nomadische Lebensweise aufgeben müssen und bewohnen heute nach mehreren Umsiedlungen eine eigene Republik in der Russischen Föderation (Kalmückien, seit 1991 Chal'mg Tangghtsch). Grum gebraucht ‹Torguten› und ‹Kalmücken› als Synonyme. Aus seiner Beschreibung geht hervor, dass es dauernde Spannungen zwischen den Chinesen und Torguten der südlichen Dsungarei gab. Dass die Torguten über das plötzliche Erscheinen von russischen Kosaken,

die sie auf ihrer Flucht verfolgt hatten, auch nicht erfreut waren, lässt sich denken.

2 Chin. *yangguizi* (‹überseeische Teufel›, eigentlich ‹Geister von jenseits des Meeres›) ist ein meist abfällig gebrauchtes Wort für ‹Ausländer›. Ein anderes mildes Schimpfwort für Europäer und Nordamerikaner ist *gao bizi*, ‹Langnase›; es entspricht unserem ‹Schlitzauge›. Das neutralere chin. Wort für ‹Ausländer› ist *laowai*.

3 Ein Aul ist eine (typischerweise runde) kirgisische Siedlung aus Filzjurten.

4 Der Bogdo-ola-See, den Grum hier beschreibt, aber nur «Moränensee» nennt, ist der «Himmelsteich» Tian Chi 50 km östl. Ürümqi (Luftlinie), heute ein beliebtes Touristenziel im Tian-Chi-Nationalpark mit Seilbahn, Souvenirständen, Ausflugsbooten und großen Parkplätzen.

5 Der deutsche Geograph Gottfried Merzbacher, der den Bogdo-ola einige Jahre nach Grum gründlich erforschte, schreibt dazu: «Nach dem Glauben der Chinesen liegen tausend Heilige in dem einsamen Gebirgssee begraben; er gilt als ein Lieblingsbesitz der Gottheit» (Merzbacher 1916, S. 158).

Wsewolod Roborowskij ‹Wüstenbild mit Raureif› (Seite 86–87)
Aus Roborowskij 1949, S. 135 ff. Übersetzung Sabine Hartmann.

1 ‹Schigusa› ist kein chinesisches Wort. ‹Waldschlucht› wäre chin. Linxia. Auf Roborowskijs Route, an der heutigen Grenze zwischen Xinjiang und Gansu, befindet sich an der betreffenden Stelle ein Ort namens Xingxingxia, zu Deutsch ‹Sternenschlucht›.

2 Bugas muss ein winziger Ort südwestl. von Hami gewesen sein, in der Nähe eines heute verschwundenen Sees namens Shona-nor [Sha'erhu].

Grigorij Grum-Grshimajlo ‹Drei Gehöfte, ein zerstörter Tempel› (Seite 88–90)
Aus Grigorij Grum-Grshimajlo, Bd. 2, 1899, S. 129–131. Übersetzung Sabine Hartmann.

1 140 Li werden normalerweise in 70 km umgerechnet. Aber was vielen Forschungsreisenden außer W. W. Rockhill offenbar nicht bewusst war: Das chinesische Li war damals noch ein relatives Längenmaß; es berücksichtigte auch die Schwierigkeit einer Wegstrecke. Im Flach-

land konnte ein Li 650 m haben, auf normalem Gelände etwa 500 m, im Gebirge nur 300 m.

2 Heutiger chin. Name Sitian. Es liegt genau 52,1 km Luftlinie südöstl. Yandun und soll heute ca. 450 Einwohner haben.

Nikolaj Prshewalskij ‹Mit Thermometern und Gewehren› (Seite 90–101)

Aus Prshewalskij 1883, S. 152–144 (Auszüge). Bearbeitete Übersetzung von Stein-Nordheim.

1 Tsampa: Brei aus Gerstenmehl und Ziegeltee. S. Wilhelm Filchner *Gerstenbrei und Buttertee*, S. 129–133 dieses Bandes.

2 Dunganen nannte man im 19. Jh. die Moslems im Nordwesten Chinas, ethnisch wahrscheinlich ein sinisiertes Turkvolk; heute heißen sie dort Huihui. 1862 rebellierten die Dunganen der Nordwestprovinzen Shaanxi und Gansu gegen die Han-Chinesen. Der Aufstand breitete sich wie ein Buschfeuer bis ins hinterste Ostturkestan aus. Da die Moslems der chinesischen Westprovinzen jedoch unorganisiert und uneins waren, wurden sie 1877 von der chinesischen Armee vernichtend geschlagen. Von beiden Seiten wurde der Krieg mit größter Grausamkeit geführt. Ganze Landstriche von Ostturkestan bis nach Xian wurden verwüstet, Dörfer, Städte, Moscheen, Tempel, Bewässerungsanlagen zerstört, Hunderttausende hingemetzelt. Allein in der Provinz Gansu sollen neun von zehn Chinesen und zwei von drei Moslems getötet worden sein, sodass von ihren 15 Millionen Einwohnern nur eine Million übrig blieb. Einige Zehntausend flüchteten nach Kasachstan und Kirgisistan; die chinesisch sprechenden Minderheiten in diesen Ländern sind die einzigen, die heute noch den Namen ‹Dunganen› tragen. In China heißt die Moslem-Rebellion heute ‹Hui-Minderheitskrieg›.

3 Tarantschen nannte man ein von den Chinesen im Ili-Tal angesiedeltes Turkvolk. Heute werden sie zu den Uiguren gezählt. Prshewalskij zufolge stellten sie die Urbevölkerung der Oase Hami.

Thomas Allen und William Sachtleben ‹Per Fahrrad durch die Gobi› (Seite 101–110)

Aus Allen und Sachtleben 1894, S. 181–194. Übersetzung Dieter E. Zimmer.

1 Nicht Jiayuguan heißt ‹Jadetor›, sondern die westliche Nachbarstadt Yumen. Ihren Namen verdankt sie wohl dem Umstand, dass sie der

erste Ort an der großen Straße zu den Oasenstädten im Süden des Tarim-Beckens war, aus denen Jade aus dem Kunlun-Gebirge nach China kam, vor allem Hotan. Jiayuguan ist der westliche Endpunkt der Chinesischen Mauer. Hier befindet sich eine Festung (heute Museum), durch deren Westtor der Reisende (oder Verbannte) das eigentliche China verließ und die weiten Wüsten Innerasiens betrat. Der Name der Stadt bedeutet so viel wie ‹Vortreffliches reiches Festungstor›.

Pjotr Koslow ‹Meer aus Sand› (Seite 110–116)
Aus Koslow 1905, S. 118–126. Übersetzung Sabine Hartmann.

1 *Obo*, mong. *ovoo*: Steinhaufen, wie sie sich im Gebiet des tibetischen Buddhismus auf vielen Anhöhen finden. Jeder Vorüberkommende fügt einen Stein hinzu; in viele sind Gebetsformeln geritzt. Oft stecken Stangen in dem Haufen, an denen bunte Gebetswimpel flattern, in Tibet Lung-ta genannt, ‹Windpferde›.

Nikolaj Prshewalskij ‹Spiegelungen und Lichter› (Seite 117–120)
Text 1: aus Prshewalskij 1875, S. 377. Text 2: aus Prshewalskij 1888, S. 39. Übersetzung Sabine Hartmann.

1 Churchu-Gebirge nannten die russischen Reisenden die östliche Verlängerung des Gurvan Saykhan im Mongolischen Altai.
2 Khalkha (deutsch Chalcha): die weitaus größte Volks- und Sprachgruppe in der Mongolei, damals überwiegend nomadische Hirten, teils Buddhisten, teils Schamanisten. Sie leiten sich von Dschingis Khan ab.
3 Die Ursache war der Ausbruch des Vulkans Krakatau in der Sunda-Straße am 26./27. August 1883.

Régis-Évariste Huc ‹Nächte auf dem Ofen› (Seite 120–122)
Aus Huc, [2]1853, Bd. 1: *Tartarie*, S. 27–31. Übersetzung Dieter E. Zimmer.

1 D. h. der Mongolei.

Sven Hedin ‹«Tanguten, Räuber, Räuber!»› (Seite 123–128)
Hedin 1898/dt. 1899, Bd. 2, S. 368–373.

1 ‹Tanguten› war der europäische Sammelname für die nichtmongoli-

sche, vorwiegend tibetische Bevölkerung im Nordosten der heutigen westchinesischen Provinz Qinghai. Ursprünglich handelte es sich um den Namen eines Nomadenvolks, das auf dem Qinghai-Plateau vom 10. bis 13. Jh. einen eigenen Staat (Xi Xia) gebildet und im Mittelalter in Gansu den Handel entlang der Seidenstraße kontrolliert hatte. Es wurde 1227 von Dschingis Khans Mongolen geschlagen, sein Staat verschwand. In den folgenden Jahrhunderten wurden wechselnde Volksgruppen Innerasiens als Tanguten bezeichnet. Im 19. Jh. nannten die Mongolen, Uiguren und Angar die tibetische Bevölkerung der ehemals tibetischen Nordostprovinz Amdo Tangut oder Khara-Tangut (‹Schwarze Tanguten› – der mong. Singular ist ‹Tangu›). Der Name war also gleichbedeutend mit tib. Amdopa, ‹Bewohner von Amdo›. Da die ersten europäischen Entdecker dieser Region, die Russen Prshewalskij, Koslow usw., mongolische Dolmetscher bei sich hatten, gelangte das Wort ‹Tangut› über sie in die europäische völkerkundliche Literatur.

2 Dem Franzosen Jules-Léon Dutrueil de Rhins, von 1890 bis 1895 mit Fernand Grenard unterwegs in Ostturkestan und Tibet, war im Februar 1895 in Nordosttibet ein Pferd gestohlen worden. Als die Einheimischen sich weigerten, es ihm zurückzugeben, nahm er sich eines von einer Koppel. Darauf ergriffen sie ihn, steckten ihn in einen Sack und warfen ihn in ein Gewässer.

Wilhelm Filchner ‹Gerstenbrei und Buttertee› (Seite 129–133)
Aus Filchner, 1929, S. 95–98.

1 Tsampa ist ein grobes, zementfarbenes Mehl aus angerösteter Gerste. Chura ist getrockneter und in Würfel geschnittener Yak-Käse.

Nikolaj Prshewalskij ‹Menschtiere, Bären und Pfeifhasen› (Seite 133–138)
Text 1: aus Prshewalskij 1875, S. 356–358. Bearbeitete Übersetzung Albin Kohn. Text 2: aus Prshewalskij 1883, S. 216–218. Bearbeitete Übersetzung von Stein-Nordheim. Text 3: aus Prshewalskij 1888, S. 125–127. Übersetzung Sabine Hartmann. Text 4: aus Prshewalskij 1888, S. 167–169. Übersetzung Sabine Hartmann.

1 Rockwell (1891, S. 150) hat ebenfalls von diesen «Menschtieren» gehört und ist gleichermaßen der Meinung, dass es sich um Bären handelt. Bei ihm heißen sie mong. *geresun bamburshe*, ‹wilde Menschen›.

2 ‹Lan› ist das mongolische Wort für chin. ‹Tael›, eine chinesische Unze Silber.

3 Der ‹Gadshur› ist laut Prshewalskij 4420 m hoch und müsste im Lenglong Ling, einem der früher Nanshan genannten Gebirge, ca. 95 km nordöstl. Xining zu finden sein.

4 Das Lamakloster, das Prshewalskij ‹Tschertinton› nennt, lässt sich nicht mehr identifizieren. Es muss am rechten Ufer des Tetung-gol (chin. Datong He) etwa 70 km ostnordöstl. Xining gelegen haben, in der Nähe der heutigen Orte Jiading und Ganchankou.

5 Chin. Quezang Si, etwa 20 km nördl. der Kreisstadt Huzhu und 60 km nördl. Xining im Gebirge Daban Shan, zu Prshewalskijs Zeit Nanshan.

6 Prshewalskijs «neuer» weißer tibetischer Pfeifhasenbär (*Ursus lagomyiarius* [Przewalski, 1883]) hat sich dann doch nur als eine lokale Variante des gewöhnlichen Braunbären *Ursus arctos* (L., 1758) erwiesen.

A. E. Pratt ‹Die Stadt an der Tee-Pferd-Straße› (Seite 139–145)
Aus Pratt 1892, S. 132–145 (Auszüge). Übersetzung Dieter E. Zimmer.

1 Tatsienlu (Pinyin-Schreibweise Dajianlu) heißt seit 1913 Kangding, tib. Dartse(n)do oder Dardo. Ethnisch liegt es an der Grenze zwischen der alten tibetischen Ostprovinz Kham und dem China der Han-Chinesen. Seit 1956 ist es die Hauptstadt der Autonomen Tibetischen Präfektur Garze im Nordwesten der westchinesischen Provinz Sichuan. Um 1900 betrug seine Bevölkerung um 20000, davon an die 5000 Lamas in zwei oder drei Klöstern; heute liegt sie bei über 100000 mit ein paar hundert Lamas. Die beiden Klöster wurden während der Kulturrevolution zerstört, die Mönche vertrieben; eins wird gerade wieder aufgebaut. Kangding erstreckt sich, 2560 m hoch, in einem engen Tal entlang des tosenden Zhepuo (tib. Dar), der sich unterhalb der Stadt mit dem Yala (tib. Tse) vereint und dann in einer Folge von Katarakten ostwärts zum Dadu He rauscht. Im Süden liegt in Sichtweite der Gongga Shan (tib. Minya Konka) mit 7556 m Höhe. Für Reisende aus dem Westen war und ist sie die erste chinesische Stadt, für Reisende aus dem Osten die erste tibetische. Sie gilt noch immer als eine der «wildesten» Städte Chinas; bis in die achtziger und neunziger Jahre war die Gegend für Ausländer gesperrt. Erst seit 2003 ein Tunnel unter dem Erlang Shan zwischen Sichuans Haupt-

stadt Chengdu und Kangding eröffnet wurde, sind die 363 km mit Auto oder Bus bequem in acht Stunden zurückzulegen.
In der Zoologie und Botanik ist «Tatsienlu» ein großer Name: Die dortigen französischen Missionare, die nicht nach Tibet hineingelassen wurden und sich darum an seiner Grenze niedergelassen hatten, sammelten in der zweiten Hälfte des 19. Jh.s reichlich Pflanzen und Tiere und schickten sie an Wissenschaftler in Europa, und da Tatsienlu inmitten eines riesigen, artenreichen und noch völlig unerforschten Gebiets lag, erwiesen sich viele als «neu» und tragen seitdem die Namen des Ortes und oft auch ihrer frommen Sammler.

2 Félix Biet (1838–1901) wurde 1864 zum Priester geweiht und ging sofort als Missionar in den Fernen Osten. Als nach einem Überfall auf die französische Missionsstation im osttibetischen Batang die Missionare dort das Feld räumen mussten und die Überlebenden nach Tatsienlu flüchteten, wurde Biet 1878 nach Tatsienlu geschickt und zum «Bischof von Diana» ernannt. Tibet durfte er wie wieder betreten. In Tatsienlu versuchten er und seine Patres nicht nur – mit geringem Erfolg – Tibeter zum Christentum zu bekehren, von hier schickte er auch 2000 Exemplare von Tieren zurück nach Frankreich, die meisten Schmetterlinge an Charles Oberthür in Rennes, der zum Dank zehn Arten seinen Namen gab (*bieti*). 1892 wurde Biet krank und musste nach Paris zurückkehren, wo er schließlich auch starb.

3 Diese sogenannte Luftbestattung ist in Tibet bis heute üblich.

4 Wegen ihrer in jener Zeit modisch verkrüppelten Füße.

5 Eine 1750 erbaute Hängebrücke aus dreizehn 120 m langen Eisenketten über den Dadu He, die angeblich im Mai 1935 auf Maos Langem Marsch eine große Rolle spielte und darum als historisches Monument erhalten ist.

6 Enorme Mengen Ziegeltee gingen von Tatsienlu aus nach Tibet; Rockwell (1891, S. 281) schätzte die Menge auf ca. 6000 Tonnen jährlich. Es handelte sich vorwiegend um stark fermentierten gelblichen Tee mit einem je nach Qualität kleineren oder größeren Holzanteil. In der Standardqualität wog ein Ziegel ca. 1 kg und diente in Tibet als eine Art Währung, in der andere Handelsgüter berechnet wurden.

7 Diese Karawanenstraße war der nördliche Zweig des sogenannten Cha-Ma, des ‹Tee-Pferd›(-Wegs). Er führte von der Tee- und Regenstadt Ya'an über Kangding, Litang, Batang nach Qamdo und weiter

nach Lhasa und Yadong an der Grenze zu Sikkim. Der südliche Zweig kam aus Yunnan (Xiahuangbanna, Dali, Zhongdian) und vereinigte sich in Qamdo mit dem nördlichen Zweig. Beide Wege waren ungepflastert, in den Gebirgen oft gerade einen Meter breit und führten durch ungesichertes und außerordentlich raues Gelände. Sie wurden während der Tang-Dynastie (618–907) angelegt und erst mit dem Bau moderner Autostraßen nach 1960 geschlossen. Die Pferde- und Yak-Karawanen transportierten vor allem Ziegeltee, Salz und Zucker von China nach Tibet und Pferde, Kühe, Felle, Moschus und Heilpflanzen von Tibet nach China.

8 *Thecla* ist eine alte Gattung von Zipfelfaltern, die seitdem mehrfach aufgeteilt wurde. *Thecla bieti* heißt heute *Esakiozephyrus bieti* (Oberthür, 1886). Es ist ein bläulicher Falter von 32 mm Spannweite, dem europäischen Eichenzipfelfalter ähnlich. Benannt wurde er von dem Lithographen und Entomologen Charles Oberthür in Rennes nach Bischof Félix Biet in Tatsienlu, der ihm das erste der Wissenschaft bekannt gewordene Exemplar geschickt hatte.

William Gill ‹Wie heißt das da?› (Seite 145–146)
Aus Gill 1880, Bd. 2, S. 208–209. Übersetzung Dieter E. Zimmer.

1 Der Berliner Geograph Carl Ritter (1779–1859), einer der Begründer der modernen Geographie, trug in seinem großen länderkundlichen Werk *Die Erdkunde im Verhältniß zur Natur und zur Geschichte des Menschen* aus allen erreichbaren Quellen 1833/38 erstmals zusammen, was über Zentral- und Ostasien bis dahin bekannt war, und versuchte ein kohärentes Bild daraus zu formen. Ritters *Erdkunde* war sozusagen die Grundlage, auf der nach 1850 die große europäische Exploration Inner- und Ostasiens einsetzte. Dank einer russischen Übersetzung waren auch die russischen Forschungsreisenden mit ihr vertraut. Dass das Verbreitungsgebiet des Tees sich sehr viel weiter westlich als bis zu Gills «Teebaumhügel» erstrecken würde, konnte Ritter nicht wissen, denn erst 1850 brachte der schottische Botaniker Robert Fortune im Auftrag der East India Company Teepflanzen aus China nach Indien. Bei jenem «Teebaumhügel» hatte sich Ritter auf einen chinesischen Reisebericht von 1791 verlassen. Er schrieb (1833, S. 237–238): «In Tübet selbst ist uns über den Wachsthum der Theestaude nur ein einziges Datum an der aller äußersten Ostgrenze be-

kannt. Es ist die *äußerste Westgrenze* ihrer Verbreitung; wir finden sie nach dem allerneuesten Berichte (*Lou-houa-tschu's* Reise 1791) auf der *Grenze zwischen Yünnan* und *Tübet*, zunächst der *Enclave*, welche durch die *Grenztractaten* der Chinesen mit dem *Dalai-Lama*, seit 1726, an China gekommen ist. Es ist der *Tchachu-ting*, d. h. der *Hügel mit den Theebäumen*, welcher nach der Station Bathang (545 Li von Lithang, d. i. etwa 50 geogr. Meilen) schon auf der *Westseite* des *Ya-long-kiang* (*Yar-lung*, d. i. der *Große Strom*, der obere Lauf des *Kiang-nan*, oder *Jan-tse-kiang*, *Blauer Fluss*), des *Grenzstromes* zwischen *China* im *Ost* und *Tübet* im *West* liegt; also in die östlichste Grenzprovinz Tübets, über welchen die große Heerstraße von *Tsching-tu-fu* [Chengdu] der Capitale von *Se-tschuen* [Sichuan] nach *Hlassa* [Lhasa] in Tübet führt.»

A. E. Pratt ‹Verursacher des schlechten Wetters› (Seite 146–154)
Aus Pratt 1892, S. 150–196 (Auszüge). Übersetzung Dieter E. Zimmer.

1 ‹Lolo› ist die abschätzige chinesische Bezeichnung für das Volk der Yi, die größte ethnische Minorität in China (heute etwa 5 Millionen). Sie leben vorwiegend im Südwesten der Provinz Sichuan. Im 19. Jh. hatten sie ein 25 000 qkm großes unabhängiges Territorium im Liangshan, einem Bergland südlich des Emei Shan, das Chinesen nur bedingt betreten durften.

2 Daotai: der chinesische Kreishauptmann.

3 Der Sammler Adolf Kricheldorff, später Insektenhändler in Berlin, wurde zusammen mit Pratt von dem britischen Entomologen John Henry Leech auf die Expedition nach Westchina geschickt. Sie sammelten meist getrennt.

4 Moximian ist ein Hochtal und ein gleichnamiger Ort etwa 60 km südsüdöstlich von Kangding, zu Füßen des Gongga Shan.

5 Chinesischer medizinischer Rhabarber (*Rheum palmatum, Radix*). Die Wurzel ist in niedriger Dosierung ein Standardmittel gegen Durchfall, in hoher gegen Verstopfung.

6 Chong Cao, ausgesprochen Tschongßao, eigentlich Dong Chong Xia Cao, ‹Winterwurm-Sommergras›: ein Pilz (*Cordyceps sinensis*), der die unterirdisch überwinternde Raupe eines Nachtfalters (*Hepialus* sp.) befällt und abtötet und im Sommer wie ein brauner Grashalm einige Zentimeter weit aus ihr herauswächst. Er ist ein nach wie vor begehr-

tes traditionelles chinesisches Heilmittel, das als allgemein kräftigendes Tonikum und gegen vermeintliche Lebererkrankungen und tränende Augen verwendet wird. Der Chong Cao-Pilz findet sich im Hochland von Tibet und Qinghai in über 3200 m Höhe. Früher war er angeblich dem Kaiser von China vorbehalten; heute wird er nicht nur gesammelt, sondern auch gezüchtet.

7 Pei Mu (*Fritillaria cirrhosa, Bulbus*) ist die weiße, murmelgroße Knolle eines Liliengewächses, die in der Traditionellen Chinesischen Medizin gegen Atemwegs- und Kreislauferkrankungen eingesetzt wird.

8 Diese ortstypischen hängenden Flechten werden ‹Feenschals› genannt.

Régis-Évariste Huc ‹Karawane nach Tibet› (Seite 154–177)

Aus Huc ²1853, Bd. 2, S. 181–222. Übersetzung Dieter E. Zimmer.

1 Die kleine Stadt Tangar oder Donkyr auf halbem Weg zwischen Xining und dem Kokonor heißt chin. Huangyuan und tib. Tongkor. An der «Nordroute» (*Chang Lam*), der Straße von Nord- und Zentralchina nach Lhasa, war sie die letzte Stadt und der Ausgangspunkt für die Karawanen nach Lhasa. Sie lag noch in der chinesischen Provinz Gansu. Unmittelbar westlich begannen die halb unabhängigen Fürstentümer vom Kokonor, dünn bevölkert von tibetischen und mongolischen Nomaden.

2 In Chogortan befand sich eine Art Dependance des Lamaklosters Kumbum Jampaling (chin. Taer Si) mit dessen medizinischem Kolleg. Das Chogortan-Tal war eine halbe Wegstunde von Kumbum entfernt.

3 Khadak sind «Glückstücher», die man sich in Tibet und der Mongolei zur Begrüßung und zum Abschied als Zeichen der Freundschaft überreicht.

4 Kokonor ist die viel gebrauchte europäisierte Form von mongolisch *Kuke-nor*, chinesisch *Qinghai Hu*, tibetisch kurz *Tso Ngon*. Alle Namen bedeuten ‹Blauer See›, der chinesische ‹Blaumeersee›. Der Kokonor ist ein über 4500 qkm großes Oval von 100 km Länge und 60 km Breite, 3200 m hoch gelegen, salzig und bei Sonnenschein von intensiv blauer Farbe. Um ihn herum ist ausgedehntes, sanft ansteigendes Grasland, das vorwiegend von den Herden mongolischer Nomaden beweidet wird.

5 Eine französische Meile entspricht 4452 m.

6 Si-fan (Pinyin-Schreibweise Xifan), «westlicher Barbar», abfälliges chinesisches Wort für die Tibeter in den einstigen Randprovinzen Amdo und Kham und die Tibeter im allgemeinen, im Unterschied zu den Hei-fan, den «schwarzen Barbaren», nämlich den «Turbanträgern» Turkestans.

7 Die Golok sind ethnisch tibetische Stämme in den Bergen von Nordwest-Sichuan bis zum Quellgebiet des Gelben Flusses. Sie waren gefürchtete Räuber, die ganz Nordosttibet unsicher machten. Heute gibt es in der chinesischen Provinz Qinghai eine Autonome Tibetische Präfektur Golok.

8 Tatsächlich heißt tib. *Gyanak* ‹China› und *khampo* oder *khempo* ‹Abt›. Der Gyanak-Khampo ist also der ‹China-Abt›, der als Leiter der Gesandtschaftskarawane aus Tibet nach Peking entsandte hohe geistlich-weltliche Beamte.

9 Gemeint sind zahme Yaks, die er meist als Langhaarrind oder (schwarzes) Rind bezeichnet. Der große schwarze Wildyak, wissenschaftlich *Bos grunniens mutus* (Przewalski, 1883), ein Verwandter des Auerochsen, lebte in den Hochsteppen und Kältewüsten Innerasiens zwischen 4000 und 6000 m in großen Herden; heute finden sich nur noch wenige Restbestände in den menschenleeren Höhen des Jangtang, des nordtibetischen Hochplateaus. Dagegen ist der kleinere bunte Hausyak (*Bos grunniens grunniens* L., 1766) in Tibet und den angrenzenden chinesischen Provinzen als Last-, Zug-, Fleisch- und Milchrind nach wie vor weit verbreitet. Die verwirrende wissenschaftliche Namensgebung kommt daher, dass es sich zunächst um zwei verschiedene Arten zu handeln schien: den schon von Linné beschriebenen grunzenden (*grunniens*) Hausyak und Przewalskis stummen (*mutus*) Wildyak. Später wurde erkannt, dass beide Formen zur gleichen Art gehören. Da in solchen Fällen der ältere Name Priorität hat, wird nunmehr der stumme Wildyak als eine Unterart des domestizierten grunzenden geführt.

10 Bis ins späte 19. Jh. wurden die Mongolen von Europäern ‹Tataren› genannt, so auch von Huc.

11 Der chinesische Name des Buha-gol ist Buh He.

12 Das heutige Tibet, d. h. die 1951 von China besetzte und seit 1965 «autonome» Provinz Tibet, chin. Name Xizang Zizhiqu, tib. Name

U-Tsang, umfasst nicht die großen ehemals vorwiegend tibetischen Gebiete Amdo im Nordosten (heute zum großen Teil aufgegangen in der chinesischen Provinz Qinghai) und Kham im Osten (heute Teil der Provinzen Sichuan und Yunnan).

13 Die Torgoten oder Torguten sind ein ursprünglich ostmongolischer Volksstamm, der Anfang des 17. Jh.s nach Russland vertrieben wurde und 1770 zurück nach Chinesisch Turkestan an den Balkasch-See flüchtete. Von ihren russischen, kirgisischen und baschkirischen Verfolgern wurden dabei über 250000 getötet. Die Reste des Stammes leben heute in den chinesischen Provinzen Xinjiang und Qinghai. Das «Königreich Torgot» lag Huc zufolge «nahe der russischen Grenze», wohl in der Dsungarei.

14 Tsaidam (tib. ‹Salzebene›, chin. Qaidam Pendi, gesprochen Zeidam) ist ein über 3000 m hoch gelegenes Becken von über 600 km Länge und bis zu 200 km Breite, das vorwiegend aus Salzsümpfen besteht.

15 Die normale Bezeichnung jener Zeit für die Depression.

16 Was Huc hier erlebt und beschreibt, ist die ihm unbekannte Höhenkrankheit – der Pesthauch ist nur ein Gerücht, das CO_2 eine falsche Vermutung. Die vegetationslosen Gebirgsstöcke Burhan Budai und Shuga(n) im Südosten der Provinz Qinghai sind östliche Ausläufer des Kunlun, des gewaltigen langgestreckten Gebirges, das das Tarim- und das Qaidam-Becken vom tibetischen Hochland trennt. Sie verlaufen etwa parallel zueinander und bilden den südlichen Saum der Salzsümpfe des Qaidam, das der Mongolei (in Hucs Nomenklatur der Tatarei) zugerechnet wurde. Von der Sohle des Qaidam (ca. 3000 m ü. M.) zum Kamm des Burhan Budai sind es etwa 30 km. Die Passhöhe des Burhan Budai beträgt 5738 m, die des Shugan 5844 m. Im Süden schließen sich die 3000 bis 4200 m hohen Quellgebiete des Huang He, des Yangtze und des Mekong an.

17 Diese Geschichte schien einigen unglaubhaft. Jedoch berichtet Bonvalot (1891, Bd. 1, S. 172–173) Ähnliches: «In einiger Entfernung von unserem improvisierten Eisloch sahen wir am Ufer Kamelskelette, die von den Wölfen abgenagt worden waren. Ein Stück weiter ragten aus dem Eis fast intakte Kamelhöcker, und bei näherer Untersuchung sehen wir, dass hier ein Teil einer Karawane ertrunken ist, mitsamt dem Kamelführer, dessen einer Arm wie in einer Haltung der

Drohung oder des Flehens erhoben ist. Tier und Mensch waren nacheinander ertrunken, und zwar erst vor kurzem, als das Eis noch nicht dick genug war, sie zu tragen.»

18 Der wissenschaftliche Name des Asiatischen Halbesels ist *Equus hemionus* (Pallas, 1775). Er kommt in vier Unterarten vor. Der von Huc hier beschriebene ist der Kulan oder Dshiggetai (*Equus hemionus hemionus*); die anderen sind der Kiang, der Onager und der Khur.

‹Ein Tyrann macht Experimente› (Seite 177–179)

Aus *Creation of the Gods* (*Feng-shen yen-i*, 1695), 1992, Bd. 2, Kapitel 89, S. 362–367. Übersetzung Dieter E. Zimmer.

1 In der deutschen Teilausgabe von Wilhelm Grube und Herbert Mueller (*Die Metamorphosen der Götter*. Leiden: Brill, 1912), die bis 1992 die einzige Übersetzung in eine europäische Sprache war und die Nabokov möglicherweise gekannt hat, wird König Zhou ‹Chou Wang› geschrieben. Der Geburtsname dieses berüchtigten und sagenumwobenen Tyrannen, der von ca. 1154 bis 1111 v. Chr. gelebt haben soll und mit dem die zweite chinesische Herrscherdynastie erlosch, als er sich nach allen seinen Übeltaten am Ende selbst verbrannte, war Tin-Hsin.

Régis-Évariste Huc ‹Weiter bis nach Lhasa› (Seite 180–198)

Aus Huc ^{2}1853, Bd 2, S. 222–252. Übersetzung Dieter E. Zimmer.

1 Je Tsongkhapa (1357–1419) war der Begründer des tibetischen und mongolischen Reformbuddhismus, der Gelupka-Sekte (Gelbhutsekte).

2 Die Khalka (deutsche Schreibung Chalcha) sind der mongolische Hauptstamm im Zentrum und Norden der Mongolei; sie leiten sich selber von Dschingis Khan ab.

3 Der Pass über den Dang La (chin. Tanggula) ist mit 5700 m die höchste Stelle auf der Straße von Qinghai nach Lhasa.

4 Die Kharchin oder Kharachin sind eine Volksgruppe im Südosten der Inneren Mongolei.

5 Mong. ‹Mongke-chot› bedeutet so viel wie ‹Ewige Stadt›. Tib. ‹Shaberon› (eigentlich ‹shab-pe-lön› oder noch richtiger ‹zhabs dpad blon›, ‹verehrter/Lotosfuß Zeuge-Minister›) ist, wie Huc richtig schreibt, ein «Lebender Buddha», d. h. ein durch «übernatürliche

Nachfolge» eingesetzter Klosterabt: Es wird ein Kind gesucht, das an bestimmten Kennzeichen als die Reinkarnation des verstorbenen Hierarchen erkannt wird, und zu seinem Nachfolger erzogen. Die übernatürliche Nachfolge findet sich im Tibetischen Buddhismus vom Dalai Lama bis hinab in die Ränge; folglich gibt es jederzeit viele Lebende Buddhas.

6 Der Berg Pempogo La.

7 Der Palast- und Tempelkomplex auf dem Marpori (‹Roter Berg›) in Tibets Hauptstadt Lhasa (‹Göttergrund›). Mit dem Bau wurde 1645 begonnen. Der heutige Name ‹Potala› kommt wahrscheinlich von Sanskrit ‹Bodala› und bedeutet dann tatsächlich so viel wie ‹Buddha-Berg›. Der Gebäudekomplex darauf heißt tib. ‹Tse Podrang› (Gipfelpalast). Er besteht aus dem äußeren Weißen Palast, Regierungssitz und Winterresidenz des Dalai Lama, und dem inneren und höheren Roten Palast mit Tempeln und Grabmälern.

Hamilton Bower ‹Bis hierher und nicht weiter› (Seite 199–208)

Aus Bower 1894, S. 75–101 (Auszüge). Übersetzung Dieter E. Zimmer.

1 Unter ‹Depa Zhung› (‹zentrale Autorität›, ‹Oberhaupt›) verstand man in Tibet keine bestimmten Personen, wie Bower zu meinen scheint, sondern die Regierung in Lhasa. Eigentlich war es ein direkt dem Dalai Lama unterstehender und ‹Lotosfüße des Throns› genannter Rat aus vier Ministern, einer davon ein Lama.

2 Sattoo: Gersten- oder Amarantgrütze (Indien und Nepal).

3 Ein Kloster, das heute innerhalb des zur Stadt gewordenen Nakchu (chin. Nagqu) liegt, an der alten Karawanenroute von Tangar nach Lhasa.

Nikolaj Prshewalskij ‹Sternensteppe› (Seite 209–211)

Aus Prshewalskij 1888, S. 153–158. Übersetzung Sabine Hartmann.

1 Laut Rockwell (1891, S. 172) war der tibetische Name Karma-tang, «Sternenebene».

2 Die beiden Seen heißen tib. heute Kyaring Tso und Ngoring Tso, chin. Gyaring Hu und Ngoring Hu. Die Hauptquellen des Gelben Flusses (chin. Huang He, tib. Ma Chu, mong. Soloma und weiter abwärts Altan-gol) liegen in den Bergen ca. 100 km westlich der «Sternensteppe».

3 ‹Großer Herrscher›, mong. Bezeichnung für den Kaiser von China.
4 Ein Tael ist eine chinesische Unze (ca. 37,5 g) Silber.

Sir John Mandeville ‹Ein Trommeln› (Seite 211–212)
Aus *The Travels of Sir John Mandeville* (1356), Hg. A. W. Pollard. London: Macmillan, 1900. Übersetzung Dieter E. Zimmer.

Gabriel Bonvalot ‹Hinter den Eisspitzen die Geisterstadt› (Seite 213–220)
Aus Bonvalot 1891, Bd. 1, Kap. 8, S. 183–185, Bd. 2, Kap. 1, S. 23–33. Übersetzung Dieter E. Zimmer.

Marco Polo ‹Die Stimmen der Wüste› (Seite 220–222)
Aus *The Book of Ser Marco Polo the Venetian*, Hg. Sir Henry Yule. London: Murray, 1903, S. 194–203. Übersetzung Dieter E. Zimmer.

Nikolaj Prshewalskij, Michajl Pewzow, Henri d'Orléans ‹Wo der Sand den Strom verschluckt› (Seite 222–230)
Text 1: aus Prshewalskij 1879, S. 56, 58, 59, 60, 77–79, 97, 98, 100–101. Übersetzung Dieter E. Zimmer. Text 2: aus Michajl Pewzow 1949, Kap. 7, S. 228 ff. Übersetzung Sabine Hartmann. Text 3: aus Prince Henri d'Orléans, «Erkundung des Lop Nor», in Bonvalot, 1891, Bd. 1, S. 99, 109–110. Übersetzung Dieter E. Zimmer.

1 Der Tarim spaltete sich südlich von Kuqa in einen nördlichen und einen südlichen Arm, die sich südlich von Korla wieder vereinten; der nördliche war der Ugen-daria.
2 Der Lop Nor (angeblich «See der wilden Tiere») ist ein ohrenförmiges Salzbecken im Osten der Taklamakan-Wüste. Hier endeten der Tarim, der Konche- und der Charchan-daria in Seen und Schilfsümpfen, da die Verdunstung die örtlichen Niederschläge um ein Vielfaches überstieg. Beide Flüsse änderten ihren Unterlauf häufig, und mit ihm änderten sich Größe und Lage der Seen an ihrem Ende. Prshewalskij fand zwei Seen vor: den Süßwassersee Kara-Buran und dahinter den stagnierenden Salzwassersee Kara-Kurchin (dessen Name Sven Hedin zu Kara-Koshun korrigierte). Wie er erklärt, wurde Letzterer nur von den europäischen Forschungsreisenden Lop Nor genannt, während die Einheimischen das gesamte Sumpfland am Ende des Tarim so nannten. Dem Fluss, der die riesigen Wassermen-

gen aus dem Tianshan, dem Karakorum und dem Pamir aufnimmt (er entsteht aus dem Zusammenfluss von Yarkent-daria, Kashgar-daria und Aksu-daria im Nordwesten der Taklamakan-Wüste), wurde in den letzten 150 Jahren, vorwiegend für landwirtschaftliche Zwecke, aber auch für die Fischzucht, immer mehr Wasser entzogen, sodass an seinem Ende immer weniger ankam; die Abholzung der Pappelwälder, die ihn säumten, tat ein Übriges. Die Seen am Ende des Tarim, einst so immens, dass sie wie ein Meer schienen, waren zu Beginn des 20. Jh.s noch 10 000 qkm groß, 1960 auf weniger als die Hälfte geschrumpft und sind seit 1972 völlig ausgetrocknet. Heute mündet der Tarim in den kleinen Taitema-See etwa 50 km nördl. von Karkilik, und auch dieser schrumpft und verlagert sich selbst immer weiter nach Westen. Der kleinere dritte See, nördlich von Prshewalskijs Lop Nor gelegen, den Sven Hedin im April 1896 am Ende des Konche-daria (Konqi He) vorfand und den es damals erst seit drei Jahren gab, ist ebenfalls nur noch Wüste. Um die völlige Austrocknung des ganzen unteren Tarim zu verhindern, wird ihm seit 2000 Wasser aus dem Bagrasch-See oberhalb von Korla zugeführt. Der Lop Nor (chin. Lop Nur) wurde von China 1960 zu einem 100 000 qkm großen Atomtestgelände für unter- und überirdische Versuche gemacht. Nach amerikanischen Quellen wurde hier 1964 die erste chinesische Atombombe gezündet, und seitdem sollen mindestens 45 Versuche stattgefunden haben. Es wird vermutet, dass der Lop Nor auch zur Endlagerung hochradioaktiver Abfälle genutzt wird. Heute soll er zu einem Naturpark für wilde Kamele werden.

3 Den Charchan-daria, chin. Qarqan He, der aus dem Kunlun kommt und wie der Tarim im früheren Lop Nor endete, gibt es in Dutzenden von Schreibweisen, die alle die Aussprache ‹Tschartschan› oder ‹Tschertschen› wiedergeben sollen. Er heißt nach dem kleinen Ort Cherchen (chin. Qiemo) an der südlichen Seidenstraße, wo an 145 Tagen im Jahr Sandstürme der Stärke 5 wehen.

4 Pappelwälder: Die für den Lauf des Tarim charakteristische Pappel ist die Euphrat-Pappel *Populus euphratica* (Olivier, 1801), die wegen ihrer verschiedengestaltigen Blätter auch den Namen *Populus diversifolia* trug. Die Pappelwälder am Tarim sind infolge der Absenkung des Grundwassers heute weitgehend verschwunden. Südwestl. Korla wird

in einem Naturschutzgebiet zurzeit wieder ein Pappelwald aufgeforstet.

5 Auf seiner letzten Reise kehrte Prshewalskij im Februar 1885 an den Lop Nor zurück, wurde diesmal von den Einheimischen freundlich aufgenommen, beobachtete ungeheure Vogelzüge, die hier Station machten, und erlebte am Charchan-daria noch heftigere Stürme als beim ersten Mal.

6 Die Altgläubigen (russ. *starowerzy* oder *raskolniki*) sind eine um 1666 entstandene Sekte, die sich aus Protest gegen die Reformen des Patriarchen Nikon von der russisch-orthodoxen Kirche abgespalten hatte und lange als Ketzerei verfolgt wurde. Sie trat für altrussische Lebensart und Frömmigkeit ein.

7 Dunganen-Aufstand: S. Anm. 2 auf S. 286 Mitte.

8 Bei seiner zweiten Reise an den Lop Nor, 1885, bekam Prshewalskij eine andere Geschichte zu hören. Danach wurde die Siedlung der Altgläubigen bei den angeblichen Ruinen der alten Stadt Lop von einer vom Gouverneur von Turfan entsandten chinesischen Truppe niedergebrannt; die meisten von ihnen wurden misshandelt und ermordet. Nur vier Familien entkamen nach Sazhou/Dunhuang, wo alle Männer hingerichtet wurden. Einige sollen aber auch nach Turfan gebracht worden und dort verschollen sein (Prshewalskij 1888, S. 318–319).

9 Pewzow nennt den Tarim durchweg Yarkent-daria.

10 Pewzow zählt folgende Süßwasserschnecken auf: *Planorbis sibiricus* (Dunker, 1848), *Lymnaea ventricosa* (Deshayes, 1863), *Lymnaea stagnalis* (L., 1758) und *Lymnaea peregra* (Müller, 1774).

Die Autoren

Bonvalot, Pierre Gabriel Édouard (geb. 1853 in Épagne/Aube, gest. 1933 in Paris) – französischer Entdeckungsreisender, Schriftsteller und Politiker. 1880 unternahm Bonvalot im Auftrag der französischen Regierung eine Erkundungsreise nach Turkestan (Taschkent, Samarkand, Amu-daria, Bukhara), 1886 nach Afghanistan (wo er zweimal inhaftiert und ausgewiesen wurde). Dann finanzierte ihm der Herzog von Chartres eine Expedition quer durch Zentralasien von Semipalatinsk an den Golf von Tonkin (Vietnam), auf der ihn dessen 22-jähriger Sohn begleitete, Prinz Henri d'Orléans. Sie begann im Juli 1889 und endete im September 1890. Dabei kam er, da er sich aus dem menschenleeren Norden näherte, bis auf 70 Kilometer an Lhasa heran, näher als alle anderen Reisenden; dann wurde auch er gestoppt und musste nach Batang in Osttibet abdrehen. Über diese schwierige und riskante Reise schrieb er das eigentümlich gleichmütige zweibändige Reisebuch *De Paris au Tonkin à travers le Tibet inconnu* (1892). 1924 folgte ein Buch über Marco Polo (*Les chercheurs de routes*). Bonvalot plädierte für die Annexion von Tonkin und trat publizistisch für ein starkes kolonialistisches Frankreich ein, von 1902 bis 1906 auch als Parlamentsabgeordneter.

Bower, Sir Hamilton (geb. 1858, gest. 1940) – schottischer Offizier (zuletzt Generalmajor) und Reiseschriftsteller. Bower kam aus einer Offiziersfamilie (sein Vater war Admiral J. Paterson Bower), ging in Edinburgh zur Schule, trat 1880 in die Armee ein und tat hauptsächlich in Nordindien Dienst. Von 1901 bis 1906 war er Kommandant der britischen Gesandtschaftswache in Peking, von 1908 bis 1914 Befehlshaber der Assam-Brigade. In dieser Eigenschaft führte er 1911 eine Strafexpedition gegen Abor-Stämme, die zwei britische Beamte ermordet hatten. 1890 kaufte er in Kuqa in Ostturkestan ein auf 51 Blätter aus Birkenrinde geschriebenes Sanskrit-Manuskript, das sich als das älteste indische Dokument erwies, und leitete damit die Suche nach Kulturschätzen im Tarim-Becken ein. Von Juni bis Dezember 1891, als Hauptmann der 17th Bengal Cavalry, unternahm er zusammen mit dem Arzt W. G. Thorold eine Erkundungsreise von Kaschmir (Leh) quer durch das tibetische Plateau nach Batang und dann weiter nach Shanghai. Dafür erhielt er die Gründermedaille der Royal Geographical Society. Seine Heimatadresse war The Cottage, New Berwick, Northumberland.

Filchner, Wilhelm (geb. 1877 in Bayreuth, gest. 1957 in Zürich) – deutscher Forschungsreisender. Filchner trat zunächst in das bayerische Kadettenkorps ein und ging 1900 auf eigene Faust auf eine Reise nach Zentralasien, die mit einem Ritt über den Pamir endete. Darauf studierte er Geographie und Geodäsie und unternahm eine Reihe von Forschungsreisen: 1903–05 nach Nordosttibet und China, 1910 nach Spitzbergen, 1911–12 als Leiter der 2. deutschen Südpolarexpedition in die Antarktis, 1926–28 auf eigene Faust nach China und Tibet, 1935–37 noch einmal nach Tibet und 1939 nach Nepal. Sein Forschungsschwerpunkt waren erdmagnetische Messungen. Von seinen Expeditionen berichtete er in wissenschaftlichen Aufsätzen und populären Reiseberichten. 1928 war er in Tibet monatelang verschollen, tauchte dann aber in Kaschmir wieder auf. Während des Zweiten Weltkriegs wurde er in Indien interniert; 1949 kehrte er nach Europa zurück. 1950 erschien seine Autobiographie *Ein Forscherleben*.

Gill, William John (geb. 1843 in Bangalore, gest. 1882 in Wadi Sudr) – englischer Offizier und Entdeckungsreisender. Sohn eines Majors der Madras-Armee, besuchte Gill das Brighton College, trat 1869 in das Korps der Royal Engineers ein und wurde nach Indien geschickt. Eine Erbschaft versetzte ihn in die Lage, eigene Entdeckungsreisen finanzieren zu können. 1873 bereiste er zusammen mit Oberst William Baker Persien. Ermuntert und unterstützt von Sir Henry Yule und von dem Berliner Geographen und China-Forscher Ferdinand von Richthofen, trat er eine 20-monatige Reise an: 1876, zusammen mit E. Colborne Baber, von Hongkong aus nach Sichuan und 1877, zusammen mit dem englisch-chinesischen General William Mesny, von Chengdu durch Osttibet: Tatsienlu, Litang, Batang, dann südwärts nach Yunnan, den Irawadi hinunter und nach Kalkutta. Die wissenschaftlichen Ergebnisse dieser Reise schilderte er in einem Bericht an die Royal Geographical Society, für den er deren Goldmedaille und die der Pariser Geographischen Gesellschaft erhielt, und populärer in seinem zweibändigen Reisebericht *The River of Golden Sand* (1880). Danach wurde er in den Nachrichtendienst der britischen Armee versetzt und mit mehreren Reconnaissanceaufgaben im

Mittleren Osten und in Nordafrika betraut. Als er sich im Zusammenhang mit dem Bau des Suez-Kanals in Ägypten aufhielt, fiel er einem Raubmord durch Beduinen zum Opfer.

Grum[m]-Grshimajlo, Grigorij Efimowitsch (geb. 1860 in St. Petersburg, gest. 1936 in Leningrad) – russischer Geograph, Entomologe und Forschungsreisender. Grum war der Sohn eines Ökonomen und veröffentlichte wie Nabokov seine erste schmetterlingskundliche Schrift mit 21 Jahren. 1883 lernte er in Sarepta den deutschen Insektensammler Eugen Rückbeil kennen, der ihn zur Erkundung von Zentralasien überredete. Zufällig erwog zur gleichen Zeit Großherzog Nikolaj Michajlowitsch aus dem Hause Romanow, ein Enkel von Zar Nikolas I., entomologische Expeditionen nach Zentralasien zu finanzieren. Er wurde Grums Sponsor und begleitete ihn auf dessen erster Reise persönlich. Eilig beendete Grum 1884 in St. Petersburg sein Studium der Naturwissenschaften und unternahm von 1884 bis 1887 vier Reisen in den Altai, den Pamir, den Tianshan, das Karakorum-Gebirge und zum Fuß des Kunlun. Unter den Erforschern Zentralasiens war er der Einzige, dessen Hauptinteresse der Schmetterlingsfauna galt. Er brachte Zehntausende von Exemplaren zurück, Dutzende davon neu. Die wissenschaftlichen Ergebnisse fasste er in der Monographie *Le Pamir et sa faune lépidoptérologique* zusammen (erschienen in *Mémoires sur les lépidoptères*, Bd. 4, 1890). 1889/90 leitete er zusammen mit seinem Bruder Michajl eine weitere Expedition von Gulja/Yining an der Nordseite des Tianshan entlang (mit einem Abstecher nach Turfan) in den Beishan, die Nanshan-Gebirge, zum Kokonor und etwa auf dem gleichen Weg zurück nach Russland. Der dreibändige Bericht (*Opisanije puteshestwija w sapadnyi Kitai*) erschien von 1896 bis 1907. Da ihm die Auflage, seinem Sponsor sämtliches Sammelmaterial abzuliefern, immer stärker missfiel und er von seinen Kollegen nicht die erhoffte Anerkennung erhielt, zog sich Grum danach aus der Entomologie zurück, unternahm aber noch einige weitere Reisen in die Amur-Region und die Westmongolei. Ihr widmete er wiederum ein dreibändiges Werk (*Sapadnaja Mongolia i Urjanchajskij krai*, 1914–1930). Von 1920 bis 1931 war er Vizepräsident der Geographischen Gesellschaft der Sowjetunion. Nabokovs Biograph Brian Boyd erwähnt, dieser habe «seit 1911 davon geträumt, den Zeitraum zwischen Schule und Universität mit einer lepidopterologischen Expedition nach Zentralasien zu überbrücken – vielleicht gemeinsam mit dem großen Naturforscher Grigorij Grum-Grshimajlo; als er das Vermögen seines Onkels geerbt hatte, hatte er ernsthaft erwogen, diese Reise im Jahr 1918 anzutreten».

Hedin, Sven [Anders von] (geb. 1865 in Stockholm, gest. 1952 ebenda) – schwedischer Geograph, Entdeckungsreisender und Reiseschriftsteller. Hedin ging in Stockholm zur Schule und begleitete 1885/86 einen schwedischen Schüler als Hauslehrer nach Baku, wo dessen Vater als Ingenieur auf den Erdölfeldern von Alfred Nobel arbeitete. Von hier aus unternahm er eine Reise durch Persien nach Bagdad und zurück über den Kaukasus nach Konstantinopel. Von 1886 bis 1888 studierte er Geographie, Geologie und Mineralogie in Stockholm und bei Ferdinand Freiherr von Richthofen in Berlin; 1892 promovierte er in Halle. Von jetzt an war er hauptberuflicher Entdeckungsreisender. Insgesamt unternahm er fünf Expeditionen. Die erste (1893/97) führte ihn in den Pamir, nach Kaschgar, in die Wüste Taklamakan (wo zwei seiner Begleiter und seine sieben Kamele verdursteten und er selber nur mit knapper Not davonkam), an den Bagrasch-See und den Lop Nor. Auf der zweiten (1899/1902) kam er noch einmal an den Lop Nor und wollte dann weiter nach Lhasa, wurde aber in Zentraltibet abgefangen und musste über Kaschmir nach Indien ausreisen. Die dritte Expedition (1905/08) führte durch die persischen Wüsten und weiter nach Tibet; als erster Europäer erreichte er dort den heiligen Berg Kailash, entdeckte die Quellen des Brahmaputra und Indus und gelangte bis nach Tashilhunpo, wo er den Panchen Lama interviewte. Die vierte Expedition (1923), die eigentlich nach Ostturkestan (Xinjiang) führen sollte, wurde wegen der dortigen Unruhen zu einer Autofahrt durch die Mongolei. Die fünfte und letzte Expedition (1927/35) war eine sino-schwedische Unternehmung zur Aufnahme von meteorologischen und topographischen Daten in der Gobi und in Xinjiang. Die Ergebnisse seiner Reisen veröffentlichte Hedin in von Mal zu Mal umfangreicher werdenden wissenschaftlichen Publikationen. Daneben verarbeitete er seine Erlebnisse zu einer Vielzahl von populären Abenteuerbüchern, die in diversen Bearbeitungen Verbreitung fanden. Hedin sympathisierte mit dem Nationalsozialismus.

Huc, Régis-Évariste (geb. 1813 in Caylus/Tarn-et-Garonne, gest. 1860 in Paris) – französischer Missionar, Reisender und Schriftsteller. Huc studierte in Toulouse, trat 1836 in die ‹Kongregation der Mission› ein (in Frankreich Lazaristen, in Deutschland Vinzentiner genannt), wurde 1838 zum Priester geweiht und reiste wenige Monate später in den Fernen Osten. Über Macao kam er nach Peking und erhielt dort den Auftrag, die Lebensweise der nomadischen Mongolenstämme zu erkunden. Am 3. August 1844 brach er mit Pater Joseph Gabet (geb. 1808 in Lons-le-Saunier/Jura, gest. 1853 in Rio de Janeiro an Gelbfieber), seinem Vorgesetzten, zu einer Reise durch die Innere Mongolei nach Tibet auf. Acht Monate lang blieben die beiden in der Gegend von Xining und machten sich mit dem tibetischen Buddhismus vertraut, dann schlossen sie sich einer tibetischen Karawane an und gelangten mit dieser tatsächlich am 29. Januar 1846 nach Lhasa. Schon nach einem Monat wurden sie jedoch von dem dortigen chinesischen Regenten ausgewiesen und gelangten schließlich nach Canton. 1852 musste Huc wegen seiner angeschlagenen Gesundheit nach Frankreich zurückkehren. 1850 veröffentlichte er seinen aufsehenerregenden zweibändigen Bericht über die sechzehnmonatige Reise nach Lhasa, der zu einem Klassiker der Reiseliteratur wurde. Seine beiden folgenden Bücher (*Das chinesische Reich*, 1854, und *Das Christentum in China, der Mongolei und Tibet*, 1858) hatten keinen Erfolg. Hucs Bericht wurde als unzuverlässig kritisiert. Tatsächlich dachte er nicht wissenschaftlich, hatte nicht gewusst, worauf er sich einließ, nahm keine Messungen vor, sammelte keine Pflanzen und Tiere, hatte keine Ahnung von Geologie, Botanik und Zoologie, führte kein Protokoll und schrieb seinen Bericht zwei Jahre später hauptsächlich aus der Erinnerung nieder. Trotzdem hat er geschafft, was zwischen 1816 und 1904 kein anderer Europäer schaffte: nach Lhasa zu kommen und davon farbig und glaubwürdig zu berichten. Die Kritik anderer Entdeckungsreisender an ihm, vor allem die Prshewalskijs, dürfte zum großen Teil auf Neid beruht haben.

Koslow, Pjotr Kusmitsch (geb. 1863 in Duchowschtschina bei Smolensk, gest. 1935 in Peterhof) – russischer Forschungsreisender. Koslow kam aus einer Handwerkerfamilie, arbeitete nach vierjährigem Schulbesuch in der Schnapsbrennerei auf Nikolaj Prshewalskijs Gut Sloboda bei Smolensk und wurde dort 1882 von Prshewalskij «entdeckt». Dieser nahm ihn bei sich auf und ließ ihm Unterricht erteilen. Schon 1883 konnte Koslow in die Armee eintreten und drei Monate später mit Prshewalskij in die Mongolei und nach Nordtibet aufbrechen. Nach dem plötzlichen Tod seines Mentors im Jahre 1888 reiste er mit dessen Nachfolgern Michajl Pewzow (1889/90) und Wsewolod Roborowskij (1893/95). Als dieser auf seiner Expedition erkrankte, übernahm Koslow die Leitung. Ab 1899 führte er mehrere eigene Expeditionen in die Mongolei und nach Nordost- und Osttibet (Amdo und Kham). Von Prshewalskijs Leuten war Koslow der Einzige, der je den Dalai Lama zu Gesicht bekam, den er 1905 in Urga (Ulaanbaatar) interviewte. Auf seiner fünften Expedition (1907/09) entdeckte Koslow in der Südwestmongolei eine 1227 von Dschingis Khan zerstörte «Tanguten»-(d. h. Nordtibeter-)Stadt, die «tote Stadt» Khara-Khoto, deren Ausgrabung er in die Wege leitete. Seine sechste und letzte Expedition (1923/26) führte ihn wiederum in die Nordmongolei. Nach ihrem Ende setzte er sich in dem Dorf Stretschno bei Nowgorod zur Ruhe. Er starb in einem Peterhofer Sanatorium. Das bekannteste seiner Bücher war *Die Mongolei, Amdo und die tote Stadt Khara-Khoto* (1923).

Mandeville, Sir John – englischer oder nordfranzösischer Reiseschriftsteller des 14. Jahrhunderts. Über ihn ist nichts bekannt, nicht einmal, ob er wirklich so hieß und, wie er selber schrieb, um 1300 in St. Albans geboren wurde. Jedenfalls verfasste ein Mönch unter diesem Namen in anglonormannischer Sprache zwischen 1357 und 1371 eins der erfolgreichsten Reisebücher des ausgehenden Mittelalters, die *Voyage d'outre mer*. Dass er das Heilige Land auch aus eigener Anschauung kannte, ist nicht ausgeschlossen. Die weiteren Teile seines Reiseberichts sind eine Kompilation von Wundergeschichten aus verschiedenen Quellen.

d'Orléans, Henri, Prince de France (geb. 1867 in Morgan House, Ham, Richmond, England, gest. 1901 in Saigon) – französischer Reisender und Großwildjäger, Angehöriger des Hauses Bourbon. Er war der Sohn des Herzogs von Chartres, der Gabriel Bonvalots Expedition quer durch Tibet nach Hanoi (1889/90) großzügig finanzierte. Prinz Henri begleitete ihn, erkundete, während Bonvalot in Karkilik die Karawane für die Weiterreise zusammenstellte, eine Woche lang allein den Lop Nor, schrieb in Bonvalots Reisebericht das Kapitel darüber, fotografierte auf der ganzen Expedition und erhielt für seine Fotos, die auch den Stichen in Bonvalots Buch zugrunde lagen, die Goldmedaille der Französischen Geographischen Gesellschaft. 1889 schrieb er noch ein Buch über die Tigerjagd in Indien *(Six mois aux Indes).*

Pewzow, Michajl Wassiljewitsch (geb. 1843 in der Provinz Nowgorod, gest. 1902 in St. Petersburg) – russischer Forschungsreisender und Generalmajor. Pewzow unterrichtete Geographie an einer Kadettenanstalt in Omsk und leitete zwei große geographische Expeditionen. Die erste (1878/79) führte ihn quer durch die Mongolei nach Kalgan, die zweite (1889/90), auf der ihn zwei von Prshewalskijs Männern begleiteten, Koslow und Roborowskij, in das damalige Kaschgarien und das kaum erforschte Kunlun-Gebirge an der Grenze zu Tibet.

Polo, Marco (geb. 1254 in Venedig, gest. 1324 ebenda) – venezianischer Reisender. Die venezianischen Kaufleute Niccolò Polo und sein Bruder Maffeo waren auf ihren Handelsreisen bis nach China gekommen und hatten von dem mongolischen Khan in Kathei (Nordchina) den Auftrag erhalten, nach Europa zurückzukehren und dort die Entsendung einiger Missionare zu erwirken. Auf seiner nächsten Reise, die 1271 begann, nahm Niccolò seinen Sohn Marco mit. Sie reisten über Palästina, Hormos am Persischen Golf, Persien, den Pamir, die Seidenstraße südlich der Taklamakan-Wüste nach Kathei, wo Marco 1275 eintraf. Von Kubilai Khan wurde er fünfzehn Jahre lang mit Missionen betraut, für die er im Fernen Osten weit umherreiste, und trat reich beschenkt 1292 auf dem Seeweg die dreijährige Rückreise nach Hormos, Konstantinopel und Venedig an. Als Kommandant einer venezianischen Galeere geriet er 1298/99 in genuesische Gefangenschaft. Im Gefängnis diktierte er einem Mitgefangenen seinen Reisebericht, der die geographischen Vorstellungen des späten Mittelalters prägen sollte. Was man für dessen Übertreibungen hielt, trug ihm den Spitznamen *Il Milione* ein.

Pratt, A[ntwerp] E[dgar] (geb. 1852 in Ryde, Isle of Wight, gest. um 1920) – britischer Reisender, Naturforscher und Sammler, Autor der beiden Bücher *To the Snows of Tibet through China* (1892) und *Two Years among New Guinea Cannibals* (1906). Pratts Vater Charles Pratt (geb. 1810) kam aus Hampshire. A. E. (wie er seine ungewöhnlichen Vornamen abkürzte) war das jüngste von drei Kindern. 1882 heiratete er Alice Spanner, die

Tochter eines Lebensmittelhändlers in Ryde, mit der er sechs Kinder hatte. Den Lebensabend verbrachte er wieder auf der Isle of Wight. Dazwischen war er meist auf Reisen. In seinem zweiten Buch schreibt er: «Im Laufe von dreißig Jahren fast unausgesetzter Reisen in beiden Hemisphären hatte ich das Glück, mich weit von den ausgetretenen Pfaden zu entfernen und etwas von dem Zauber und Geheimnis der Einsamkeiten dieser Erde kennen zu lernen. Meine Arbeit zur Erweiterung der großen naturkundlichen Sammlungen Englands und in geringerem Maße auch Frankreichs hat mich in die Rocky Mountains geführt, an den Amazonas, in die Republik Kolumbien, in die Schluchten des Yangtze und in den Schnee von Tibet; aber nichts davon hat mein Interesse und meine Neugier im gleichen Maß geweckt wie das Feld meiner jüngsten und meiner nächsten Expedition, das noch nahezu unerforschte Papua, die zweitgrößte Insel der Welt und fast die letzte, die dem Geographen, Naturkundler und Ethnologen ihre Geheimnisse immer noch vorenthält.» Nach Neuguinea ging er mit seinem 16-jährigen Sohn 1891. In China und im chinesisch-tibetischen Grenzgebiet war er von 1888 bis 1890; im Sommer 1889 und noch einmal 1890 erreichte er mit Tatsienlu (Kangding) den westlichsten Punkt dieser Reise. Aus einem opulenten Buch des wohlhabenden Schmetterlingsforschers John Henry Leech geht hervor, dass diese Sammelreise in seinem Auftrag (und wahrscheinlich auf seine Kosten) stattfand. Pratt selbst sagte es nicht, aber widmete seinen Reisebericht Leech. Seit 1881 war Pratt Mitglied der Royal Geographical Society; da seine Korrespondenz mit ihr 1920 abbricht, kann man annehmen, dass er um diese Zeit starb. Tatsienlu, seine Felsen und Rhododendren und einer der dortigen französischen Missionare, Pater Déjean, kommen schon in Nabokovs Kurzgeschichte *Pilgram* vom Sommer 1930 vor. So muss man annehmen, dass ihm Pratts Buch bereits zu dieser Zeit bekannt war, drei Jahre bevor er für das zweite Kapitel seines Romans *Die Gabe* mit der systematischen Lektüre von Reiseliteratur über Innerasien begann. Es gab (und gibt) ein Exemplar in der Preußischen Staatsbibliothek in Berlin. Neben dem «Winterwurm-Sommergras» Chong Cao findet sich darin am Rand eine schwache Bleistiftmarkierung. (Kein biographisches Nachschlagewerk verzeichnet Pratt. Die privaten Daten verdanke ich seinem Urenkel Iain Mathewson, London.)

Prshewalskij, Nikolaj Michajlowitsch (geb. 1839 auf dem Gut Kimborowo in der Provinz Smolensk, gest. 1888 in Karakol/Kirgisistan) – Generalmajor (ab 1886) im Generalstab der russischen Armee, Forschungsreisender. (Przewalski ist die polnische Schreibweise seines Namens, die er selber für seine wissenschaftlichen Arbeiten verwendete.) Sohn eines kleinen Gutsbesitzers, besuchte Prshewalskij das Gymnasium in Smolensk, trat gleich darauf in den Militärdienst und wurde 1856 Offizier. 1863 beendete er die Akademie des Generalstabs und unterrichtete drei Jahre lang Geographie und Geschichte in Warschau. Mit großer Energie organisierte und leitete er insgesamt fünf großangelegte mehrjährige Expeditionen nach Asien: 1867/69 an den Ussuri, 1870/73 in die Mongolei, die Tanguten-Region und die nordtibetischen Wüsten, 1876/77 von Gulja (Yining) in den Tianshan, zum Lop Nor und zum Altun Shan, 1879/80 von Zajsan nach Hami, den Nanshan, ins Qaidam-Becken, nach Nordosttibet und zum Kokonor, 1883/85 von Kiakhta durch die Mongolei zu den Quellen des Huang He, in den Kunlun und noch einmal zum Lop Nor. Prshewalskij starb am 1. November 1888 im Alter von 49 Jahren an Typhus, mit dem er sich angesteckt hatte, als er – leichtsinnig oder absichtlich – bei einer Tigerjagd Wasser aus dem Chu-Fluss bei Bishkek (Frunse) getrunken hatte. 1893 wurde ihm am Ufer des Issyk-kul bei Karakol ein steinernes Grabmal errichtet. Prshewalskijs wissenschaftliche Interessen waren überaus vielseitig: Geographie, Geologie, Mineralogie, Orographie, Klimakunde, gelegentlich Geschichte und Ethnologie, aber sein Hauptinteresse galt immer den Säugetieren, Vögeln und der Pflanzenwelt der von ihm erforschten Gegenden. Kaum ein Forscher dürfte je so viel Material wie er mit zurückgebracht haben: 15 000 Pflanzen von 1700 Arten, davon 218 neu, und 7500 Vögel und Säugetiere, auch von ihnen viele der Wissenschaft bis dahin unbekannt, darunter das Wildkamel, das Wildyak und das Wildpferd (*Equus przewalskii*). Über jede seiner Expeditionen schrieb er ausführliche Bücher, die abwechselnd Abenteuerberichte, wissenschaftliche Abhandlungen, Inventarlisten, Kuriositäten, Stimmungsbilder und Klagetiraden sind. Persönlich war er ein Misanthrop, der der russischen Gesellschaft nach Innerasien entfloh, die einheimischen Bevölkerungen, vor allem die Chinesen, aber noch weniger mochte. Wohl fühlte er sich nur im Freien. Per Anzeige suchte er 1881 für sich «ein Gut mit weniger Nachbarn, dafür mehr Wild und Fischen» – kaufte das Gut Sloboda in den einsamen Wäldern nördlich von Smolensk. Politisch trat er dafür ein, China zu einem Krieg gegen Russland zu provozieren, um ihm Kaschgarien und Tibet abzunehmen; seine vernichtenden Schilderungen der damals vom Opium zerrütteten chinesischen Armee sollten seinem Land Mut zu diesem Feldzug machen. Einige Züge seiner Persönlichkeit, vor allem seine Energie, Beharrlichkeit und Unruhe, sind in Konstantin Godunow eingegangen.

Roborowskij, Wsewolod Iwanowitsch (geb. 1856 in St. Petersburg, gest. 1910 auf dem Gut Taraki an der Oberen Wolga) – russischer Forschungsreisender. Roborowskij war Nikolaj Prshewalskijs Hauptassistent auf zwei seiner Expeditionen ins Innere Asiens (1879/80 und 1883/85); nach dessen Tod begleitete er auch Prshewalskijs Nachfolger Michajl Pewzow auf dessen Expedition ins Tarim-Becken und das Kunlun-Gebirge (1989/90). 1893/95 leitete er eine eigene Expedition in den Tianshan und über Turfan und Hami in den Nanshan bis zum Kokonor, über die er ein Buch schrieb. Die Zeichnungen in Prshewalskijs Büchern sind zu einem großen Teil von ihm.

Savage Landor, Arnold Henry (geb. 1865 in Florenz, gest. 1924 ebenda) – englischer Reiseschriftsteller und Maler. Savage Landor war der Enkel des Dichters Walter Savage Landor. Zwischen 1893 und 1913 schrieb er zehn Reisebücher, gefolgt von zwei Memoirenbänden. Sie handelten von unbekannten Gegenden in Asien, Afrika und Südamerika, über die er regelmäßig Haarsträubendes zu berichten hatte. Das wahrscheinlich erfolgreichste war sein Buch über Südwesttibet. 1897 war er, von Bombay kommend, über Kaschmir mit einigen dort angeheuerten Kulis mit dem Ziel Lhasa unerlaubterweise nach Tibet hineingewandert, dort alsbald gefangen genommen und gefoltert worden und nur knapp und übel zugerichtet entkommen. Ein Jahr später war das Buch darüber da, *In the Forbidden Land* (1898), komplett mit bildlichen Darstellungen der Folterszenen, das sich wie ein sadomasochistischer Roman liest. Der Wahrheitsgehalt von Savage Landors Büchern wurde von Anfang an angezweifelt. Heute scheint die Meinung vorzuherrschen, dass seine Reiseerlebnisse vielleicht nicht gänzlich erfunden, aber stark übertrieben waren.

Bibliographie

Literatur über die Mongolei, Westchina, Ostturkestan und Tibet bis 1936. Nabokovs gesicherte Quellen in Fettdruck.

Allen, Thomas Gaskell/William Lewis Sachtleben. *Across Asia on a Bicycle*. New York: Century, 1894

Andrews, Roy Chapman. *Across Mongolian Plains – A Naturalist's Account of China's ‹Great Northwest›*. New York: Blue Ribbon, 1921

Anonym (Xu Zhonglin oder Lu Xixing). *Feng-shen yen-i* (*Volkserzählungen über die Wiedereinsetzung der Götter*). Deutsch (bis Kapitel 42): *Die Metamorphosen der Götter*. Übers. Wilhelm Grube. Hg. Herbert Müller. Leiden: Brill, 1912. Englisch: *The Creation of the Gods*. 2 Bde. Übers. Gu Zhizhong. Beijing: New World Press, 1992

Atkinson, Thomas Witlam. *Oriental and Western Siberia – A Narrative of Seven Years of Exploration and Adventure in Siberia, Mongolia, the Kirghes Steppes, Chinese Tartary and Parts of Central Asia*. London: Hurst & Blackett, 1858. Nachdruck Delhi: AES, 2003

Baber, E[dward] Colborne. «Travels and Researches in Western China». London: *Royal Geographical Society, Supplementary Papers*, 1, 1886 (1882), S. 1–201

Bonvalot, Gabriel/Prince Henri d'Orléans. *De Paris au Tonkin à travers le Tibet inconnu*. Paris: Hachette, 1892. Englisch: *Across Thibet*. Übers. C. B. Pitman. 2 Bde. London: Cassell, 1891

Bower, Hamilton. *Diary of a Journey Across Tibet*. London/New York: Macmillan, 1894. Nachdruck Delhi: AES, 1994

Carey, A. D.: «A Journey round Chinese Turkistan and along the Northern Frontier of Tibet». London: *Proceedings of the Royal Geographical Society*, 9 (12) Dez. 1887, S. 731–752

Carruthers, Douglas. *Unknown Mongolia – A Record of Travel and Exploration in North-West Mongolia and Dzungaria*. 2 Bde. London: Hutchinson, 1914. Nachdruck New Delhi: AES, 1994

Conradt, L. «Über die russische Expedition von Grombtschewski nach Centralasien in den Jahren 1889–1890». Berlin: *Verhandlungen der Gesellschaft für Erdkunde zu Berlin*, 18 (3), 1891, S. 168–176

Das, Sarat Chandra. *Journey to Lhasa and Central Tibet*. Hg. W. W. Rockhill. London: Murray, 1902

Deasy, H. H. P. *In Tibet and Chinese Turkestan, being the record of three years› exploration*. London: Unwin, 1901

Desgodins, Auguste. *La mission du Thibet*. Verdun: Laurent, 1872

Dungern-Oberau, O[tto] Frh. v. *Tian-Schan; Jagd- und Reisebriefe*. Berlin: Reimer, 1911

Dutrueil de Rhins, Jules-Léon: *Mission scientifique dans la Haute Asie 1890–1895: Récit du voyage 19 février 1891 – février 1895*. Paris: Leroux, 1897

Faxian: *The Travels of Fa-hsien (399–414 A.D.), or Record of the Buddhistic Kingdoms*, Übers. H. A. Giles. Cambridge: Cambridge UP, 1923

Filchner, Wilhelm. *Das Rätsel des Matschu – Meine Tibet-Expedition 1903/04*. Berlin: Mittler, 1907

Filchner, Wilhelm. *Bilder aus Kan-su*. Berlin: Mittler, 1912

Filchner, Wilhelm. *Sturm über Asien – Erlebnisse eines diplomatischen Geheimagenten*. Berlin: Neufeld & Henius, 1924

Filchner, Wilhelm. *Quer durch Ost-Tibet*. Berlin: Mittler, 1925

Filchner, Wilhelm. *Om mani padme hum – Meine China- und Tibetexpedition 1925/28*. Leipzig: Brockhaus, 1929. Gekürzte Fassung: Wiesbaden: Brockhaus, 1950

Fleming, Peter. *News from Tartary*. London: Cape, 1936. Deutsch *Tataren-Nachrichten*. Berlin: Rowohlt, 1937

Futterer, Karl. *Durch Asien - Erfahrungen, Forschungen und Sammlungen*. Berlin: Reimer, 1901–11

Galwan, Ghulam Rasul. *Servant of Sahibs*. Cambridge: Heffer & Sons, 1923. Deutsch: Gulam Rassul Galwan. *Als Karawanenführer bei den Sahibs*. Berlin: Vowinckel, 1924

Gill, William. *The River of Golden Sand – The Narrative of a Journey through China and Eastern Tibet to Burmah*. Einl. Henry Yule. 2 Bde. London: Murray, 1880. Faksimilenachdruck der gekürzten Ausgabe von 1883 Chestnut Hill, MA: Elibron, 2003

Grenard, Fernand: *Mission scientifique dans la Haute Asie 1890–1895 – Le Turkestan et le Tibet*. Paris: Leroux, 1898

Groume-Grshimaïlo, Gr. «Le Pamir et sa faune lépidoptérologique». *Mémoires sur les lépidoptères*, Bd. 4. Hg. N. M. Romanoff. St. Petersburg: Stassjulewitsch, 1890

Grum-Grshimajlo, Grigorij Efimowitsch. *Opissanije puteschestwija w sapadnyi Kitaj*. 3 Bde. Bd. 1: *Wdol wostotschnago Tjan-schanja*.

St. Petersburg: Nikolajew, 1896. **Bd. 2:** ***Poperjok Bej-schanja i Nan-schanja w dolinu Sheltoj reki.*** St. Petersburg: Kirschbaum, 1899. **Bd. 3:** ***Wokrug Kuku-nora, tscheres Nan-schan, Bej-schan i wdol wostotschnago Tjan-schanja obratno na rodinu.*** St. Petersburg: Kirschbaum, 1907. Gekürzter Nachdruck: Moskau: Gos. Isd-wo georg. Lit-ry, 1948

Grumm-Grshimaïlo, Gr. «Lepidopterologische Mitteilungen». In *Mémoires sur les lépidoptères*, Bd. 1. Hg. N.M. Romanoff. St. Petersburg: Stassjulewitsch, 1884, S. 162–173

Grumm-Grshimaïlo, Gr. «Bericht über meine Reise in das Altai-Gebiet». In *Mémoires sur les lépidoptères*, Bd. 2. Hg. N.M. Romanoff. St. Petersburg: Stassjulewitsch, 1885, S. 212–247

Grum-Grshimajlo, Michajl Efimowitsch. «Organisazija karawana». In Grum 1907, S. 440–448

Hedin, Sven. *En färd genom Asien 1893–97*. 2 Bde. Stockholm: Bonnier, 1898. Deutsch: *Durch Asiens Wüsten*. 2 Bde. Leipzig: Brockhaus, 1899. Russisch: **Swen Gedin.** ***Po pustyniam Asii.*** Berlin: Efron, 1923

Hedin, Sven. *Scoutliv i Tibet*. Stockholm: Bonnier, 1913. Deutsch: *Abenteuer in Tibet*. Leipzig: Brockhaus, 1919

Hedin, Sven: *Trans-Himalaya – Discoveries and Adventures in Tibet*. 2 Bde. London: Macmillan, 1909

Huc, Régis-Évariste. ***Souvenirs d'un voyage dans la Tartarie, le Thibet et la Chine pendant les années 1844, 1845 et 1846.*** Paris: Adrien le Clerc, 1850, ²1853. Deutsch: *Wanderungen durch die Mongolei nach Thibet*. Hg. Karl Andree. Leipzig: Lorck, 1855. Englisch: Huc and Gabet. *Travels in Tartary, Thibet and China, 1844–1846*. Übers. William Hazlitt. Nachdruck London: Routledge, 1928

Koslow, Pjotr Kusmitsch. *Trudy expedizii Imperatorskago Russkago Geografitscheskago Obschtschestwa po zentralnoj Asii, Sowerschennoj w 1893–1895 gg.* Bd. 2: Bericht des stellvertretenden Leiters. St. Petersburg: Stassjulewitsch, 1899/1900

Koslow, Pjotr Kusmitsch. *Mongolija i Kam – Trudy expedizii imperatorskago Russkago Geografitscheskago Obtschtschestwa, sowerschennoj w 1899–1901 gg.* Bd. 1: *Po Mongolii do graniz Tibeta*, St. Petersburg: Gerold, 1905. Gekürzter Nachdruck: Moskau: Isd. Geograf. Lit., 1947

Koslow, Pjotr Kusmitsch. ***Trudy expedizii Imperatorskago Russkago Geografitscheskago Obschtschestwa po zentralnoj Asii, Sowerschen-***

***noj w 1893–1895 gg.* Bd. 2: Bericht des Assistenten des Leiters.** St. Petersburg: Stassjulewitsch, 1899/1900. Nachdruck unter dem Titel «Tjan-Schan, Lob-Nor i Nan-Schan» in P. K. Koslow, *Russkij puteschestwennik w zentralnoj Asii – Isbrannyje trudy*. Moskau: Isd. Akademii Nauk SSSR, 1963, S. 127–370

Koslow, Pjotr Kusmitsch. *Mongolija i Kam – Trudy expedizii imperatorskago Russkago Geografitscheskago Obschtschestwa, sowerschennoj w 1899–1901 gg.* Bd. 1,1: Po Mongolii do graniz Tibeta. St. Petersburg: Gerold, 1905. **Bd. 1,2: *Kam i obratnyj put.*** St. Petersburg: Gerold, 1907. Nachdruck: Moskau: Isd. Geograf. Lit., 1947

Koslow, Pjotr Kusmitsch. *Trjochletneje puteschestwije 1899–1901 gg. po Mongolii i Tibetu*. St. Petersburg: Tip. Glawnago Upr. udelow, 1913

Koslow, Pjotr Kusmitsch. *Mongolija i Amdo i mjortwyi gorod Chara-Choto*, Moskau/Petrograd 1923. Deutsch: *Mongolei, Amdo und die Tote Stadt Chara-Choto*. Übers. L. Breitfuß/Paul Gerhard Zeidler. Berlin: Neufeld & Henius, 1925

Koslow, Pjotr Kusmitsch. *Kratkij ottschott o mongolo-tibetskoj expedizii Gossudarstwennago Russkago Geografitscheskago Obschtschestwa 1923–1926 gg*. Leningrad: Akad. Nauk, 1928. Neuausgabe Moskau: Gos. Isd. Geograf. Lit., 1948

Krascheninnikow, Stepan Petrowitsch. *Opissanije semli Kamtschatki*. St. Petersburg: Imperatorskaja Akademija Nauk, 1755. Nachdruck St. Petersburg: Nauka, 1994

Kreitner, Gustav. «Geographie». In *Die wissenschaftlichen Ergebnisse der Reise des Grafen Béla Széchenyi in Ostasien 1877–1888*. Wien: Hölzel, 1893

Kreitner, Gustav. *Im fernen Osten; Reisen des Grafen Béla Széchenyí in Indien, Japan, China, Tibet und Birma in den Jahren 1877–1880*. Wien: Hölder, 1881

Littledale, St. George R. «A Journey Across Tibet». London: *Geographical Journal*, 7 (5), Mai 1896, S. 53–483

The Travels of Sir John Mandeville with three narratives in illustration of it: The Voyage of Johannes de Plano Carpini, The Journal of Friar William de Rubruquis, The Journal of Friar Odoric. London: Macmillan, 1900. Nachdruck New York: Dover, 1964ff.

Markham, Clements R. *Narratives of the Mission of George Bogle to Tibet and of the Journey of Thomas Manning to Lhasa*. London: Trübner, 1879. Nachdruck: New Delhi: Manjusri, 1971

Merzbacher, Gottfried. *The Central Tian-Shan Mountains 1902–1903*. London: Murray, 1905

Merzbacher, Gottfried. *Wissenschaftliche Ergebnisse der Reise von Prof. Dr. G. Merzbacher im zentralen und östlichen Thian-Schan 1907/08*. München: Königl. Akademie der Wissenschaften, 1913

Merzbacher, Gottfried. *Die Gebirgsgruppe Bogdo-Ola*. München: Königl. Akademie der Wissenschaften, 1916

Morgan, E. Delmor/Andrew Dalgleish. *Journey of [A. D.] Carey and Dalgleish in Chinese Turkistan and Northern Tibet in 1885–87*. London: *Proceedings of the Royal Geographical Society, Supplementary Papers*, 3, 1890–93, S. 1–86

Moser, Henri. *À travers l'Asie centrale; La steppe kirghize – Le Turkestan russe – Boukhara – Khiva – Le pays des Turcomans et la Perse; Impressions de voyage*. Paris: Plon, 1885

Obrutschew, Wladimir Afanassjewitsch. *Zentralnaja Asija, sewernyj Kitaj i Nan-San*. St. Petersburg: Stassjulewitsch, 1900

Obrutschew, Wladimir Afanassjewitsch. *Ot Kjachty do Kuldshi – Puteschestwije w zentralnuju Asiju i Kitaj*. Leningrad: Isd. Akademii Nauk, 1940. Deutsch: *Aus China – Reiseerlebnisse, Natur- und Völkerbilder*. Leipzig: Duncker & Humblot, 1896

Obrutschew, Wladimir Afanasssjewitsch. *Po goram i pustynjam srednej Asii*. Moskau: Isd. Akademii Nauk, 1948

Obrutschew, Wladimir Afanassjewitsch. *W debrijach zentralnoj Asii*. Moskau: Isd. Geograf. Lit., 1951. Deutsch: *In der Felsenwildnis Innerasiens*. Übers. Marie Jacob/Sigrid Hoffmann. Rudolstadt: Greifen, 1956

Odorico da Pordenone: «The Journal of Friar Odoric». In *The Travels of Sir John Mandeville*. London: Macmillan, 1900, S. 326–362

Pewzow, Michajl Wassiljewitsch. *Puteschestwije po Kitaju i Mongolii*. Moskau: Isd. Geograf. Lit., 1951. Deutsch: M. W. Pewzow. *Wo man mit Ziegeltee bezahlt – Bericht einer Reise durch die Mongolei und die nördlichen Provinzen des inneren China*. Leipzig: Brockhaus, 1953

Pewzow, Michajl Wassiljewitsch. *Puteschestwije w Kaschgariju i Kun-Lun*. 1895. Nachdruck: Moskau: Isd. Geogr. Lit., 1949

Piassetsky, Pawel Jakowlewitsch. *Russian Travellers in Mongolia and China*. 2 Bde. London: Chapman & Hall, 1884

Plano Carpini, Johannes de. *The Voyage* [1246]. In *Mandeville* [1356] 1900/1964, S. 213–260

The Book of Ser Marco Polo the Venetian. Hg. und Übers. Sir Henry Yule, Beabeitung Henri Cordier. 2 Bde. London: Murray, 1871/ [3]1903. Nachdruck Amsterdam: Philo Press, 1975

Pordenone, Friar Odorico de. *The Journal* [1330]. In *Mandeville* [1356] 1900/1964, S. 326–362

Potanin, Grigorij Nikolajewitsch. *Tangutsko-Tibetskaja okraina Kitaja i zentralnaja Mongolija*. [1893]. Nachdruck Moskau: Isd. Geograf. Lit., 1950

Pratt, A[ntwerp] E[dgar]. *To the Snows of Tibet Through China*. London: Longmans, Green, 1892. Nachdruck u. a. Delhi: AES, 2001

Prshewalskij, Nikolaj Michajlowitsch. *Puteschestwije w ussurijskom kraje*. St. Petersburg: Nekljudowa, 1870

Prshewalskij, Nikolaj Michajlowitsch. *Mongolija i strana tangutow – Trjochletnee puteschestwije w wostotschnoj nagornoj Asii*. St. Petersburg: Balaschew, Bd. 1 (Text) 1875, Bd. 2 (Verzeichnisse, Tabellen, Tafeln) 1876. Deutsch: N. von Prschewalski. *Reisen in der Mongolei, im Gebiet der Tanguten und den Wüsten Nordtibets in den Jahren 1870–1873*. Übers. Albin Kohn. Jena: Costenoble, 1881. Englisch: Prejevalsky, N. *Mongolia, the Tangut country and the solitudes of Northern Tibet*. Intr. Sir T. Douglas Forsyth. Trans. E. Delmar Morgan. 2 Bde. London: Sampson Low, Marston, Searle, & Rivington, 1876

Prshewalskij, Nikolaj Michajlowitsch. *Ot Kuldshi sa Tjan-schan i na Lob-Nor*. St. Petersburg: Balaschew, 1878. Nachdruck Moskau: Isd. Geogr. Lit., 1947. Englisch: **Prejevalsky, N. *From Kulja, Across the Tian Shan to Lob-Nor*.** Einl. Sir T. Douglas Forsyth. Übers. E. Delmar Morgan. London: Sampson Low, Marston, Searle, & Rivington, 1879. Deutsch: *Reise des russischen Generalstabs-Obersten N. M. Przevalsky von Kuldscha über den Thian-Schan an den Lob-Nor und Altyn-Tag 1876 u. 1877*. Gotha: Perthes, 1878. N. M. Prshewalski. *Hanhai*. Hg. Herbert Butze. Übers. Alexander Böltz. Leipzig: VEB Bibliographisches Institut, 1952

Prshewalskij, Nikolaj Michajlowitsch. *Is Sajssana tscheres Chami w Tibet i na werchowe Sheltoj Reki*. St. Petersburg: Balaschew, 1883. Gekürzter Nachdruck Moskau: Isd. Geogr. Lit., 1948. Deutsch: N. von Prschewalski. *Reisen in Tibet und am oberen Lauf des Gelben Flusses*, Übers. Stein-Nordheim. Jena: Costenoble, 1884

Prshewalskij, Nikolaj Michajlowitsch. *Ot Kjachty na istoki Sheltoj*

Reki, Issledowanije sewernoj okrainy Tibeta i put tscheres Lob-Nor po bassejnu Tarima. St. Petersburg: Balaschew, 1888. Gekürzter Nachdruck Isd. Geogr. Lit., 1948. Deutsch: N. M. Prshewalski. *In das Land der wilden Kamele*. Übers. Helmut Sträubig. Leipzig: VEB F. A. Brockhaus, 1954

Price, Julius Mendes. *From the Arctic Ocean to the Yellow Sea – The Narrative of a Journey, in 1890 and 1891, across Siberia, Mongolia, the Gobi Desert, and North China*. London: Sampson Low, Marston, 1892

Rawling, Cecil G[odfrey]. *The Great Plateau*. London: Arnold, 1905

Richthofen, Ferdinand Freiherr von. *Baron Richthofen's Letters from China*. Shanghai: North China Herald, [2]1903

Richthofen, Ferdinand Freiherr von. *Entdeckungsreisen in China 1868–1872*. Hg. Klaus-Dietrich Petersen. Tübingen: Erdmann, 1982

Rijnhart, Susie Carson. *With the Tibetans in Tent and Temple*. Edinborough: Oliphant, 1901. Nachdruck New Delhi: AES, 1999 Deutsch *Wanderungen in Tibet*. Calw: Vereinsbuchhandlung, 1904

Ritter, Carl: *Die Erdkunde im Verhältniß zur Natur und zur Geschichte des Menschen*, 3. Teil, 2. Buch: *Asien*, Bd. 2: *Der Nord-Osten und der Süden von Hoch-Asien*. Berlin: Reimer, 1833. Bd. 5: *West-Asien, Übergang von West- nach Ost-Asien*. Berlin: Reimer, 1837

Roborowskij, Wsewolod Iwanowitsch / Pjotr Kusmitsch Koslow. *Exkursii w storonu ot putej Tibetskoj expedizii*. St.Petersburg: Stassjulewitsch, 1896

Roborowskij, Wsewolod Iwanowitsch. *Predwaritelnyj ottschot ob expedizii w zentralnuju Asiju w 1893–1895*. St. Petersburg: Suworin, 1897

Roborowskij, Wsewolod Iwanowitsch. *Predwaritelnyj ottschot o trjochletnem puteschestwii po zentralnoj Asii*. St. Petersburg: Suworin, 1898

Roborowskij, Wsewolod Iwanowitsch. *Trudy expedizii Imperatorskago Russkago Geografitscheskago Obschtschestwa po zentralnoj Asii, Sowerschennoj w 1893–1895 gg.* Bd. 1: Bericht des Leiters (Roborowskij). Bd. 2: Bericht des Gehilfen des Leiters (Koslow). Bd. 3: Wissenschaftliche Ergebnisse. St. Petersburg: Stassjulewitsch, 1899/1900. Neudruck von Bd. 1: *Puteschestwije w wostotschnyj Tjan-Schan i w Nan-Schan*. Moskau: Isd. Geogr. Lit., 1949

Rockhill, William Woodville. *The Land of the Lamas – Notes of a Journey through China, Mongolia, and Tibet*. London: Murray, 1891. Nachdruck: New Delhi: Asian Publication Service, 1975

Rockhill, William Woodville. *Diary of a Journey through Mongolia and Tibet in 1891 and 1892*. Washington: Smithsonian Institution, 1894

Roerich, Nicholas. *Heart of Asia*. New York: Roerich Museum Press, 1930

Rubruquis, Friar William de. *The Journal* [1253]. In *Mandeville* [1356] 1900/1964, S. 261–352

Savage Landor, Arnold Henry. *In the Forbidden Land; An Account of a Journey in Tibet, Capture by the Tibetan Authorities, Imprisonment, Torture, and Ultimate Release*. 1897. London: Heineman, 1904. Nachdruck Taipei: Ch'eng Wen, 1972. Deutsch: *Auf verbotenen Wegen – Reisen und Abenteuer in Tibet*. Leipzig: Brockhaus, 1897

Semjonow-Tjan-Schanskij, Pjotr Petrowitsch. *Puteschestwije w Tjan-Schan w 1856–1857*. Moskau: Isd. Geograf. Lit., 1948. Englisch: *Travels in the Tian-Shan, 1856–1857*. London: Hakluyt Society, 1998

Taylor, Annie R. *Diary of Miss Taylor's Journey (from Tau-Chau to Ta-Chien-Lu) Through Tibet*, 1892. Hg. und Einl. William Carey: *Travel and Adventure in Tibet*. Boston: United Society of Christian Endeavor, 1901. Nachdruck u. a.: T'aipei: Ch'eng Wen, 1972, Delhi: Mittal, 1983

Wellby, M. S. *Through Unknown Tibet*. London: Unwin, 1898

Wilson, Ernest Henry. *A Naturalist in Western China*. London: Methuen, 1913

Younghusband, Captain Frank E. [Sir Francis Edward]. *The Heart of a Continent – A Narrative of Travels in Manchuria, across the Gobi Desert, through the Himalayas, the Pamirs, and Chitral, 1884–1894*. London: Murray, 1896. Nachdruck New Delhi: AES, 1993

Yule, Colonel Sir Henry (Hg.). *Cathay and the Way Thither, Being a Collection of Medieval Notices of China*. 4 Bde. Bd. 1: *Preliminary Essay*. Bd. 2: *Odoric of Pordenone*. Bd. 3: *Letters and Reports of Missionary Friars from Cathay and India, Cathay under the Mongols, Pegolotti's Notices of the Land Route to Cathay, Marignolli's Recollections of Eastern Travel*. Bd. 4: *Ibn Batuta's Travels in Bengal and China, Journey of Benedict Goës*. London: Hakluyt Society, 1915, 1913, 1914, 1916

Bildnachweise

Frontispiz: MS. Bodl. 264, fol. 218r (Reproduced by permission of the Bodleian Library, University of Oxford). – *Seite 16:* Bonvalot 1891, Bd. 1 S. 8. – *21:* 2002 im Internet. *25:* Bonvalot 1891, Bd. 1, S. 17. – *26:* Prshewalskij 1883, nach S. 36. – *31:* Prshewalskij 1876, Tafel 17. – *34:* Prshewalskij 1883, S. 37. – *37:* Grum 1899, nach S. 130. – *41:* Prshewalskij 1883, nach S. 398. – *43:* Grum 1899, nach S. 306. – *44:* Grum 1899, S. 350. – *54:* Savage Landor dt. 1897, nach S. 304. – *60:* D. E. Zimmer *A Guide to Nabokov's Butterflies and Moths*, 2001, Tafel H-4. – *65:* Prshewalskij 1883, nach S. 14. – *69:* Prshewalskij 1888, Frontispiz. – *71:* Grum 1896, Frontispiz. – *73:* Grum 1896, nach S. 166. – *77:* Piassetsky 1884, S. 287. – *81:* Grum 1896, nach S. 108. – *87:* Prshewalskij 1888, Frontispiz. – *91:* Prshewalskij 1883, nach S. 40. – *92:* Piassetsky 1884, S. 241. – *97:* Prshewalskij 1883, nach S. 92. – *100:* Prshewalskij 1883, nach S. 94. – *105:* Allen/Sachtleben 1894, Frontispiz. – *107:* Allen/Sachtleben 1894, S. 183. – *111:* Koslow 1905, Frontispiz. – *114:* Koslow 1906, S. 670. – *116:* Prshewalskij 1883, nach S. 240. – *121:* Rockhill 1891, S. 6. – *125:* Hedin 1899, Bd. 2, nach S. 372. – *131:* Bonvalot 1891, Bd. 2, S. 85. – *136:* Koslow 1906, S. 594. – *139:* Pratt 1892, Frontispiz. – *141:* Pratt 1892, nach S. 134. – *143:* Bonvalot 1891, Bd. 2, S. 208. – *144:* Rockhill 1891, S. 300. – *147:* Pratt 1892, nach S. 138. – *150:* Pratt 1892, S. 234. – *153:* Kreitner 1893, Abb. Nr. 124. – *155:* Huc, Ausgabe Peking 1931, nach S. XXVI. – *157:* Prshewalskij 1883, nach S. 198. – *163:* Prshewalskij 1883, nach S. 200. – *167:* Prshewalskij 1883, nach S. 210. – *175:* Koslow 1906, nach S. 350. – *181:* Bonvalot 1891, Bd. 2, nach S. 64. – *193:* Prshewalskij 1883, nach S. 254. – *204:* Bonvalot 1891, Bd. 2, S. 48. – *218:* Bonvalot 1891, Bd. 1, nach S. 32. – *219:* Bonvalot 1891, Bd. 2, S. 21. – *226:* Prshewalskij 1888, S. 292. – *228:* Bonvalot 1891, Bd. 1, nach S. 92.

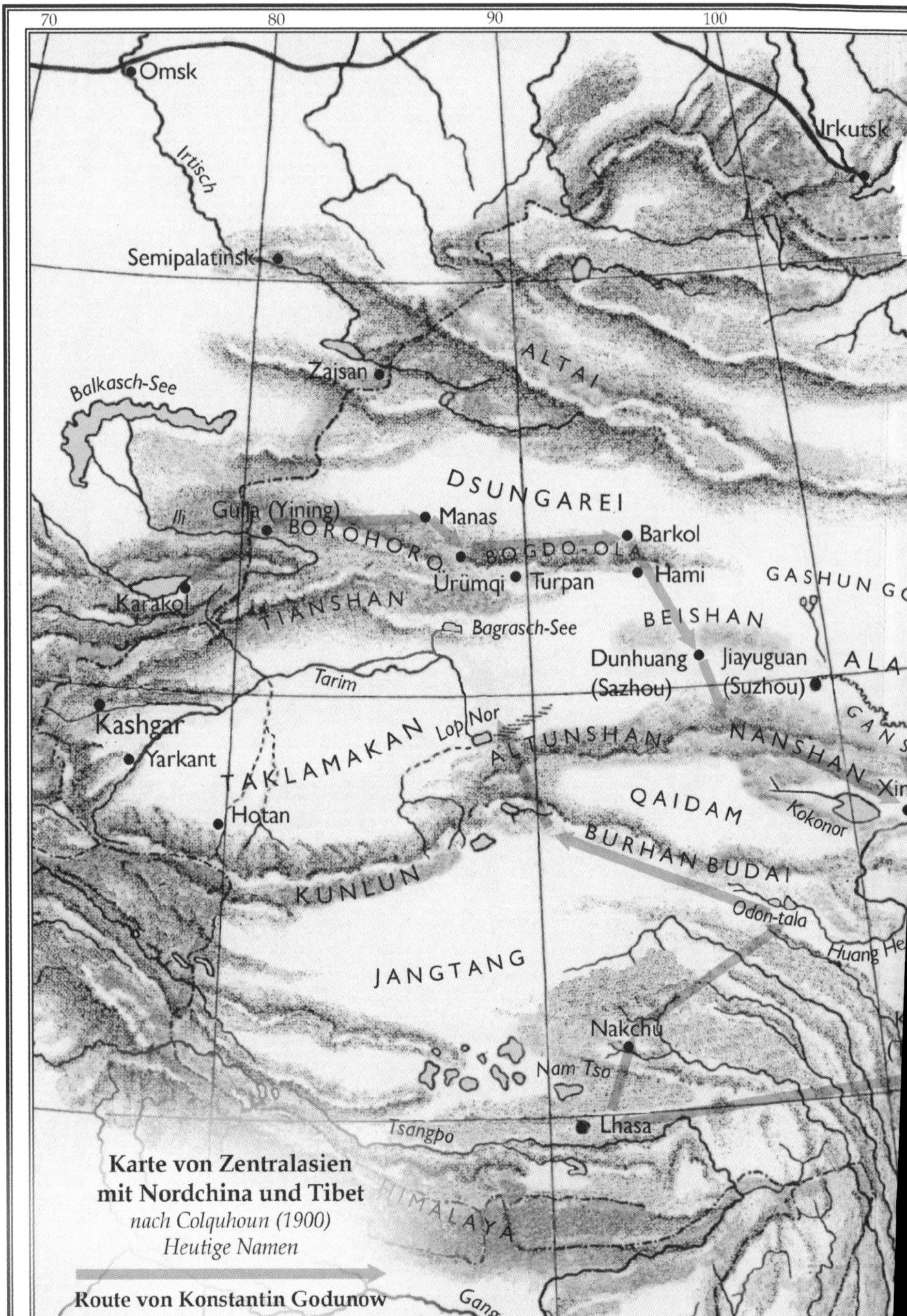

Karte von Zentralasien mit Nordchina und Tibet
nach Colquhoun (1900)
Heutige Namen

Route von Konstantin Godunow